로펌 인 코리아

로펌 인 코리아

처음 펴낸 날 | 2016년 10월 13일

지은이 | 김진원

펴낸곳 | (주)리걸타임즈
등록 | 2008년 8월 4일(제321-2008-00103호)
주소 | 서울시 서초구 서초중앙로 24길 55(서초동, 403)
편집 | 02-3476-2015
영업 | 02-581-2921
팩스 | 02-3476-2016
전자우편 | desk@legaltimes.co.kr

디자인 | (주)끄레 어소시에이츠

인쇄, 제본 | 상림문화

ISBN 978-89-961584-1-7 13360
값 | 28,000원

이 도서의 국립중앙도서관 출판예정도서목록(CIP)은
서지정보유통지원시스템 홈페이지(http://seoji.nl.go.kr)와
국가자료공동목록시스템(http://www.nl.go.kr/kolisnet)에서
이용하실 수 있습니다.(CIP제어번호: CIP2016022884)

글 ⓒ김진원, 2016

로펌 인 코리아
Law Firms in Korea

김진원

리걸타임즈

책을 내면서
시장개방시대의 한국 법률시장

　한국의 변호사 사무실은 개인변호사 사무실에서 합동법률사무소로, 다시 법무법인으로 발전하며 집단화, 조직화의 길을 걸어 왔다. 특히 1958년 김·장·리를 시작으로 미국식 로펌 형태의 법률사무소가 도입된 이후 법률회사 즉, 로펌이 변호사 업계의 주류를 형성하며 한국 법률시장의 발전을 주도하고 있다.
　대한변협 집계에 따르면, 2016년 9월 말 현재 전국의 개업 변호사는 모두 1만 7,890명. 이중 절반이 넘는 8,971명이 법무법인 또는 유한 법무법인에서 활동하고 있다. 여기에다 법인이 아닌 일종의 조합 형태로 운영되는 로펌을 추가하면 로펌에서 활동하는 변호사 수는 더 늘어나게 된다.
　로펌의 발전은 실제 사건 수임에서 확인할 수 있다. 법원에 제기되는 기업이 관련된 사건이나 '돈이 좀 된다' 싶은 사건은 대개 로펌이 소송대리인 난에 이름을 올리고 있다. 특히 기업 관련 사건은 수십 명의 변호사를 한꺼번에 동원할 수 있는 로펌이 아니면 사건 자체를 맡기가 어려운 로펌의 텃밭으로 불린다. 기업이 대규모의 사업 등을 추진할 때 자금을 조달하기 위해 자주 이용하는 프로젝트 파이낸싱이나 채권 또는 증권의 발행, 기업공개(IPO), 기업 인수·합병(M&A) 등의 기업자문 업무는 로펌이 개발해 거의 독식하고 있는 새로운 시장이다. 또 의뢰인이 개인인 사건 중에도 의미 있는 중요한 사건들은 로펌에 자문을 의뢰하는 등 '로펌시대'라고 불러도 손색이 없을 만큼 크고 작은 로펌들이 발전을 거듭하고 있다.

한국의 로펌 업계는 소속 변호사가 수백 명에 이르는 대형 로펌에서부터 소수 전문의 부티크에 이르기까지 매우 다층적인 구조를 이루고 있는 게 특징이다. 상위 메이저들이 과점체제를 구축한 가운데, 대형 로펌들도 400명대, 300명대, 200명대, 100명대로 그룹이 갈라지며 한층 다양하게 시장이 형성되고 있다. 10대 로펌의 반열에 들려면 한국변호사만 따져 100명은 넘는 규모여야 가능하며, 국내 최대인 김앤장은 국내외 변호사를 합쳐 전체 변호사가 800명을 상회하는 초대형 로펌으로 발전하고 있다. 여기에 전문성을 앞세운 중소 로펌과 부티크들이 분야별로 약진하며 제로섬 게임을 방불케 하는 치열한 경쟁이 전개되고 있는 것이 2016년의 한국 로펌 업계라고 할 수 있다.

변호사가 급증하며 이미 공급이 수요를 초과하는 공급초과의 모습이 나타나고 있는 재야 법조시장엔 외국 로펌들도 가세하고 있다. 시장개방 이전부터 한국 시장에서 다양한 업무를 수행해 온 영미 로펌들은 2012년부터 서울에 사무소를 개설하기 시작, 2016년 가을 현재 모두 26곳의 영미 로펌이 서울에 진출했다. 이 외에도 2015년 전 세계 로펌 중 가장 많은 매출을 올린 Latham & Watkins도 서울사무소 개설 신청을 내는는 등 영미 로펌의 한국행이 좀 더 이어질 전망이다. 더구나 유럽 로펌은 2016년 7월부터, 미국 로펌은 2017년 3월부터 한국 로펌과의 합작법인 설립이 가능해 또 다른 변화가 예고되고 있다. 아직 영미 로펌들 사이에 구체적인 움직임은 나타나고 있지 않지만, 한·영, 한·미 합작로펌의 등장은 사실상 초읽기에 돌입했다고 해도 과언이 아니다.

수요자에 해당하는 기업 쪽에서도 기업체에 상근하는 사내변호사의 급증 등 법률시장에 영향을 미칠 수 있는 간단치 않은 변화가 진행되고 있다. 이미 기업체 상근 변호사가 4,000명을 넘어선 것으로 추산되는 가운데, 비교적 간단한 사안 등은 외부 로펌에 맡길 필요 없이 상근하는 사내변호사를 통해 직접 해결하는 등 외부 로펌의 역할에도 적지 않은 변화가 나타나고 있다.

한국 로펌들 사이에선 우선 대형 로펌에서 활동하던 경력 변호사들이 대형 로펌을 나와 부티크나 중소 로펌을 설립하고 새롭게 출발하는 또 한 번의 분화가 나타나고 있다. 종래에도 시도되었던 차세대 로펌, 벤처 로펌의 설립에 이어 스타트업 자문을 겨냥한 로펌 창업이 이어지고 있으며, 변호사들은 모바일 공간으로도 진출하고 있다. 또 IP, 노동, 보험, 해상 등 해당 분야의 특성상 부티크가 효율적으로 활동할 수 있는 전통적인 업무분야는 물론 스타트업 자문, 국제중재 부티크, 기업소송 전문 부티크 등 거의 전방위로 부티크 설립을 시도하는 새로운 양상이 나타나고 있다.

로펌들 사이의 경쟁이 치열해진 나머지 분야에 따라 과점 주자의 수가 한층 좁혀지는 과점 심화의 모습도 감지되고 있다. 로펌의 전체 규모보다는 업무분야별 전문성을 따져 사건을 맡기는 차별화된 모습이 나타나고 있으며, 여기에 전문성으로 무장한 부티크 등이 가세하며 법률서비스 공급시장이 한층 복잡하게 변화하고 있다. 경력변호사 스카우트, 리그테이블의 선순위 로펌을 찾아 움직이는 경력변호사들의 이동도 갈수록 활발해지고 있다.

한국에 진출한 영미 로펌들 사이에서도 빠른 속도로 업무분야별 차별화가 진행되고 있다. 한정된 시장에서의 치열한 경쟁 결과, 경쟁에서 밀리는 로펌이 다른 업무분야로 중점 분야를 옮기는 일종의 제로섬 경쟁의 양상도 나타나고 있다. 자본시장 분야가 강한 미국 로펌의 한 관계자는 "자본시장 일을 많이 하던 로펌인데 요즈음엔 이름이 잘 보이지 않고 프로젝트 파이낸스 등 금융 쪽을 강화하려는 것으로 알고 있다"고 시장 분위기를 전하기도 했다.

그러나 영미 로펌들의 한국 시장에 대한 열의는 대단한 것으로 감지되고 있다. 서울에 상주하는 외국 로펌의 한 관계자는 "자회사까지 포함하면 한국계 기업 수천 개가 해외에서 활동하고 있다"고 진단하고, "영미 로펌들은 글로벌 시장에 진출하는 한국 기업을 상대로 투자와 분쟁해결 등 다양한 법률자문을 제공하려고 한다"고 고무적으로 얘기했다.

또 한국의 기업이나 금융회사 등을 상대로 영미 로펌들이 자문하려는 업무분야도 매우 다양하게 확대되고 있어 주목된다. 홍콩사무소 시절부터 해오던 M&A나 자본시장 업무를 꾸준히 수행하는 클리어리 가틀립이나 심슨 대처와 같은 전통적인 로펌이 있는가 하면 IP 분야의 롭스앤그레이와 피네간(Finnegan, Henderson), 미국 등 해외소송 수행을 우선적인 업무분야로 제시하는 화이트앤케이스와 송무 전문의 코브레앤김, M&A에 이어 소송, 자본시장 분야로 영역을 넓히고 있는 폴 헤이스팅스, 그리고 엔터테인먼트와 식품, 제약 등 다른 어느 로펌보다도 다양하게 포트폴리오를 구성하고 있는 쉐퍼드멀린, 건설과 에너지, 자원개발 등의 분야를 중점적으로 개척하고 있는 허버트 스미스 프리힐즈, 해상 전문의 스티븐슨 하우드 등 영미 로펌들이 분야를 나눠 한국에서의 업무개발에 박차를 가하고 있다. 요컨대 시장개방 이전부터 홍콩을 중심으로 주로 M&A와 한국 기업의 해외증권, 채권 발행에 자문하며 한국 업무를 발전시켜온 영미 로펌들이 시장개방을 계기로 미국 등 해외소송과 국제중재, IP, 공정거래, 자원개발, 엔터테인먼트 등 다양한 분야로 영역을 확대하며 한국 시장을 공략하고 있다.

영미 로펌의 진출로 시장이 확대되는 측면이 없지 않다는 의견도 있으나, 한국 로펌들은 시장이 잠식되는 결과로 이어지지 않을까 우려하고 있다. 사실상 진입장벽이 없다고 할 수 있는 국제중재와 아웃바운드 M&A 거래가 대표적인 분야로, 한국 로펌들은 외국 로펌들과의 직접적인 경쟁에 부닥치고 있다. 아웃바운드 M&A 쪽은 한국 로펌들이 팀을 줄이거나 사실상 서비스를 접었다는 얘기까지 나오고 있다.

한국 로펌 업계가 시장개방시대를 맞아 큰 변화의 시기를 통과하고 있다. 대형 로펌은 대형 로펌대로, 중소 로펌은 중소 로펌대로, 부티크는 부티크대로 각각의 무대에서 경쟁과 발전을 꾀하고 있다. 이 책은 이처럼 중요한 시기에 한국에서 활발하게 활동하는 국내외 주요 로펌에 대한 개괄적인 소개를 겨냥하고 있다. 한국 로펌 33곳과 서울에 사무소를 열어 진출한 영미 로펌 20곳, 모두 53개 로펌의 내용을 담아 책을 내놓는다. 이번에 미처 소개하지 못한 로펌들은 다음 기회에 추가할 계획이다.

무엇보다도 로펌의 전문성과 경쟁력에 초점을 맞춰 내용을 전개하려고 했다. 그것이 법률서비스의 수요자에게 가장 필요한 정보라고 보았기 때문이다. 또 설립자 등 사람에 대한 이야기와 개개의 로펌의 성장과정, 경영 노하우도 가급적 많이 소개하려고 했다.

아무쪼록 법률서비스를 필요로 하는 잠재적인 의뢰인들이 적절한 로펌을 선택하는 데 이 책이 유용하게 활용되면 좋겠다. 아울러 큰 기대를 안고 로스쿨을 나서는 젊은 법조인들이 로펌 변호사로 성공하고, 로펌 창업의 뜻을 세우는 데 이 책에 소개된 성공한 변호사, 설립자들의 이야기가 도움이 될 수 있다면 더 이상 바람이 없겠다.

끝으로 깔끔한 편집으로 책의 가치를 더해 준 조인숙 주간님과 디자인을 책임진 끄레 어소시에이츠, 교열을 맡아 수고한 리걸타임즈의 동료들에게 고마운 마음을 전한다.

2016년 10월
김진원

차례

책을 내면서
시장개방시대의 한국 법률시장   5

한국 로펌

법무법인 광장   28
법률사무소 광화   36
김앤장 법률사무소   39
법무법인 남산   46
법무법인 넥서스   51
법무법인 다래   56
법무법인 대륙아주   62
법무법인 동인   65
법무법인 리앤킴   69
법무법인 민후   73
법무법인 바른   81
법무법인 서로   85
법무법인 세경   91
법무법인 세움   97
법무법인 세종   100
법무법인 세창   106

법무법인 세한   110
법무법인 아이앤에스   119
법무법인 양헌   126
법무법인 율촌   135
법무법인 이제   142
법무법인 정동국제   145
법무법인 지평   150
법률사무소 지현   161
법무법인 충정   169
법무법인 KCL   176
법무법인 KL 파트너스   184
법무법인 태평양   190
법무법인 한결   197
법무법인 한누리   204
법무법인 한얼   218
법무법인 현   226
법무법인 화우   231

외국 로펌

베이커앤맥켄지(Baker & McKenzie)   244
클리어리 가틀립(Cleary Gottlieb Steen & Hamilton)   247
클리포드 챈스(Clifford Chance)   253
코헨앤그레서(Cohen & Gresser)   257

커빙턴앤벌링(Covington & Burling)　264

덴튼스(Dentons)　268

디엘에이 파이퍼(DLA Piper)　279

허버트 스미스 프리힐즈(Herbert Smith Freehills)　281

코브레앤김(Kobre & Kim)　286

리, 홍, 데거만, 강앤웨이미(Lee, Hong, Degerman, Kang & Waimey)　297

링크레이터스(Linklaters)　306

밀뱅크(Milbank, Tweed, Hadley & McCloy)　309

오멜버니앤마이어스(O'Melveny & Myers)　314

폴 헤이스팅스(Paul Hastings)　317

롭스앤그레이(Ropes & Gray)　323

쉐퍼드멀린(Sheppard, Mullin, Richter & Hampton)　329

심슨 대처(Simpson Thacher & Bartlett)　336

스캐든(Skadden, Arps, Slate, Meagher & Flom)　340

스티븐슨 하우드(Stephenson Harwood)　343

화이트앤케이스(White & Case)　348

부록

영미 로펌 서울사무소 개설 현황　357

2015년 매출기준 '2016 Global 100'　358

저자 후기　362

일러두기

1. 한국 로펌은 로펌 이름의 가나다 순으로, 외국 로펌은 알파벳 순으로 싣는 순서를 정했다.
2. 변호사 수 등 로펌의 일반 현황에 관한 자료는 직접 취재와 해당 로펌의 홈페이지에 게재된 내용 등을 토대로 구성했으나, 변호사의 추가 영입과 탈퇴, 미처 홈페이지에 반영되지 못한 사정 등으로 실제와 일부 다른 내용이 있을 수 있다.
3. 로펌에서 수행 중인 소송이나 자문 사안의 경우 탈고시를 기준으로 서술했으나, 이후 진행 경과에 따라 내용이 달라질 수 있다는 점을 추가한다.

Korean Law Firms in Korea

한국 로펌

반세기가 넘는 역사가 쌓인 한국 로펌 업계가
큰 변화의 시기를 통과하고 있다.

사진 왼쪽 위는 국제변호사 1호인 김흥한 변호사. 그는 1958년 한국 최초의 여성변호사인 이태영 변호사와 함께 이&김을 열어 우리나라에 로펌 형태의 법률사무소를 처음 도입했다. 지금은 두 사람 모두 고인이 되었다. 김 변호사 오른쪽은 67년 국내 두 번째 로펌인 김·신·유를 설립한 김진억 변호사. 이어 시계방향으로 80년 남산합동을 설립한 임동진 변호사와 황주명 변호사. 황주명 변호사는 그 후 김·장·리에 합류해 매니징 파트너로 활약하다가 93년 법무법인 충정을 설립했다.

사진 왼쪽 위부터 시계방향으로 김앤장의 지휘부를 이루고 있는 김영무, 이재후, 정계성, 정경택 변호사. 설립자인 김영무 변호사는 사시 합격 후 하버드 로스쿨에 유학해 한국인으로는 최초로 미국변호사가 된 주인공이며, 판사 출신인 이재후 변호사는 대외적으로 김앤장을 대표하는 일을 많이 한다. 김앤장의 '어소시엣 1호'인 정계성 변호사는 76년 사법연수원을 수석으로 마치고 합류, 김앤장의 금융 그룹을 이끌고 있다. 공정거래와 M&A 등 김앤장의 회사법 분야를 총괄하는 정경택 변호사는 해군 법무관 근무를 마치고 80년 합류했다.

사진 위는 법무법인 광장의 전신인 한미합동법률사무소와 태평양을 설립한 이태희(좌) 변호사와 김인섭 변호사. 이 변호사는 잠시 판사로도 근무했으나 하버드 로스쿨을 거쳐 캘리포니아주 변호사 자격을 취득했으며, 김 변호사는 외국 유학 등을 거치지 않은 순수 국내파로 유명하다. 사진 아래는 광장의 매니징 파트너로 활약하고 있는, IP 전문의 김재훈(좌) 변호사와 태평양의 경영을 총괄하는 김성진 변호사. 오랫동안 건설부동산 분야에서 활약한 김성진 변호사는 2014년 12월 구성원 변호사들에 의해 매니징 파트너로 선출됐다.

사진 왼쪽 위부터 시계방향으로 신영무, 우창록, 윤세리, 강신섭 변호사. 신영무 변호사는 예일대 증권법 박사 출신으로, 83년 법무법인 세종을 설립했다. 세종의 경영을 책임지고 있는 강신섭 변호사는 세종의 비창립세대 출신 첫 매니징 파트너로, 판사 출신인 그는 '섬김의 리더십'을 강조하는 것으로 잘 알려져 있다. 차세대 로펌 율촌을 열어 메이저로 발전시킨 우창록, 윤세리 변호사는 율촌 창립 전 순서대로 김앤장, 우방에서 오랫동안 활동했다. 우 변호사는 조세 분야를 개척한 1세대 조세 변호사로 유명하며, 윤 변호사는 공정거래, 국제조세 등에 밝다.

왼쪽 위부터 시계방향으로 법무법인 화우와 합치기 전인 1989년 우방을 설립한 윤호일 변호사와 2015년 2월부터 화우의 경영전담 대표변호사로 활약 중인 임승순 변호사, 그리고 법무법인 KCL을 이끌고 있는 최원현 변호사와 김영철 변호사. 공정거래 분야가 전문인 윤호일 변호사는 한국인으로는 처음으로 미국 로펌의 파트너를 역임했으며, 최원현 변호사도 잠시 판사로 근무한 후 유학길에 올라 미 로스쿨의 JD 과정을 마치고 미국 로펌에서 근무했다. 임승순 변호사는 조세법, 김영철 변호사는 IP법의 전문가 중 한 사람이다.

사진 위는 2000년 벤처 로펌으로 출발한 지평을 국내외 변호사 160명의 규모로 발전시킨 양영태(좌) 변호사와 '플랫폼 경영'이란 특유의 리더십으로 한결의 발전을 이끌고 있는 법무법인 한결의 안식 대표 변호사. 양 대표는 로펌 운영에서 진취적인 자세가 돋보인다는 평을 듣고 있으며, 안 대표는 플랫폼 경영의 내포로 민주적 지배구조를 강조했다. 사진 아래는 2009년 법무법인 대륙아주로 합친 대륙과 아주의 설립을 주도한 김대희(좌), 김진한 변호사. 두 사람은 지금도 대륙아주에서 중추적인 역할을 담당하고 있다.

사진 왼쪽 위부터 시계방향으로 법무법인 바른의 총괄대표를 맡고 있는 문성우 전 대검차장, 고 김흥한 변호사의 사위로 양헌의 매니징 파트너를 맡고 있는 최경준 변호사, 법무법인 동인의 이철, 세한의 송영천 대표. 2013년 출범한 세한은 국제적인 로펌 연합체인 PLG에 가입하는 등 가장 빠르게 발전하는 로펌 중 한 곳이며, 검사 출신의 이철 변호사가 주춧돌을 놓은 동인은 철저한 실적주의를 표방, 판, 검사 출신의 합류가 이어지고 있다. 바른과 동인은 중견 판, 검사 출신이 많은 것으로 유명하다.

한국 로펌사의 커다란 특징 중 하나는 부티크의 활발한 설립과 발전이다. 왼쪽 위부터 시계방향으로 '해상 전문' 세경의 김창준, 최종현 변호사와 'IP 전문' 다래의 조용식, 박승문 변호사. 김창준, 최종현 변호사는 고교, 대학, 사법시험 동기로 유명하며, 박승문, 조용식 변호사는 특허법원의 같은 재판부에서 좌우 배석으로 근무하다가 1999년 다래를 출범시켰다. 세경, 다래 모두 대형 로펌을 위협할 정도로 전문성을 자랑하며, 두 로펌 이후 해상, IP 분야의 부티크 설립이 이어졌다.

해상과 보험법 분야는 전문성을 갖춘 부티크들의 활동이 활발한 분야로 잘 알려져 있다. 왼쪽 위부터 시계방향으로 '보험 전문' 광화의 박성원 변호사와 특히 적하보험 등 해상보험 분야에서 높은 전문성을 자랑하는 법률사무소 지현의 조성극 변호사, 워싱턴대 해상법 박사 출신으로 1992년 '해상 전문' 세창을 설립해 건설 분야로 영역을 확대한 김현 전 서울지방변호사회장과 김앤장에서 오랫동안 활동한 후 '해상 전문' 정동국제를 설립해 발전시키고 있는 서동희 변호사.

왼쪽 위부터 시계방향으로 김주영, 조영길, 서상수, 김범수 변호사. 김주영 변호사는 집단소송 특히 증권이나 금융상품 등의 투자자 피해소송을 개척한 이 분야의 원조쯤 되는 변호사로, 그가 이끄는 법무법인 한누리는 '원고 대리 전문 로펌'으로 이름을 날리고 있다. 또 아이앤에스의 조영길 변호사는 노동법 분야에서, 법무법인 서로의 서상수 변호사는 의료와 통증소송 수행으로 유명하며, 국제중재 전문인 김범수 변호사는 2015년 국제중재와 국제거래 전문 부티크인 KL파트너스를 출범시켰다.

부티크, 중소 로펌의 설립과 발전이 다양한 분야로 이어지고 있다. 왼쪽 위부터 시계방향으로 법무법인 한얼의 백윤재 대표와 엘리엇 매니지먼트를 대리해 삼성물산-제일모직 합병의 부당성을 제기했던 법무법인 넥서스의 최영익 변호사, 'IT 전문' 민후의 김경환, 법무법인 현의 김동철 대표. 김경환 변호사는 서울공대 전자공학과를 나와 변호사가 된 주인공이며, 현은 금융과 IP 분야 등이 강하다. 또 한얼과 넥서스는 일종의 기업법무 부티크로, M&A와 경영권 분쟁 등의 영역에서 높은 전문성을 자랑한다.

법무법인 광장

Lee&Ko

1977년 설립
2001년 한미-광장 합병
대표변호사 / 김재훈
www.leeko.com

    법무법인 광장은 1977년 12월까지 역사가 거슬러 올라가는 한국의 주요 로펌 중 한 곳이다. 하버드 로스쿨에서 JD를 취득한 이태희 변호사가 세워 이후 줄곧 선두권을 지키며 발전을 거듭하고 있다. 고시 사법과 14회에 합격한 이 변호사는 고(故) 조중훈 한진그룹 회장의 사위로, 서울민, 형사지법 판사로 활동하다가 유학길에 올랐다. 이어 하버드 로스쿨을 마치고 미 캘리포니아주 변호사 자격을 따고 돌아와 서울 남대문로의 한진빌딩에서 로펌식 법률사무소를 시작한 것이 오늘의 광장으로 발전했다.

    당시의 이름은 한미합동법률사무소. 진영 더불어민주당 의원과 고광하, 박경재 변호사 등 한미를 다녀간 변호사들 중엔 이름만 대면 알만한 유명한 변호사가 적지 않다. 광장의 영어식 이름 'Lee&Ko'는 설립자인 이태희 변호사와 고광하 변호사의 이니셜을 딴 것으로, 지금도 해외에선 Lee&Ko로 잘 알려져 있다.

법무법인 광장으로 이름을 바꾼 것은 2001년 7월. 당시 송무가 발달했던 구(舊) 법무법인 광장과 합치며 광장으로 이름을 바꿨으나, 영어식 이름 Lee&Ko는 합병 이후에도 그대로 쓰고 있다. 한미에 상대적으로 외국기업 고객이 많았기 때문이다.

구 광장은 나중에 국회의원을 역임한 김찬진 변호사가 1987년 3월 광화문 교보빌딩에서 시작한 동서종합법률사무소를 모태로 하는 로펌으로, 박우동 전 대법관, 대법원 수석재판연구관을 역임하고, 지금도 광장 송무팀에서 활동하는 서정우 전 서울고법 부장판사 등 재조 출신 변호사들이 합류하며 송무 사건에서 이름을 날렸다. 이에 비해 한미는 기업자문 분야의 기반이 탄탄해 한미-광장의 합병은 '송무신랑'과 '섭외신부'의 이상적인 짝짓기로 불리며 단연 화제가 됐었다. 한미와 광장의 합병은 지금도 한국 로펌 업계에선 서로 부족한 부분을 채워 줄 나머지 반을 찾아 시너지 제고를 도모한 성공적인 합병모델로 자주 얘기된다.

구 광장과의 합병과 관련, 이태희 변호사는 이렇게 말한 적이 있다.

"합병 전의 한미는 자문 특히 국제관계 일을 많이 했는데, 자문으로 시작한 사건이 커져 송사화되면 한미는 송무가 약하지 않느냐고 하며 고객들이 다른 법률회사로 빠져 나가는 일이 꽤 있었어요. 마음이 아팠지요. 반대로 광장은 송무는 잘 하는데 섭외 일을 많이 하지 못해서 이점을 아쉬워하며 보완의 필요를 느꼈다고 해요. '과부 사정은 홀아비가 잘 안다'고 궁합이 잘 맞는 상대를 찾아 합병을 이루게 된 겁니다."

로펌 합병에 성공한 광장은 4년 후인 2005년 여름 특허법률사무소인 제일국제특허와 합병에 버금가는 전략적 제휴를 맺어 지적재산권 분야에서도 긴밀한 협력관계를 구축했다. 전략제휴 이후 제일국제의 IP 변호사들이 광장으로 옮기고, 광장엔 더 이상 변리사가 근무하지 않으며, 특허출원은 제일국제로, 출원 이후의 침해소송 등은 광장이 전담하는 식으로 업무분담을 이뤄 시너지를 도모했으나, 지금은 다시 관계를 전략제휴 이전의 원점으로 돌린 상태. 광장은 2015년 특허법인 광장리앤고를 설립, 특허출원 등 변리사업무도 함께 수행한다. 요컨대 다른 로펌과의 합병 또는 특허법률사무소와의 전략제휴를 통해 발전의 전기를 마련한 로펌이 광장으로, 독자적으로 규모를 늘려온 김앤장, 태평양, 율촌 등과는 성장경로가 다르다고 할 수 있다.

광장은 2016년 현재 국내외 변호사가 500명에 육박하는 한국의 주요 로펌 중 한 곳으로 발전했다. 국내외 법률매체의 평가도 매우 고무적이다. '리걸 500(Legal 500)'으로부터 14개 분야 중 두 분야를 제외한 12개 분야에서 '1등급(Tier 1)'의 높은 평가를 받고 있으며, '체임버스앤파트너스(Chambers and Partners) 2016' 평가에선 18개 분야 중 3개 분야를 제외한 15개 분야에서 최고 등급(band1)의 로펌으로 선정되었다. 리걸타임즈가 사내변호사 의견 등을 참조해 2015년 말 실시한 13개 업무분야별 리그테이블에서도 광장은 10개 분야에서 1등급의 평가를 받았다.

국내외 매체의 평가에서 알 수 있듯이 거의 모든 분야에서 1등급의 높은 전문성을 자랑하는 광장이지만, 지적재산권(IP)과 M&A, 금융 및 자본시장, 공정거래, 한미 시절부터 전통적으로 강세를 유지하고 있는 해상·항공·보험 분야 등이 특히 강하다는 평을 듣고 있다. 또 재조 출신 변호사들이 잇따라 합류하고 있는 송무도 굵직한 소송 사건에 자주 이름을 올리고 있으며, 검찰 형사, 조세, 노동 등의 분야도 갈수록 진용이 강화되고 있다.

손병준 변호사 등이 활약하는 조세 분야는 광장이 수년 전부터 외부의 전문가를 영입하며 꾸준히 팀을 보강해온 분야로, 광장의 대표적인 투자 성공사례로 소개된다. 광장의 매니징 파트너인 김재훈 변호사는 "파트너들이 배당을 덜 받아가며 인재영입 등 투자에 나선 것"이라며 "얼마 전부터 그 효과가 나타나고 있는데, 전문팀을 구축 또는 보완하며 끊임없이 경쟁력을 강화하는 것이 광장의 성장 노하우 중 하나"라고 역설했다.

물론 이러한 전략은 다른 로펌들도 공통적으로 채택하는 로펌 업계의 알려진 공식 중 하나라고 할 수 있다. 또 외부 인재의 합류는 기존 멤버와의 불화 등 극복해야 할 대목도 없지 않다. 광장이 좋은 사람을 찾아 스카우트한 측면도 있겠지만, 외부 인재 영입 성공의 또 다른 요인은 없을까.

김 대표는 이에 대해서도, "합류한 변호사들이 로펌이 다 비슷비슷할 거라고 생각했는데, 광장은 다르다고 말한다. 결코 우연이 아니다"고 강조했다. 그는 "광장엔 새로 합류한 변호사가 자리 잡을 때까지 돕고 챙겨주는, 전사적(全社的)으로 케어(care)하는 용광로 문화가 형성되어 있다"고 말했다.

2위권을 형성하는 메이저 로펌 중 한 곳인 광장은 각자 상대방 당사자를 대리하며 김앤장과 맞붙는 경우가 적지 않다. 김재훈, 권영모 변호사가 지휘하는 IP 분야가 대표적인 분야로, 광장은 침해소송 등의 사건에서 김앤장과 서로 상대방을 대리하며 자주 대리전을 펼치는 것으로 유명하다. 애플이 먼저 소송을 내고, 삼성전자가 애플을 상대로 또 다른 특허침해소송을 제기하며 치열하게 맞붙었다가 2014년 8월 합의 종결된 '삼성전자 vs 애플' 케이스가 대표적인 사례로 꼽힌다. 당시 애플이 김앤장을 대리인으로 내세워 스마트폰의 기능과 디자인에 관한 특허침해를 주장하며 삼성전자를 공격하자 삼성은 광장에 위임해 애플을 상대로 삼성이 보유하고 있는 통신특허에 대한 침해금지와 손해배상을 요구하는 소송을 서울중앙지법에 제기했다. 삼성이 원고가 되어 제기한 소송의 애플 대리인도 김앤장. 애플이 삼성을 상대로 낸 소송에서 삼성을 방어하는 역할은 법무법인 율촌이 나누어 맡았다.

이때 알려지지 않은 일화 중 하나. 애플로부터 소송을 제기당한 삼성전자는 권영모 변호사를 찾아와 "애플을 상대로 일하는 데 장애사유는 없느냐"고 먼저 컨플릭트(Conflict of Interests)부터 체크했다. 혹시 광장에서 애플을 위해 자문하는 사안이 있다든지, 이해관계가 충돌되면 애플을 상대로 소송 등을 수행하는 것이 윤리적으로 문제 되기 때문이다. 이어 약 50개의 특허를 가져다주며 이 중에서 쓸 만한 특허를 골라내라고 해 특허를 골라냈더니 이들 특허를 가지고 1주일 내에 소장을 작성해 제출하라고 해 애플을 상대로 소송을 제기하며 삼성의 반격이 시작되었다는 전언이다. 권 변호사는 "당시 삼성과 사건 위임에 관한 약정서도 쓰지 않고 소송을 시작, 소장을 쓴 지 약 3개월 지나 약정을 체결했다"며 "그만큼 광장의 전문성이 인정받고 있다"고 말했다.

또 2008년 12월 대법원의 최종 판결이 내려진 유한킴벌리, 킴벌리클라크와 LG화학, LG생활건강 등 LG 3사가 맞붙은 이른바 '기저귀 특허분쟁'에서도 광장은 화우와 함께 LG 측을 대리해 상대방을 대리한 김앤장, 법무법인 로고스와 치열한 소송대리전을 펼쳤다.

사법시험에 합격해 육군 법무관 근무를 마친 후 곧바로 미국으로 건너가 튤레인 로스쿨에서 JD를 한 이규화 변호사가 팀장을 맡고 있는 M&A 분야도 리그테이블의 상위 자리에 꾸준히 이름을 올리는 광장의 주요 업무 분야로 잘 알려져 있다. 블룸버그 집계 결과 광장은 2016년 상반기 24건, 64억 달러 규모의 M&A 거래에 자문하며 김앤장, 세종에 이어 3위를 차지했다. 광장은 특히 법무법인 태평양과 서로 상대방을 나누어 맡으며 거래를 성사시키는 경우가 많아 주목된다. 삼성SDI의 케미컬 사업부문과 삼성정밀화학(삼성BP 화학 지분 포함)을 롯데그룹에 3조원 규모로 매각하는 이른바 삼성-롯데 빅딜에서 광장이 삼성그룹을, 태평양이 롯데 측을 대리했으며, 삼성그룹의 방산계열사(삼성테크윈, 삼성탈레스)와 석유화학계열사(삼성종합화학, 삼성토탈)를 한화그룹에 매각하는 삼성-한화 빅딜에선 반대로 광장이 한화 측을, 태평양이 삼성그룹을 맡아 거래를 마무리했다.

이 외에도 광장은 비록 무산되었지만 SK와 CJ라는 주요 대기업간의 빅딜이자 통신과 방송 부문의 융합으로 주목받은 SKT의 CJ헬로비전 인수에서 SK 측에 자문하고, SK텔레콤의 SK브로드밴드 주식교환 및 SK브로드밴드의 모바일 VOD 사업부문 분할합병, 롯데그룹의 KT렌탈 인수, 한진에너지의 S-Oil 지분 매각 등 1조원을 상회하는 메가딜에 빠지지 않고 참여했으며, 홈플러스 매각, 삼성물산-제일모직 합병에도 관여했다.

정우영 변호사가 이끄는 금융 분야와 한원규 변호사가 좌장을 맡고 있는 자본시장 분야도 광장이 높은 경쟁력을 자랑하는 분야로 소개된다. 또 공정거래 분야는 안용석 변호사가 변호사들을 지휘해 탁월한 전문성을 발휘하고 있으며, 송무 분야는 고원석, 송평근 변호사가, 국제중재는 임성우 변호사, 보험과 해상은 정진영 변호사 등이 주도적으로 활약한다.

2013년 가을 공개된 국정감사 자료에서 광장은 변호사 20명이 건강보험료 최고요율인 월 보수상한액 7,810만원 이상을 받는 것으로 나타나 로펌 업계를 깜짝 놀라게 한 적이 있다. 최고요율의 보수를 받는 사람이

148명으로 집계된 김앤장에 이어 로펌 업계 2위, 삼성전자 등 일반 기업체를 포함하면 전체 4위로, 파트너들의 수익에 있어서도 김앤장에 뒤이은 높은 실적이 확인된 셈이다.

김재훈 대표는 무엇보다도 후배를 챙기는 전통과 이를 토대로 한 우수인재의 영입, 전문화를 광장의 성공비결로 꼽았다. 또 하나 광장의 발전을 이야기하면서 빼놓을 수 없는 것은 안정적인 경영을 담보하는 운영위원회 제도다. 한국 로펌 중 가장 먼저 법무법인 제도를 채택한 광장은 이태희 변호사 시절인 10여 년 전부터 내부에 4명의 파트너로 이루어진 운영위원회를 두어 중요 의사결정을 합의 도출하고 있다고 한다. 광장 운영위원회는 사건 배당, 수익 분배 등에 상당한 재량을 행사하며, 운영위원을 자주 교체하지 않는 전통을 통해 경영의 일관성을 담보하고 있다.

김병재 전 대표변호사는 이와 관련, "법무법인은 룰(rule)을 잘 만들어 실천하는 게 관건"이라며 "두 차례 합병을 성공적으로 거치면서 대형 로펌의 성공적인 운영을 담보할 수 있는 시스템 경영을 확립했다"고 강조했다. 실제로 국내 법무법인 1호인 광장의 로펌 경영 노하우를 참고하려는 변호사, 로펌이 적지 않다는 후문이다.

'한국의 모델 로펌' 지향하는 **법무법인 광장**

1977년 12월 광장의 전신인 한미합동법률사무소를 설립한 이태희 변호사는 설립 32년만인 2009년 후배들에게 모든 것을 맡기고 광장의 대표변호사에서 은퇴했다. 그때 그의 나이 70세. 그는 이후 부인과 함께 해외여행 등을 다니며 제2의 인생을 즐기고 있다. 은퇴 후 처음 한 일도 이탈리아의 3개월 코스 요리학교에 등록한 일이라고 한다.

이태희 변호사가 은퇴한다고 하자 광장에선 설립자에 대한 예우 차원에서 매달 일정한 금액의 돈을 지원하겠다고 제의했다. 금액을 밝힐 수는 없지만 상당한 거금이었다고 한다. 이 변호사는 그러나 이마저도 거절하고, 대한변협의 변호사등록까지 말소해버렸다. 변호사로 다시 돌아갈 수 있는 다리마저 끊어 놓은 것이다.

그 대신 그는 변호사로 활동하며 교분을 맺어 온 각계 인사들의 리스트와 자신이 손수 편찬한 법률영어사전을 은퇴 기념으로 후배들에게 나눠주었다. 이태희 변호사가 후배들의 제의를 뿌리치며 했다는 얘기도 '그 돈을 나대신 후배들을 위해 쓰라'는 것.

이태희 변호사는 30년 넘게 로펌을 운영하면서 변호사의 프로페셔널리즘과 변호사 사무실로서의 로펌의 보수성을 많이 강조한 것으로 알려져 있다. 다른 로펌에 비해 광장에 상대적으로 행정관료 출신 등의 고문이 적은 것도 이런 사정과 무관하지 않다는 후문.

광장에선 이태희 변호사의 설립정신 중 하나인 '한국의 모델 로펌'을 광장이 나아갈 방향으로 제시한다. 김재훈 대표는 모델 로펌의 개념에 대해, "변호사 수 1위가 아니라 구성원 간의 유기적 협조가 이루어지는 프로페셔널 집단"이라고 풀이했다.

'보험법만 20년' 법률사무소 광화

1995년 설립
대표변호사 / 박성원
www.lawbelight.com

법률사무소 광화는 보험 부티크(boutique)로 유명한 법률사무소다. 20년 넘게 보험법 한우물만 파온 박성원 변호사가 후배 변호사들을 지휘해 보험에 관련된 수많은 사건을 처리하고 있다. 광화의 업무파일을 들춰보면, 사망과 상해, 질병사고, 각종 암과 질병 등의 진단 및 입원보험금과 관련한 인보험, 화재보험, 제조물책임보험, 건설공사보험, 재산종합보험과 의사, 약사, 변호사, 회계사 등의 전문인배상책임보험 등 다양한 보험소송과 보험금 지급 후의 구상금 소송 등이 유형별로 망라되어 있다.

특히 분쟁이 잦아지고 있는 건설공사보험, 임원배상책임보험, 변호사배상책임보험 등의 사건에서 새로운 판례의 개척 등 선도적인 역할을 하고 있는 가운데 보험 분야의 전문성이 알려지며 다른 변호사들도 어려운 보험 사건을 맡으면 광화에 공동대리 등의 협업을 요청하는 경우가 적지 않다고 한다.

박 변호사는 1994년 10월 사실혼 배우자의 피보험자성 여부에 관한 대법원 판결을 이끌어낸 것을 비롯하여 2000년 6월 선고된 이른바 구 엘지화재해상보험의 '포도봉지 사건'에서 제조물책임보험계약에서의 보험사고의 의미를 정의하는 대법원 판결을 받아내는 등 보험 분야에서 리딩 케이스가 될 만한 선례들을 다수 축적하여 왔다. 포도봉지 사건에서 대법원은 "영업배상책임보험의 보험사고는 봉지가 파손된 자체가 아니라 봉지의 파손으로 인하여 포도재배 농가들에게 포도 생산량의 감소 또는 상품가치의 하락이라는 피해가 발생한 것을 말한다"고 판시했다. 또 아직 보험사건에 관한 판례 축적이 미진했던 1998년 5월에 나온 대법원 판결에선 현대해상화재를 맡아 상해보험에서 자주 쟁점이 되는 '급격하고도 우연한 외래의 사고'에 대해 보험수익자들의 입증책임을 명확히 하는 판단을 받아냈다.

최근 광화에서 자주 수행하는 사건 중 하나는 변호사나 공인회계사 등 전문직 종사자가 의뢰인들로부터 손해배상청구소송을 당해 손해배상책임을 지게 되었을 때 이를 커버하는 전문인배상책임보험 관련 소송으로, 광화의 변호사들이 변호사의 변호사로서의 역할을 수행하는 셈이다. 광화에선 변호사 등이 가입한 보험사 쪽을 대리하여 방어에 나서는 경우가 많다.

광화는 2016년 8월 캐나다 원자력발전소가 월성원자력발전소의 수명 연장을 위한 칼란드리아튜브 교체공사 중 누수로 인한 손해에 대하여 국내 보험사를 상대로 제기한 보험금청구소송에서 두 보험사 중 한 곳을 대리해 원고의 청구를 각하하는 승소 판결을 이끌어냈다. 보험계약을 체결하면서 중재합의를 했다면 피보험자에게도 합의의 효력이 미친다는 것이

이 사건을 맡은 서울중앙지법 재판부의 판단이다.

광화는 이 외에도 쓰레기 매립지에서 발생하는 메탄가스를 포착하여 발전기를 돌리는 친환경 발전소에서 발생한 발전기 코일 및 회전자 파손 사고와 관련, 보험사가 보험금을 지급하고 건설사를 상대로 제기한 구상금 소송, 삼성자동차 보증보험 구상 사건, 현대자동차와 할부금융기관의 할부금융보증보험계약과 관련한 보증보험금 사건 등에서 보험사를 대리하는 등 다방면으로 활약하고 있다.

"보험상품이 다양화되고, 보험사고와 관련된 새로운 유형의 분쟁이 갈수록 늘어나고 있어요."

박 변호사는 "보험상품이 다양해지고 사건이 전문화, 특수화된다는 것은 그만큼 우리나라의 산업과 경제구조가 고도화되고 있다는 증거"라며 "보험법도 이론이 대립되고 새로운 논점이 등장하는 등 갈수록 진화하고 있다"고 소개했다.

광화의 변호사들은 특히 관련 논점을 철저하게 챙기고 프로세스를 중시하는 것으로 정평이 나 있다. 박 변호사는 "프로세스를 잘 체크해 나가다 보면 결과는 저절로 좋게 나오게 돼 있다"며 "전문성과 함께 꼼꼼하고 세세하게 최선을 다해 챙겨준다는 게 우리 팀의 트레이드 마크"라고 강조했다.

무궁무진한 보험법의 세계에 매료되어 보험사건에 특화하게 되었다는 박성원 변호사는 서울대 법대를 졸업하던 해인 1985년 제27회 사법시험에 합격했다. 이후 25년 이상 보험소송을 수행하면서 거의 대부분의 보험사를 대리하고 있으며, 금융감독원의 금융분쟁조정위원, 각종 공제기관의 분쟁조정전문위원, 대한상사중재원의 중재인 등으로 활동하고 있다.

김앤장 법률사무소

KIM & CHANG

1973년 설립
대표변호사 / 이재후
www.kimchang.com

　보통 김앤장으로 불리는 김.장 법률사무소는 한국 로펌 중 규모도 가장 크고, 전문성도 가장 뛰어난 한국을 대표하는 로펌이다. 국내외 변호사 수만 따져도 법무법인 광장, 태평양, 세종, 율촌 등 2위권의 로펌들보다 두 배 가까이 많고, 거의 전 분야에서 최고 수준(top-tier)의 경쟁력을 자랑한다.

　김앤장은 공식적으로 1973년 출범했다고 홈페이지에서 소개하고 있다. 이해 초 한국인으로는 처음으로 미국 학생들과 똑같이 하버드 로스쿨을 다녀 JD 자격을 취득하고 미 변호사시험에도 합격한 김영무 변호사가 서울 광화문의 구세군빌딩에 법률사무소를 열었는데, 이것이 김앤장의 시작이다. 김 변호사가 처음 사무소를 열었을 때의 이름은 '변호사 김영무 법률사무소'. 그러나 이 이름은 오래가지 않았다. 그해 말 김 변호사의 서울법대 동기이자 판사로 활동했던 장수길 변호사가 합류하면서 '김앤장'이란 지금의 이름이 만들어졌다. 김영무 변호사는 서울법대를 졸업하던 해인 1964년 사법시험에 차석 합격했으며, 장 변호사는 한해 빠른 1963년에 실시된 제16회 고등고시 사법과에 최연소 합격했다.

영미 로펌들은 유능한 파트너가 가세할 때마다 로펌 이름에 성을 올려 로펌 이름이 기다랗게 이어지는 곳이 적지 않으나, 김앤장은 40여 년이 흐른 지금도 처음 그대로 김앤장이란 브랜드로 클라이언트를 맞고 있다. 김앤장의 브랜드 인지도가 얼마나 될까. 영국의 법률시장 조사기관인 아크리타스(Acritas)에 따르면, 한국에선 물론 1등이고, 2016년 아시아·태평양 지역 전체에서 이 지역에 현지사무소를 운영하는 영미 로펌을 포함 4위를 차지했다. 그만큼 강력한 브랜드 파워를 확보한 곳이 김앤장으로, 김앤장은 변호사가 많기로 유명한 중국 로펌을 제외하면 동양에서 가장 규모가 큰 최고의 로펌으로 평가받고 있다.

물론 김앤장이 한국 로펌의 최초 주자는 아니었다. 김앤장 이전에 이미 한국 1호 로펌인 김·장·리가 58년 후반 문을 열어 한국에 진출하는 외국 기업, 외국계 금융기관 등에 자문하며 시장에서 주도적인 위치를 차지하고 있었다. 특허 전문의 중앙국제, 67년 10월 서비스를 시작한 김·신·유도 김앤장보다 먼저 업무를 시작한 초창기 한국 로펌 업계의 선발주자들이었다.

이를테면 일종의 후발주자로 출발한 셈이지만, 김앤장은 그 후 선발주자들을 따라잡으며 국내 1위 로펌으로 성장한 데 이어 로펌 업계 전체를 리드하며 세계 속의 한국 로펌으로 발전을 도모하고 있다. 미국의 법률매체인 아메리칸 로이어(The American Lawyer)가 집계한 2015년 김앤장의 매출은 전 세계 59위인 6억 8,680만 달러. 우리돈으로 7,500억원이 넘는 규모다. 또 지분파트너 1명당 수익 즉, PEP(Profits per Equity Partner)는 세계 46위인 169만 달러로 집계되었다. 분야별 리그테이블에서도 김앤장은 조세가 세계 9위를 차지하고, 국제중재는 세계 30대 로펌에 랭크되는 등 영미 로펌에 전혀 밀리지 않는 높은 경쟁력을 인정받고 있다. 2016년 현재 김앤장의 변호사는 지분파트너 122명을 포함해 모두 816명. 김앤장 사회공헌위원회를 중심으로 수행하는 공익활동도 영국의 '후즈후 리걸(Who's Who Legal)'로부터 '사회공헌 세계 10대 로펌'으로 평가받고 있다.

뉴욕의 월 스트리트에 자리 잡고 있는 세계적인 로펌들도 김앤장이 상대방의 대리인으로 선정되었다고 하면 부담을 느낀다고 하는데, 김앤장이 세계무대에서도 이름을 날릴 정도로 빠르게 성장한 원동력은 무엇일까.

무엇보다도 수십 개 업무분야로 갈라지는 전문화와 대형화를 끊임없이 추구한 것이 오늘의 성공신화로 이어졌다고 말하는 사람들이 많다. 이를 위해 김앤장이 가장 신경을 쓴 대목이 인재에 대한 투자로, 김앤장의 설립자인 김영무 박사(하버드 로스쿨에서 JD를 딴 김 변호사를 김앤장 사람들은 보통 박사라는 호칭을 붙여 부른다)의 인재사랑은 워낙 정평이 나 있다. 1976년 사법연수원 6기 수석의 정계성 변호사를 시작으로 사법시험과 사법연수원 성적이 우수한 연수원 출신 변호사들이 잇따라 합류하며 김앤장이 국내 최고의 로펌으로 발전하는 밑거름이 되었다는 것은 한국 로펌 업계에선 잘 알려진 이야기다.

정계성 변호사에 이어 같은 6기의 김용갑 변호사가 3년 후인 79년 군법무관 근무를 마치고 합류하고, 7기의 정경택, 양영준 변호사와 제17회 사법시험에 합격했으나 예일대 로스쿨로 먼저 유학을 다녀오는 바람에 2년 늦게 9기로 연수원을 마친 조대연 변호사, 8기의 현천욱, 9기의 전강석, 10기의 정병석 변호사 등이 잇따라 합류하면서 김앤장의 초기 진용이 구축되었다. 이들은 그 후 각기 업무분야를 나눠 전문화를 추구, 지금은 김앤장의 주요 분야를 이끌며 후배들을 지휘하고 있다. 정계성 변호사는 금융 그룹을 지휘하고 있으며, 정경택 변호사는 M&A와 공정거래 등 회사법 분야를, 양영준 변호사는 IP 그룹을 총괄한다. 또 현천욱 변호사는 인사 · 노무 그룹을, 정병석 변호사는 해상팀을 이끌고 있다. 최근 들어 사건이 늘고 있는 정보통신팀은 육군 법무관 근무를 마치고 85년에 합류한 12기의 최동식 변호사가 관장한다.

지금은 로스쿨 도입 등에 따라 양상이 많이 달라지고 있지만, 소속 변호사들에게 외국 로스쿨 유학과 현지의 외국 로펌 근무로 이루어진 해외연수제도를 처음 실시한 곳도 김앤장이다. 한마디로 사법시험에 우수한 성적으로 합격한 인재들을 데려다가 높은 수준의 전문화와 팀플레이를 추구한 것이 오늘의 김앤장을 있게 했다고 하면 크게 틀린 말이 아니다.

김앤장의 홈페이지에 접속해 보면 전문화가 어느 수준까지 이루어지고 있는지 한눈에 파악할 수 있다. 특히 업무분야를 나누면서도 사안에 따라 그때그때 최고의 전문가로 팀을 꾸려 탄력적으로 대응함으로써 최선의 결과를 도출한다고 김앤장 관계자가 설명했다. 그만큼 전문가 층이 두텁다는 얘기로, 800명이 넘는 변호사 군단이 최적의 조합을 담보하고 있다.

리쿠르트에서 잇따라 성공한 김앤장은 빠른 속도로 발전해 나갔다. 80년대 들어 김·장·리와 김·신·유에서 자문을 받던 유명 외국 은행, 외국 기업들이 김앤장으로 말을 갈아타고, 중앙국제의 IP 고객들도 상당수가 김앤장으로 옮겨오면서 김앤장이 한국 로펌 업계의 선두로 올라섰다. 한국에 진출한 외국 기업의 상당수가 1등 로펌 김앤장에서 자문을 받는다는 것은 공공연한 사실로, 해외에 나가 사업을 하는 외국 기업들은 대개 그 나라 현지에서 가장 뛰어난 로펌에 자문을 의뢰하는 경우가 많고, 본사 차원에서 이런 내용의 로펌 선임 방침을 채택해 운영하는 곳도 적지 않은 것으로 알려지고 있다.

김앤장은 또 특정 로펌 한 두 곳을 지정해 고정적으로 자문을 받기보다 사안별로 로펌을 선택해 사건을 의뢰하고, 입찰에 붙여 로펌을 고르는 경향이 강한 국내 대기업들의 사건도 가장 많이 대리하는 로펌 중 한 곳이다. 특히 기업의 총수가 관련되거나 기업의 큰 이해관계가 걸린 중요사건은 단연 김앤장에 의뢰해 대응에 나서는 경우가 많다.

최근 마무리되었거나 진행 중인 사건만 해도 이인원 부회장이 자살한 롯데그룹 수사에서 김앤장이 다른 로펌들과 함께 변호인으로서 주도적인 역할을 하고 있으며, 광복절 특사로 형이 면제되고 복권된 CJ그룹 이재현 회장, 항소심에서 사회봉사명령 등 일체의 조건 없이 징역 3년에 집행유예 5년을 선고받은 윤석금 웅진그룹 회장도 김앤장이 변호했다. 또 조석래 회장과 조현준 사장 등 효성그룹 부자, 최은영 전 한진해운 회장의 변호를 맡는 등 재벌총수나 오너 사장의 변호인 명단엔 으레 김앤장의 변호사들이 이름을 올리고 있다. 옥시 가습기 살균제 사건에서도 김앤장이 옥시레킷벤키저 측을 맡아 민사소송과 검찰 수사 및 재판에 대응하고 있으며, 차량 판매 금지 행정처분과 함께 검찰 수사가 진행 중인 아우디폭스바겐코리아도 김앤장이 자문을 제공하고 있다.

민, 상사에서도 미국계 펀드 엘리엇 매니지먼트가 제기해 치열하게 법정 공방을 벌인 삼성물산-제일모직 합병 다툼에서 김앤장이 삼성 쪽을 맡아 엘리엇 측이 낸 가처분을 물리치며 성공적인 결과를 이끌어냈으며, 하나은행과 외환은행 합병, 현대자동차그룹의 삼성동 한전부지 인수 거래도 수행했다. 또 현대차 통상임금 소송과 2016년 9월 선고된, 소멸시효가 완성된 자살재해사망보험금은 줄 필요가 없다는 판결 등 굵직한 소송에서 김앤장의 변호사들이 활약하고 있다.

경기 침체가 길어지며 일부 변호사들이 김앤장을 떠나는 등 김앤장의 성장세가 한풀 꺾인 것 아니냐는 관측이 제기되기도 했지만, 김앤장 변호사들의 사건 수임과 활약은 오히려 더욱 확대되고 있다. 특히 복잡하고, 새로운 유형의 사건이 속속 등장하면서 김앤장 변호사들의 움직임이 한층 활발해지고 있어 재도약의 계기가 마련된 것 아니냐는 고무적인 의견도 나오고 있다.

이재후 대표변호사는 "김앤장이 제공할 수 없는 법률서비스는 없다"고 단언하고, "시장의 확대에 따른 새로운 법률서비스의 창출, 미래를 선도하는 법률서비스를 개발하는 데 관심을 쏟고 있다"고 자신감을 나타냈다.

외국 로펌까지 가세해 안팎의 경쟁이 치열하다지만 한국 대표 로펌 김앤장은 세계무대를 내다보며 또 다른 도약을 꿈꾸고 있다.

김앤장, 김·장·리와 한때 합병 거론

김앤장이 열심히 인재를 영입하며 힘을 키우고 있을 때인 1980년 전후 여전히 선두주자로 잘 나가고 있던 김·장·리와 합병을 꾀했다는 재미있는 이야기가 있다. 업계 사정에 밝은 한 변호사는 "당시 김·장·리는 좋은 고객이 많은 반면 일손이 달리는 형편이었고, 김앤장은 우수한 인력에 비해 일감이 모자라 합병을 하면 서로 부족한 점을 보완할 수 있는 이점이 있었다"고 두 로펌이 합병을 추진한 배경을 설명했다.

김앤장의 김영무 변호사가 김흥한 변호사에게 백지수표를 제시하며 여러 차례 합병을 적극 제의했다고 한다. 그러나 합병은 성사되지 않았고, 이후 두 로펌은 치열한 선두경쟁을 벌였다.

또 하나 1973년 광화문에서 법률사무소를 오픈한 김영무 변호사가 이듬해인 74년 하버드 로스쿨에서 JD 과정을 마친 이태희 변호사에게 함께 파트너십을 구성하자며 빠른 귀국을 요청했다는 일화도 전해지고 있다. 고등고시 사법과 14회에 합격한 이태희 변호사가 사법시험 2회에 합격한 김 변호사보다 서울법대 선배이고, 시험도 빠르지만, 이 변호사가 판사로 근무하다가 유학을 떠나는 바람에 하버드 로스쿨은 김 변호사가 먼저 졸업했다. 76년 캘리포니아주 변호사 자격을 취득한 이 변호사는 하버드 졸업 후 LA에 있는 미 로펌에서 경험을 쌓은 후 77년 남대문의 KAL빌딩에서 법무법인 광장의 모태가 된 한미합동법률사무소를 열었다.

김영무 변호사는 김앤장을 설립하기 전 김·신·유의 김진억 변호사 사무실에서 잠시 일한 적도 있다. 신웅식, 유록상 변호사가 합류하기 전으로, 이 때 김·신·유는 '김앤김'으로 불리기도 했다. 또 나중에 법무법인 세종을 설립한 신영무 변호사도 75년 7월 예일대로 유학을 떠날 때까지 김앤장에서 잠시 일을 거들었다. 로펌 업계가 본격 형성되기 전으로, 국제법무를 익힌 변호사가 절대 부족한 상황에서 초창기 로펌 주자들 사이에 활발한 제휴와 동업의 움직임이 있었던 셈이다.

법무법인 남산

1980년 설립
설립자 / 임동진
www.namsanlaw.com

    1980년 임동진 변호사가 설립한 법무법인 남산은 36년의 역사를 자랑한다. 국내 최초의 로펌인 김·장·리 법률사무소, 법무법인 화우와 합친 김·신·유, 김앤장, 법무법인 광장과 합병한 한미합동법률사무소 정도가 남산보다 역사가 앞서며, 1983년에 문을 연 세종도 남산보다 출발이 늦다.

    그러나 남산은 이런 짧지 않은 역사에 비해 상대적으로 적은 수의 변호사로 신속하면서도 기동성 있는 법률서비스를 추구해 온 게 특징이다. 대형 로펌들과는 규모나 성장전략에 있어 뚜렷한 차이를 보이고 있다. 2016년 현재 전체 변호사는 23명. 대형화에 실패한 것이 아니라 스스로 적정하다고 생각되는 변호사 수를 유지하며, 이른바 '강소(强小) 로펌'의 전략을 채택한 결과다. 남산은 홈페이지에서도 "대형화의 추세에 편승을 거부하고 기업과 고객에게 진정으로 도움이 되는 개별적이고도 충실한 맞춤형 법률서비스를 제공하기 위하여 묵묵히 노력하여 왔다"고 변호사 수로 압축되는 로펌의 대형화 경쟁에 분명한 선을 긋고 있다. 그 대신 "기업과 고객의 업무에 자신의 인격을 몰입하여 일상적인 법률업무로부터 복합적인 기획업무에 이르기까지 착실하게 대응하는 법률서비스를 시의적절하게 제공하고 있다"는 것이 남산 변호사들의 다짐으로, 남산은 대기업을 상대로 한 선호도 조사에서 높은 평가를 받는 등 고객들로부터 인정을 받고 있다.

기업일반에서 M&A, 조세, 노동, 공정거래, 지적재산권, 국제거래 등에 걸쳐 다양하게 업무를 수행하지만, 특히 건설부동산과 금융, 보험, 정보통신(IT) 등의 분야에서 남산의 변호사들이 두각을 나타내고 있다. 재개발·재건축 사업의 경우 선례가 된 판결을 받아내는 등 높은 경쟁력을 자랑하며, 다른 로펌의 도움을 받다가 남산의 자문을 받아본 후 남산에 관련 업무를 의뢰하는 건설사도 없지 않다고 한다. 대법원 판결까지 나온, 조합원이 재개발조합에 신탁한 토지 중 일반 분양자에게 귀속된 토지에 대해 취득세를 매기면 잘못이라는 법리도 남산의 변호사들이 가장 먼저 판결을 받아낸 것으로 알려져 있다.

정미화 변호사와 공동대표를 맡고 있는 하민호 변호사는 "로펌이 대형화·관료화되면 신속하면서도 책임 있는 답변이 여의치 않을 수 있다"며, "남산의 신속한 의견서를 받아 본 고객들의 반응이 예상외로 좋다"고 분위기를 전했다. 그는 또 "이럴 수도 있고, 저럴 수도 있다는 식의 의견서는 피하라고 후배들에게 교육하고 있다"며 "이런 저런 가능성이 있겠지만, 이쪽으로 가야 한다고, 조언의 최종적인 결론을 제시하는 게 남산이 제공하는 의견서의 특징"이라고 역설했다. 물론 고객 기업들의 호응이 상당하다고 한다. 그는 "우리가 내린 결론이 틀릴 수도 있지만, 고객들이 좋아한다. 중요한 것은 정성껏 책임 있는 답변을 드리려는 자세"라고 다시 한 번 강조했다.

양보다는 질을 추구하고, 원칙을 중시하는 남산의 이러한 철학은 사건을 유치하기 위한 일종의 마케팅 전략이나 선임료 책정, 변호사를 채용하는 리쿠르트 방침 등 로펌 운영과 관련된 여러 분야로 확대되고 있다. 마치 동전의 앞뒤면처럼 업무부서와 지원부서가 호흡을 맞춰가며, 강소 로펌 남산의 독특한 모습을 이루어가고 있다.

하민호 대표는 "오직 일 잘해서 고객의 평가를 받자는 게 마케팅 전략이라면 전략"이라고 강조했다.

"변호사들 중에 골프치는 변호사가 거의 없어요. 사건을 따내기 위해 골프치며 교제한다든가, 술 사고 밥 산다는 생각을 해 본 적이 없습니다."

그는 "네트워크나 교제 등을 통해 수임한 사건은 사람이 바뀌거나 하면 금방 끊어진다"며, "일 잘하는 게 영업이라고 생각하고, 명운을 걸고 해왔다"고 말했다. 또 "종종 '촌스럽다'는 말까지 들어가며 고객의 경영판단에 실질적인 도움이 되는 깊이 있는 의견서를 써 내려고 하는 것도 일로서 승부하려는 남산의 마케팅 전략과 무관하지 않다"고 덧붙였다.

신입 변호사의 영입에 있어서도 남산은 고유의 방침을 고수하고 있다. 법원과 검찰에서 경력을 쌓은 이른바 전관 출신의 영입을 지양하고 사법연수원을 마친 초임 변호사를 데려다 도제식으로 교육해 가며 변호사를 충원하고 있다. 판사 출신이라면 2007년 고문변호사가 되어 2선으로 물러난 임동진 변호사와 2008년 합류한 이창구 전 대구고법원장 등 2명에 불과하다. 나머지 대부분의 변호사들은 사법연수원을 나와 남산에서 직접 일을 배워가며 경력을 쌓은 순수 혈통으로, 검사 출신은 단 한사람도 없다. 매니징 파트너인 양원석 변호사는 "도제식 교육이야말로 법조인 양성의 이상적인 모델"이라며, "외부 영입을 지양하고, 처음부터 남산의 업무방침과 모토에 공감하는 변호사를 뽑아 하나씩 가르치며 결속력을 높여왔다"고 소개했다. 양 변호사는 '변호사 양성 시스템' 덕인지 남산엔 도중에 다른 로펌으로 옮기거나 이탈하는 변호사가 거의 없다고 귀띔했다.

그러나 이런 보수적인 방침에도 불구하고 30년이 넘는 역사를 자랑하는 남산엔 정기적으로 자문을 의뢰하는 고객 기업이 수두룩하다고 한다. 수 십 개의 기업이 고문계약을 맺어 남산의 변호사들로부터 자문을 받고 있으며, 고문계약을 정식으로 맺지는 않았지만, 문제가 생길 때마다 남산에 자문을 의뢰하는 단골 기업도 상당하다고 남산 관계자가 전했다.

36년 전 남산이 바라보이는 대우빌딩에 자리를 잡아 '남산'이란 이름을 내 건 남산은 2007년 12월 대우빌딩이 리모델링에 들어가며, 충무로의 고려대연각타워로 사무실을 옮겼다.

영미법서 번역하는 임동진 변호사

1980년 문을 연 법무법인 남산엔 초창기 로펌답게 우리 로펌 업계의 작은 역사가 배어있다. 'Lim, Chung & Suh'란 남산의 영어식 이름도 몇 차례 변화를 거친 끝에 80년대 중반 확립되어 지금까지 이어지고 있다.

1980년 임 변호사가 서울지법 판사를 그만두고, 서울역 앞 대우빌딩에 법률사무소를 설립했을 때의 주요 멤버는 임 변호사와 대우그룹에서 상무이사로 활약했던 황주명 변호사. 영어식 이름도 두 사람의 성을 따 '황&림'으로 불렸다. 그 후 미국에서 공부하고 귀국한 신영무 변호사가 가세하면서 본격적인 로펌화가 진행되었으나, 황 변호사가 김·장·리로 옮겨가고, 하버드에서 돌아온 김평우 변호사가 합류하면서 또 한 번 변화가 일어났다. 이름도 '임, 신 & 김'으로 바뀌었다. 그러나 신영무 변호사가 합류한 지 2년만에 독립을 선언하면서 남산은 이후 임 변호사를 중심으로 발전하게 됐다.

임 변호사는 물론 황주명, 신영무, 김평우 변호사 모두 한국 로펌 업계의 선구적인 변호사들로, 황 변호사는 그 후 김·장·리를 나와 충정을 세워 독립했다. 김평우 변호사도 따로 법률사무소를 세웠다. 로펌 업계를 잘 아는 한 변호사는 "지금은 각각 대표변호사가 돼 독립된 살림을 차렸지만, 그때만 해도 로펌 업계가 형성되기 시작한 초창기로, 변화가 많았다"고 회고했다.

남산은 김영삼 정부 때 정무1차관을 지낸 정성철 변호사가 80년대 중반 합류하며, '임, 정 & 서'로 또 한 번 이름을 바꿨다. '서'는 이전부터 남산에서 활약하던 서예교 변호사로, 그는 남산에 죽 있다가 2001년 판사가 되어 이천시·양평군 판사로도 활약했다.

2007년 초 대한변협 회장에 출마해 새 바람을 일으킨 임동진 변호사는 지금은 경영 일선에서 한 발 물러나 영미법서 등 외서 번역에 재미를 붙이고 있다. 링컨이 남북전쟁 당시 일선 지휘관들과 주고받은 T-메일과 이를 전쟁에 활용한 링컨의 리더십을 분석한 톰 휠러의 '링컨의 T-메일'을 시작으로, 영국 정경대학 법학부 교수 새라 워딩턴(Sarah Worthington) 여사가 쓴 '형평법(Equity)'과 홈즈 전 대법관의 '보통법(The Common Law)'을 우리말로 번역, 출간했다.

법무법인 넥서스

Nexus 법무법인 넥서스

2000년 IBC 법률사무소 설립
2011년 넥서스 출범
대표변호사 / 최영익, 이준혁
www.nexuslaw.kr

2015년 여름을 달군 삼성물산-제일모직 합병 다툼에서 사람들은 주총 결과 못지않게 공격자인 엘리엇 매니지먼트를 대리한 중소 로펌 넥서스에 높은 관심을 나타냈다. 상대방인 삼성물산 측 대리인은 한국 최대 로펌인 김앤장. 외국변호사를 포함해 전체 변호사가 22명에 불과한 넥서스는 그러나 규모가 30배가 넘는 김앤장을 상대로 한치 양보 없는 치열한 공방전을 펼친 것으로 많은 사람의 기억에 남아있다.

도대체 넥서스가 어떤 로펌이기에 이런 큰 사건을 맡았을까. 당시 대형 로펌들이 삼성이 상대방인 사건을 맡는 데 부담이 없지 않아 넥서스에 차례가 돌아갔을 것이라는 관측도 있었지만, 공동대표 중 한 사람인 최영익 변호사 등 넥서스 구성원들의 면면을 보면 궁금증은 금방 풀린다. 규모는 작지만 경영권 분쟁과 M&A 등 회사법 분야에 높은 전문성을 내세우는 강소 로펌이 법무법인 넥서스이기 때문이다.

최 변호사는 서울법대 재학 중 사법시험에 합격해 군법무관 근무를 마친 후 곧바로 김앤장에서 변호사 생활을 시작한 김앤장 출신으로, 2000년 독립할 때까지 9년간 김앤장에서 근무했다. 삼성물산 합병 다툼 때 회자(膾炙)된 김앤장 출신과 김앤장의 소송대리전이라는 말도 최 변호사의 이런 경력에 빗대어 붙인 수식어로, 서울중앙지법에서 열린 가처분 다툼에선 최 변호사의 서울법대, 사법시험 동기인 김용상 변호사가 김앤장 대리인단의 한 명으로 법정 변론에 나서 또 한 번 화제가 됐다.

최영익 변호사는 김앤장 시절 워싱턴대 로스쿨(LLM)로 연수를 떠나 뉴욕주 변호사 자격도 갖췄으며, 2000년 4월 김앤장에서 독립한 후엔 스탠퍼드대 'IT 분야에서의 전략과 기업가 정신' 프로그램을 이수하고 미 국무성-한국 국가경영전략연구원이 주관하는 차세대 정치지도자과정에 선발되어 미국에 유학을 다녀오기도 했다. 이런 역량을 평가받은 그는 2013~2014년 2년간 대한변협 국제이사로도 활동했다.

그는 변호사 업무를 시작한 1991년 이후 26년째 경영권 분쟁과 M&A 등 회사법 분야에서 활약하는 코퍼릿 로이어(corporate lawyer)로, 기업법무의 통합서비스를 강조하는 것으로 유명하다. 그가 2000년 김앤장에서 나와 설립한 법률사무소의 이름도 '통합된 기업법률서비스'를 제공한다는 의미의 IBC(Integrated Business Counsel) 법률사무소. 그의 설명에 따르면, 기업법무의 통합서비스란 핵심을 찌르는 정확한 솔루션이 합쳐진 종합처방을 가리킨다.

통합서비스를 표방한 IBC는 상당한 인기를 끌었다. 처음엔 벤처들이 많이 있는 테헤란밸리 인근에 사무실을 열고 벤처기업을 중점 겨냥했으나 벤처는 물론 중소기업과 중견기업, 대기업에 이르기까지 영역을 넓혀

가며 발전을 거듭했다.

콜센터 운영과 관련된 솔루션을 공급하는 MPC, 철골 구조물 제조회사인 KR, 통신장비를 생산하는 우전시스텍, 산업용 모니터 생산업체인 디지텍시스템스, 종합 엔터테인먼트 회사인 플레너스엔터테인먼트 등이 IBC의 손을 거쳐 비즈니스를 발전시킨 대표적인 벤처기업으로 소개된다. SK텔레콤, LG전자, 삼성증권, 우리은행, 중소기업은행 등도 최 변호사 팀에서 자문한 주요 고객들이다.

IBC 이후 송무 전문 법률사무소와 합치기도 하고, 유명 특허법률사무소의 기업자문 대표로 활약하기도 했던 최 변호사는 2011년 초 부동산 전문의 이준혁 변호사 팀과 합쳐 넥서스란 이름을 내걸고 여의도에 입성했다. 김앤장에서 시작, 테헤란밸리와 송무 전문, 특허법률사무소를 거쳐 금융 중심 여의도에 닻을 내린 셈인데, 당시 여의도에서 기업법무를 전문으로 하는 로펌은 넥서스가 유일해 이 점에서도 관심을 끌었다.

넥서스는 IBC 이후 경영권 분쟁, 기업 M&A 분야에서 특히 강하다는 평가를 받아왔다. 경영권 분쟁의 경우 삼성물산 합병 다툼 이전에도 엘리엇을 대리해 삼성전자 정관 변경 건으로 삼성전자를 상대로 소송을 진행했으며, 2004년엔 삼성물산을 상대로 경영권 참여를 선언한 영국계 헤지펀드 헤르메스에 법률자문을 제공하기도 했다. 넥서스 변호사들이 수행한 M&A 사례로는 굴삭기에 들어가는 주요 부품을 생산하는 동명모트롤을 대리해 1,500억원에 두산에 매각하는 거래를 성공적으로 마무리한 게 있다. 기업구조조정 분야의 전문성을 축적한 넥서스는 또 2016년 9월 1일 회생절차 개시 결정이 내려진 한진해운의 기업회생 신청을 대리했다.

최 변호사와 함께 삼성물산 합병 다툼에서 활약한 이재우, 남지선 변호사와 박혜준 변호사 등이 경영권 분쟁 등에 특히 이름을 많이 올리며, 해외증권 발행 등 금융 분야는 스캐든(Skadden, Arps, Slate, Meagher & Flom)을 거쳐 김앤장에서 활동한 경력의 이민교 미국변호사가, 영업비밀 침해, 상표 침해 다툼, 기술 라이선싱 등 지적재산권 분야는 김현중 미국변호사가 활약하고 있다.

또 법무법인 화우를 거쳐 2008년 합류한 신동윤 변호사 등이 송무 분야에서 맹활약하고 있으며, 이준혁 변호사가 지휘하는 부동산과 프로젝트 파이낸싱, 부실채권 관련 업무 등도 넥서스가 높은 경쟁력을 발휘하는 분야로 잘 알려져 있다. 넥서스 부동산팀은 물류센터 개발과 투자, 매입 등 수도권 지역의 주요 물류센터 자문에서 독보적인 경쟁력을 발휘하고 있다.

최영익, 이준혁 두 변호사가 공동대표를 맡은 넥서스엔 대법관과 헌법재판소장을 역임한 김용준 변호사도 고문으로 가세해 후배들을 돕고 있다. 김 고문은 박근혜 대통령의 대통령직인수위원회 위원장으로 활약하고, 박근혜 정부 초대 국무총리 후보자로 지명됐던 법조계 원로로 최 대표의 장인이기도 하다.

단행본으로 펴낸 벤처 법률가이드 인기

2000년 김앤장에서 나와 벤처기업에 대한 법률자문을 표방했던 최영익 변호사는 2005년 벤처 자문 5년 반의 경험을 묶은 단행본 《불쌍한 CEO들의 달걀세우기》를 펴냈다. '최영익 변호사의 벤처탐험기'라는 부제가 붙어있는 이 책은 한마디로 회사법의 여러 문제를 실제 사례와 함께 흥미진진하게 소개한 벤처 법률가이드.

그의 표현을 빌면, 벤처기업을 상대로 법률자문 일을 하면서 '우리 상법에 이런 조항도 있었나' 하고 놀랄 만큼 생소한 일을 수도 없이 경험하였다고 한다. 최 변호사는 이런 다양한 케이스들을 벤처기업과 회사법이라는 두개의 관점에서 편안한 문장으로 알기 쉽게 풀어냈다.

하나 더 얘기하면 페이지마다 묻어나는 기업과 기업인에 대한 그의 애정이다. 그는 "달걀을 일으켜 세우는 게 얼마나 어려운 일이냐"고 되물으며 기업활동의 어려움을 제목에 담았다고 말했다. 또 고객의 불찰도 "잘못하셨네요"라고 부정적으로만 평가할 게 아니라 너그럽게 이해하고 발전적인 해결방법을 모색하는 게 변호사로서의 원숙한 태도라며, 기업과 기업인에 대한 프렌들리 정신을 강조했다.

그는 그 후의 경험을 담아 벤처뿐만 아니라 기업 일반으로 범위를 넓힌, '달걀세우기'의 후편을 준비 중에 있다.

법무법인 다래

1999년 설립
대표변호사 / 박승문, 조용식
www.daraelaw.co.kr

    법무법인 다래는 지식재산권에 특화한 이른바 IP 부티크로 분류된다. 1999년 8월 특허 전문을 표방하며 설립되어 변호사와 변리사만 40명 넘는 규모로 커졌지만 여전히 지식재산권 한우물만 파며 발전을 거듭하고 있다. 특정 분야에 특화한 부티크 펌의 성공사례라고 할 수 있는 다래는 IP 분야의 부티크를 얘기할 때 거의 맨 처음에 거론된다.

    무엇보다도 다래를 소개하면서 IP 분야의 높은 전문성을 얘기하지 않을 수 없다. 다래의 홈페이지에도 일목요연하게 소개되어 있는 승소 실적이 다래의 경쟁력을 잘 말해준다.

    기아자동차의 전 차종에 적용되고 있는 일명 '호랑이코 그릴' 관련 저작권 침해소송이 다래가 나서 성공적인 결과를 이끌어낸 대표적인 사건. 다래는 이 사건에서 기아자동차, 현대모비스 등을 대리해 패밀리룩인 '호랑이코 그릴'은 다른 사람의 스케치를 모방한 것이 아니어서 저작권 침해로 볼 수 없다는 대법원 확정판결을 받아냈다. 상대방 측에선 기아자동차의 '호랑이코 그릴'은 자신이 현대자동차의 웹사이트에 게재한 그릴 스케치의 저작권을 침해한 것이라고 주장했으나, 다래의 변호사들은 ①상대방 스케치와 기아자동차 그릴 디자인 사이에 현저한 유사성이 없고, ②기아자동차는 상대방 스케치에 대한 접근 가능성도 없었으며, ③기아자동차는 그릴 디자인을 독자적으로 개발한 것이라고 항변, 1, 2심에서 승소한 데 이어 대법원에서도 이겨 승소 판결을 확정시켰다. .

'우리은행' 서비스표가 선등록 서비스표인 '우리기술투자(주)'라는 서비스표와 유사하다는 이유로 등록무효 심판이 청구된 사건에서 우리은행을 대리해 이긴 곳도 다래. 다래는 이 사건에서 "양 서비스표는 전체적으로 호칭되고, 관념 되므로 서로 다르다"는 주장을 펴 특허심판원, 특허법원, 대법원에서 모두 승소했다.

이 외에도 다래는 유명 주방용품 제조업체인 독일 휘슬러를 대리하여 모방제품을 생산하는 업체를 상대로 모조품 제조 및 판매를 금지하는 가처분 결정을 받아내고, 서울음반 등 30여 음반제작자를 대리하여 온라인 P2P 서비스를 제공하는 소리바다에 대하여 저작인접권 침해금지를 구하는 가처분을 신청해 승소하는 등 디자인, 서비스표, 저작권 등 IP 분야의 다양한 사건에서 맹활약하고 있다. 최초의 가처분 신청이 기각된 이후 다래가 수임하여 승리로 이끌었다는 점에서 더욱 의미가 있었던 소리바다 사건은 소리바다 서비스가 저작권 침해를 방지하기 위한 충분한 기술적 조치를 취하였는지 여부가 쟁점이 되었으나, 법원은 소리바다 서비스가 충분하지 못한 기술적 보호조치를 취하고 있다고 보아 가처분을 인용했다.

IP 관련 분쟁에서 맹위를 떨치고 있는 다래는 김앤장, 법무법인 광장 등 대형 로펌과 어깨를 겨루며 이름을 날리고 있다. 때로는 대형 로펌을 제치고 사건을 따내는 경우도 적지 않다는 게 다래 관계자의 전언. 타이어의 산화방지제를 둘러싼 국내 유명 기업과 외국 업체와의 특허침해금지 소송이 그런 경우로, 다래가 맡았던 여러 건의 관련 특허분쟁 중 하나는 외국 기업의 제소를 당한 국내 기업이 법률사무소 선택을 놓고 고민을 거듭하다가 대형 로펌을 제치고 다래에 사건을 맡겨 다래 변호사들이 더욱 의욕을 느꼈던 사건이다. 다래의 한 관계자는 "김앤장 등 대형 로펌에서도 이해관계 충돌 때문에 사건을 맡을 수 없을 때 다래를 추천한다"고 귀띔했다.

　다래는 외국 기업을 대리하는 경우도 적지 않지만 특히 외국 기업이 제기한 관련 소송에서 주로 방어자인 국내 기업들을 대리하는 경우가 많아 '국내 기업의 특허파수꾼'으로 잘 알려져 있다. 독일 오슬람이 제기한 특허소송에서 국내 조명업체를 대리하고, 휴대폰 등에 들어가는 LED(발광다이오드) 기술을 둘러싼 일본 기업과 국내 기업 사이의 특허분쟁에서도 국내 기업을 대리해 일 기업의 특허공세를 막아내는 등 다래의 사무실엔 앞서가는 기술 개발로 '기술 코리아'를 일궈가는 국내 기업들의 발길이 끊이지 않고 있다.

　16년 전 변호사 2명, 변리사 2명이 모여 출발한 다래가 IP 분야에서 대형 로펌을 능가하는 최정상의 경쟁력을 확보하게 된 배경은 무엇일까.

　다래를 설립하기 전 특허법원 판사로 활약한 박승문 대표변호사는 무엇보다도 법률업무와 변리업무의 시너지를 강조했다. 그는 "특허법원에 근무하면서 기존의 로펌이나 특허사무소들이 변호사 위주 또는 변리사 중심의 업무를 수행하는 것을 보고, 이렇게 하면 어느 경우나 반쪽의 서비스에 그칠 수 있어 한계가 있겠구나 하고 많이 생각했다"고 다래를 세울 때의 생각을 소개했다. 박 대표는 그 대신 변호사가 수행하는 법률업무와 변리사가 주축이 된 변리업무의 발전적인 결합을 내세웠다.

다래는 다래가 창립하기 1년 6개월 전인 1998년 3월 1일 출범한 특허법원의 1기 재판부 출신인 박승문, 조용식 변호사와 특허법원 기술심리관과 특허심판원 심판관, 특허청 심사관을 역임한 윤정열, 김정국 변리사 등 이른바 '특허 4인방'이 비슷한 시기에 법복을 벗고 다래란 간판 아래 다시 뭉친 것으로 유명하다. 당시 특허법원의 3개 재판부 중 1개 재판부가 재판장만 빼고 모두 다래로 옮겨 왔다는 말이 나온 것도 무리가 아니었다.

다래의 시도는 곧바로 주목을 받았다. 돛을 올리자마자 일이 쏟아져 들어왔다고 한다. 창립 이듬해부터 어소시엣 변호사(associate lawyer)를 채용하기 시작한 다래는 이후 빠른 속도로 성장, 지금은 창립 당시의 10배가 넘는 40여 명의 전문가 집단으로 발전했다.

물론 법률과 변리업무의 조화, 변호사와 변리사의 협업을 강조하는 다래의 철학이 꾸준히 이어지고 있다. 40여 명의 전문가 중 변호사와 변리사가 절반가량씩 포진해 시너지를 도모하고 있으며, 변호사 중에도 자연과학이나 공학을 전공한 이공계 출신이 많다. 소리바다 사건 등에서 활약한 민현아 변호사는 이화여대 컴퓨터학과 출신이며, 변리사시험과 사법시험에 모두 합격한 최정완 변호사와 이혁제, 황정열 변호사는 서울대 전기공학부를 나왔다. 또 미시간대 전기공학박사인 윤정근 변호사, 미국의 Wisconsin Madison대에서 이학박사를 취득한 전태연 미국변호사, 카이스트 신소재공학과를 졸업한 배지영 변호사 등이 다래에서 활발하게 활동하는 IP 전문가들로 소개된다.

2003년 4월 법무법인 다래, 특허법인 다래의 두 개의 법인을 출범시키며 조직을 일신한 다래는 2006년부터 기술조사·기술평가라는 새로운 서비스를 시작, 또 한 번 주목을 받고 있다. 특허에 관한 높은 전문성을 바탕으로 서비스 영역을 다각화한 것으로, 다래는 특허청으로부터 첫 민간 IP 평가기관으로 선정되기도 했다.

윤정열 변리사는 "이미 외국 기업 등이 특허를 보유하고 있거나 특허를 추진 중인 기술을 아무런 생각 없이 개발했다가 나중에 특허침해 시비 등에 휘말려 낭패를 보는 경우가 없지 않다"며, "다래의 기술조사 서비스는 이런 실패를 미리 예방하고, 특허시비의 위험이 없는 신기술 개발에 나서도록 지원하는 서비스"라고 소개했다.

전자택(tag)의 일종인 RFID(Radio Frequency Identification) 기술과 관련, 외국의 특허 보유 여부를 조사해 한국전자통신연구원(ETRI)에 자문하고, RFID협회에 보고서를 제공한 것 외에도 ▲온라인 주식거래 및 대출을 위한 실시간 리스크 관리 시스템에 대한 기술평가와 권리분석 ▲일회성 위치추적 서비스 제공 방법과 그 시스템에 대한 기술이전 검토 ▲멜라닌 색소 탐지기술과 피하지방 측정기술에 대한 기술평가 ▲반도체 테스트 핸들러의 리테스트 방법에 관한 기술평가 ▲반사방지 필름, 편광판 및 디스플레이 장치에 대한 권리분석 ▲발광다이오드 제조방법 관련 라이선스 ▲디지털 케이블방송 통합서비스 시스템 관련 기술이전과 사업성 분석 등이 다래가 수행한 대표적인 기술조사 및 평가서비스 사례들이다.

다래는 이미 기술조사와 평가를 넘어 새로운 사업을 구상하는 기업을 상대로 기술진단과 함께 개발이 필요한 기술에 대해 자문하는 기술컨설팅 서비스를 제공하고 있다. 또 기술거래 중개에도 나서고 있으며, 기술거래의 경우 공급자와 수요자 발굴, 대상기술에 대한 평가와 기술이전을 위한 협상 및 계약지원은 물론 기술이전 이후의 기술료 징수 대행 등 사후관리 서비스까지 제공하고 있다. 한마디로 조사와 평가, 거래중개에서 사후 분쟁해결까지 기술개발에 필요한 모든 솔루션을 제공하자는 것이 다래가 지향하는 방향이다. 다래는 최근 늘어나는 기술유출 위험과 관련, 영업비밀 관리실태 진단 및 안내 서비스를 시작했으며, 영업비밀 관련 법원 판례를 분석한 책자도 발간했다.

법무법인 대륙아주

법무법인 대륙아주

2009년 법무법인 대륙, 아주 합병
대표변호사 / 남영찬
www.draju.com

법무법인 대륙아주도 합병을 통해 규모를 확대하고, 경쟁력을 높인 합병 로펌으로 분류된다. 2009년 법무법인 대륙과 법무법인 아주가 합쳐 출범한 대륙아주는 2016년 130명이 넘는 변호사가 포진, 규모 기준으로 국내 10대 로펌의 위상을 차지하고 있다. 또 대륙과 아주의 남다른 전문성이 합병 로펌 대륙아주로 이어지며 시너지를 내고 있다.

대륙아주로 합치기 전의 대륙과 아주는 각각 어떤 로펌인가. 1992년 3월 서울대 경제학과 출신의 김대희 변호사가 서초동에서 시작한 '김대희 변호사 법률사무소'를 모태로 하는 대륙은 기업형사와 기업구조조정, 금융, 부동산 리츠, 기업 M&A 등과 함께 중국 등에서의 해외업무, 해외소송 등에서 활발한 중견 로펌으로 유명했다. 또 김진한 변호사가 주축이 된 아주는 구 소련과 중앙아시아, 오스트리아의 빈으로 이어지는 유라시아 벨트 여러 곳에 해외사무소를 운영했던 진취적인 로펌으로, 당시 아주는 몽고의 울란바토르, 중동의 두바이에도 진출했었다. 또 국내에선 기업 파산과 법정관리, 기업 M&A, 금융 등에서 상당한 경쟁력을 구축하고 있었다.

2008년 금융위기 등과 맞물려 해외사무소는 모두 문을 닫은 상태이지만, 해외진출에 앞장섰던 두 로펌의 적극적인 DNA가 합병 로펌에서 여전히 빛을 발하고 있다. 특히 중견 판, 검사 출신이 꾸준히 합류하며 민, 형사소송과 행정, 공정거래, 조세 등 다양한 분야에서 대륙아주의 변호사들이 맹활약하고 있다.

대륙 시절 괌 추락 KAL기 피해자 유족이 미국 연방법원을 상대로 낸 손해배상소송과 IMF 외환위기 때 파생상품으로 피해를 본 대한생명을 대리해 JP모간을 상대로 미 현지에서 진행한 소송을 모두 승소로 이끈 대륙아주는 전통적으로 송무 분야가 강하다는 평을 듣고 있다.

또 기업파산과 회생, 구조조정 등 도산 분야가 대륙아주가 강점을 발휘하는 주력 분야 중 하나로, 김진한 변호사는 아주 시절부터 법정관리 기업의 관리인, 파산기업의 파산관재인으로 이름을 날렸다. 굿모닝시티 초대 관리인, 우성건설 파산관재인, 임대주택이 8,000세대에 이르는 은아주택의 파산관재인, 회원이 수천 명에 이르는 알프스 리조트 파산관재인 등 민원이 많은 건설 관련 회사의 관리인이나 파산관재인을 특히 많이 맡아 복잡한 이해관계를 조정하는 수완을 발휘했다.

동양시멘트, 동양네트웍스 등 동양그룹 계열사를 비롯해 벽산건설, 풍림산업, 우림건설, 신창건설 등 사회적으로 이슈가 됐던 도산 사건의 상당수가 대륙아주의 손을 거쳤으며, 대륙아주의 변호사들은 외환위기 직후인 1999년 처음 설립된 기업구조조정전문회사(CRC)와 부동산투자회사

(REITs)를 탄생시키는데도 기여했다. 대륙아주의 한 관계자는 "국내 1호 리츠의 설립을 자문한 곳이 대륙이며, 'CRC'라는 단어도 사실상 대륙의 변호사들이 만들어 낸 신조어(新造語)"라고 소개했다.

대륙아주는 그동안 축적된 전문성을 토대로 에너지, 국제통상, 파생상품, 기업형사 등의 분야를 앞으로 중점 육성할 분야로 제시하고 있다. 2014년 3월 SK텔레콤 사장 등을 역임한 남영찬 변호사를 경영전담 대표로 영입하고, 유한 법무법인으로 조직도 일신했다.

법무법인 동인

법무법인(유) 동인

2004년 설립
대표변호사 / 이철
www.donginlaw.co.kr

법무법인 동인(同人)은 검사 출신의 이철 변호사가 검찰 선배인 정충수 전 검사장과 함께 2004년 변호사 5명으로 출발한 후발 주자 중 한 곳이다. 그러나 불과 10년만에 변호사 100명을 돌파하며 10대 로펌에 진입할 만큼 변호사가 몰려들며 빠른 속도로 세를 키워가고 있다. 무엇보다도 매니징 파트너인 이철 대표의 남다른 경영 노하우가 동인의 초고속 성장에 밑거름이 되었다. 그는 서울공대 화공과를 졸업한 공학도 출신으로, 투명한 경영과 함께 실리를 추구하는 실용적인 접근으로 로펌 동인의 발전을 주도하고 있다.

무엇보다도 동인의 성장을 얘기하면서 빼놓을 수 없는 것은 로펌 운영에 필요한 공동비용을 최소화하고, 파트너들이 자신이 노력해 번만큼 가져가는 철저한 인센티브 시스템. 로펌마다 파트너 변호사들의 보상시스템이 중요한데, 동인은 실적주의를 극대화 해 구성원들에게 높은 동기부여를 제공하고 있다. 한마디로 무임승차가 없다는 얘기로, 동인의 한 관계자는 "우리 로펌엔 지분이나 호봉, 정액 봉급제 같은 것이 전혀 없다"고 말했다. 오직 실적으로 승부한다는 것이다.

또 하나는 이런 실적주의를 회계 측면에서 담보하는 투명경영 문화가 강점으로 꼽힌다. 공동비용도 비슷한 규모의 다른 로펌에 비해 많지 않지만, 투명하고 정확한 회계보고를 통해 판, 검사 출신 변호사 등으로부터 높은 인기를 얻고 있는 곳이 동인이다. 이철 대표는 "변호사들이 적은 돈이라도 내가 번 돈이 불투명하게 쓰인다고 생각하면 기분 나빠하는 게 보통인데, 동인은 1원 한 푼까지 보고하며 투명하게 하니까 동인으로 사람이 몰리는 것"이라고 힘주어 말했다.

2015년만 해도 동인엔 백종수 전 부산검사장, 김종민 전 순천지청장, 검사 출신으로 예금보험공사 금융부실책임조사본부장을 역임한 이천세 변호사, 황윤구 전 서울서부지법 수석부장, 임복규 전 서울중앙지법 부장판사 등 중량급 변호사들이 연이어 합류, 로펌 업계에서 단연 주목을 받았다. 2016년에도 이정호, 여운국, 김진현 전 부장판사와 김태철 전 부장검사 등이 동인호에 몸을 싣는 등 중견 판, 검사 출신의 합류가 이어지고 있다.

2016년 현재 동인의 전체 변호사는 약 130명. 파트너 82명 중 49명이 판, 검사 출신으로 인적 구성에 있어서도 송무의 비중이 높은 것을 알 수 있다. 형사 분야의 경우 검사장 이상 12명을 포함해 검사 출신만 31명이 포진, 다른 어느 로펌 못지않은 진용을 자랑하며, 2006년 합류한 이승재 변호사는 경찰청 수사국장, 해경청장 등을 역임한 경찰 수사 전문가로 유명하다.

법원 쪽도 동인의 초기 발전에 크게 기여한 홍성무 전 서울고법 수석부장과 사학분쟁조정위원회 위원장을 역임한 오세빈 전 서울고법원장, 사학분쟁조정위 현 위원장인 김진권 전 서울고법원장, 경찰위원회 위원장을 역임한 최병덕 전 사법연수원장, 손용근 전 사법연수원장 등 이름을 대면 알만한 중량급 변호사들이 층층이 포진해 후배들을 지휘하고 있다.

이에 비해 자문 분야는 송무만큼 규모가 크지는 않지만 합류를 타진해 오는 자문변호사들이 적지 않다고 한다. 이철 대표는 "기업법무 일반, 노동, 부동산, 금융 등 다양한 분야의 변호사들로부터 함께 일할 수 없느냐는 얘기를 듣고 있다"며 "중량급 송무변호사들의 기업 클라이언트에서 파생되는 자문수요가 상당하다"고 귀띔했다.

동인의 자문 분야에서 활약하는 변호사로는 2014년 대한민국 중재인 대상을 받은 정운섭 변호사와 M&A 분야에서 많은 사건을 수행하는 원창연, 박성하 변호사 등을 꼽을 수 있다. 또 김성근 변호사가 팀장을 맡은 건설분쟁팀이 수많은 사건의 수행과 함께 매우 강하다는 평을 듣고 있으며, 오랫동안 조달청에서 근무한 윤태석, 이재권 변호사는 정부계약·조달·입찰 등의 분야에서 뛰어난 전문성을 발휘하고 있다.

이런 동인이 2015년을 전후해 한국 로펌 업계에서 뉴스를 탄 적이 있다. 다국적 로펌 덴튼스(Dentons)와 스위스 verein 형태의 합병을 선언한 중국 로펌 대성(大成)과 제휴를 추진하기로 한 것. 덴튼스와 손을 잡은 대성이 한국 측 파트너로 동인을 고려하고 있다는 의미 있는 제휴 추진으로, 동인은 이를 위해 2015년 봄 법무법인 태평양의 초대 북경사무소장을 역임한 중국 전문의 김종길 변호사를 영입했다. 또 대성 한국팀엔 동인 소속으로 오랫동안 중국에서 활동해 온 김기열 변호사가 일종의 파견

형태로 활약하며 동인-대성 제휴의 창구 역할을 담당하고 있다.

　대학동기인 김기열, 김종길 변호사는 동인-대성 제휴의 다리를 놓은 주역으로, 중국 로펌 환구의 한국팀장으로 활약하던 김종길 변호사가 중국 생활을 정리하고 한국으로 돌아가려 한다는 소식을 접한 김기열 변호사가 김종길 변호사를 이철 대표에게 소개해 동인-대성 제휴를 보다 구체적인 모습으로 발전시켰다는 후문이다. 이철 대표는 "참 절묘하게 진용을 갖추게 되었다"며 "앞으로 대성은 동인이 의뢰하는 한국 기업의 중국 내 분쟁해결 등을 지원하고, 동인은 반대로 대성이 부탁하는 중국 기업 등의 한국 내 송사를 맡을 예정"이라고 설명했다.

　서예와 주역에도 조예가 깊은 이철 대표는 주역의 동인괘(同人卦)에서 따다가 법무법인 동인의 이름을 지었다고 설명했다. 동인이란 '함께 하자' 'together'의 의미로, 구성원간의 인화를 통해 화목한 법인을 만들자는 의미가 담겨있다고 한다. 투명경영을 강조하는 동인의 경영방침도 같은 맥락이다.

법무법인 리앤킴

LEE & KIM
법 무 법 인 리 앤 킴

2015년 설립
대표변호사 / 이승재
www.leenkim.com

2015년 10월 서초동에서 문을 연 법무법인 리앤킴은 대형 로펌에서 경험을 쌓은 젊은 변호사들이 주축이 된 신흥 중소 로펌 중 하나다. 이승재 변호사 등 세종 출신 4명이 뭉쳐 새로 간판을 올리고 기업자문과 소송 등의 원스톱 서비스를 표방했다. 대표를 맡고 있는 이 변호사는 "대형 로펌 수준의 법률서비스를 합리적인 비용으로 보다 빠르게 고객들에게 제공하겠다는 생각으로 뜻이 맞는 동료들과 리앤킴을 시작했는데, 고객들의 반응이 의외로 좋다"고 고무적인 반응을 나타냈다.

"당초 생각했던 타깃팅(targeting)에 부합하는 고객들이 사건을 맡겨오고 있어요. 저희가 겨냥한 틈새를 확인했다고 할까요."

이승재 변호사에 따르면, 리앤킴이 겨냥하는 주된 고객은 코스닥 상장사와 스타트업(start-up) 기업, 개인 자산가 등으로, 부동산 거래의 경우 50억~500억원 규모의 중간 사이즈 거래를 주로 취급한다. 그는 "이런 기업이나 부동산에 관한 자문은 대형 로펌에선 잘 처리하지 않지만, 그렇다고 아무에게나 의뢰할 수는 없고, 상당한 전문성을 갖춘 변호사가 자문해야 매끄럽게 거래를 마무리할 수 있어 리앤킴과 같은 강소 로펌에 틈새가 있다"고 강조했다. 또 "리앤킴 같은 중소 로펌에선 대형 로펌보다 훨씬 합리적인 비용으로 신속하게 사건을 처리할 수 있어 이 점에서도 클라이언트의 만족도가 높다"고 덧붙였다.

리앤킴은 2016년 봄 구속기소된 한 쇼핑몰 대표의 형사사건을 맡아 변호인으로 선임된 지 3주만에 집행유예 판결을 받아 풀어내고, 실형 선고가 예상되던 자동차 리스업체 대표의 형사사건에서 원활한 사업진행을 위한 필요성 등을 설득하여 집행유예를 받아내는 등 기업체 관계자 등이 관련된 형사사건에서 두각을 나타내고 있다.

이승재 변호사는 또 "최근 국내 10위권 규모의 로펌이 변론을 포기하고 사임계를 제출한 건설 관련 분쟁에서 상대방이 미처 생각하지 못한 법리 주장을 통하여 사실상 완승을 이끌어내기도 했다"며 "정확한 분석과 신속한 대응을 통한 종합적인 법률 솔루션이 강소 로펌 리앤킴의 강점"이라고 소개했다.

리앤킴의 변호사들은 카메라 앱 및 SNS 서비스 스타트업인 피제이팩토리를 대리해 2016년 2월 5억여원의 투자를 유치하는 거래를 성사시켰다. 이 거래는 특히 협상 초기 거래조건을 놓고 당사자 사이에 상당한 이견이 노출되는 등 어려움이 없지 않았으나, 이승재 변호사 등이 나서 단계적으로 협상을 진행한 끝에 미국 등 해외 스타트업 기업의 투자약정과 유사한 우호적인 조건으로 거래를 마무리한 게 특징. 이 변호사는 "피제이팩토리의 투자유치 사례에서 알 수 있듯이, 스타트업 자문에선 법률자문은 물론 투자 거래조건 등을 효율적으로 조율하고 합리적으로 중재하는 역할 또한 중요하다"고 강조했다.

이 외에도 2015년 서울 지하철 2호선에 전동차를 납품하는 계약을 체결한 다원시스를 대리해 국내 입찰 등 여러 자문을 수행하고, 매각 예정가가 400억원인 서울 강남의 한 빌딩 매각 주관사로 선정되어 삼일PwC와 함께 매각 업무를 수행하는 등 신생 로펌치고는 다양한 거래에서 리앤킴의 변호사들이 활약하고 있다. 리앤킴은 유명 종합병원에서 인턴으로 근무한 의사를 대리해 오버타임 차지 등 미지급 임금 청구소송을 수행하고, 제품의 하자로 인하여 7개월 된 유아가 사망한 제조물책임 배상사건은 공익활동의 일환으로 진행하고 있다. 또 어린이 대상 영상 제작업체의 비디오자키를 대리해 전속계약 협상도 진행했다.

이승재 변호사는 기업간 분쟁과 대규모 M&A, 부동산 거래에 대한 자문 경험을 바탕으로 민, 형사 소송과 기업을 상대로 한 일반 자문업무를 주로 수행한다. 김재하 변호사는 M&A와 부동산 분야가 주된 자문 분야이며, 김원국 변호사는 기업회생과 파산, 의료제약, SOC 투자 등의 자문을 겨냥하고 있다. 또 이승진 변호사는 민, 형사소송과 함께 IP 관련 업무를 주로 담당하는 등 네 사람의 업무분야가 잘 겹치지 않고 고루 퍼져 있는 것도 리앤킴의 발전 가능성을 예고하는 대목 중 하나.

스타트업 자문 등에 대한 전문성을 인정받은 이승재 변호사는 연세대 창업지원단과 MOU를 체결하고 고문변호사로 위촉된 데 이어, 스타트업 투자계약에 관한 강의도 진행하고 있다. 2016년 5월엔 세종 시절 중국 란딩그룹의 제주도 투자사업과 관련해 자문한 경험 등을 살려 제주도에 분사무소를 개설했다.

이승재, 김재하 변호사는 서울대 법대를, 김원국 변호사는 한국외대 영어과를 나와 사법연수원을 수료했으며, 이승진 변호사는 서울대 전기공학과에서 공부하고 연세대 로스쿨을 1기로 졸업한 로스쿨 출신 변호사다.

법무법인 민후

M 법무법인 민후

2011년 설립
대표변호사 / 김경환
www.minwho.kr

변호사가 많지 않은 중소 로펌에선 대표변호사의 전문성이 그 로펌의 경쟁력을 나타내는 경우가 많다. 서울공대 출신의 김경환 변호사가 지휘하는 법무법인 민후도 그런 강소 로펌 중 한 곳으로, 민후는 IT, IP 전문 부티크로 이름을 날리고 있다.

2015년 11월, 아시아의 법률 전문매체인 ALB(Asian Legal Business)가 주관한 '2015 Korea Law Awards' 시상식장. 민후가 '올해의 IP 로펌', '올해의 로펌' 파이널 리스트에 이름을 올린 데 이어 '올해의 부티크 로펌' 상을 받아 참석자들로부터 뜨거운 박수를 받았다. 비록 IP 분야 등 대형 로펌들과 순위를 다툰 경쟁에선 1등자리를 내주긴 했으나 부티크 중 최고의 평가를 받은 민후의 선전은 주목을 받기에 충분했다.

무엇보다도 IT와 IP 분야에 역량을 집중한 것이 짧은 시간에 높은 성장을 이룩한 성공적인 전략으로 얘기된다. 서울대 전자공학과를 졸업하고, 같은 대학에서 공학석사 학위를 받은 김경환 변호사가 법률사무소 민후를 설립한 것은 2011년 가을. 이후 네이트와 싸이월드 개인정보유출소송, 오픈캡쳐 소송, 애드웨어 소송, 파밍(pharming) 전자금융사기소송 등 IT 분야의 선례가 된 여러 사건에서 의미있는 성과를 거두며 발전을 거듭하고 있다.

"처음부터 제가 잘 아는 분야인 IT와 IP 분야에 집중했어요. 우리는 대학에서 엔지니어링의 기본원리를 배웠기 때문에 아무래도 기술 분야를 이해하는 데 수월하죠. 여기에 법률지식을 접목해 IT나 기술·콘텐츠 기업의 법적 니즈(needs)를 충족하고 리스크를 최소화하는 데 도움을 주자는 것인데 의외로 반응이 좋았어요. 결과도 괜찮았고요."

공학도 출신인 김경환 대표는 인터뷰에서 민후의 성공비결을 이렇게 설명했다. 그의 말대로 복잡하고 어렵다고 생각하기 쉬운 기술 분야의 이해를 바탕으로 법적인 쟁점을 잘 짚어내 접근한다면 기술 관련 소송을 수행하는 데 한결 수월할 것이다. 민후는 실제로 이런 전략으로 수많은 기술 관련 소송을 대리하고 있으며, 선례를 이끌어낸 판결도 적지 않아 IT와 IP 분야에서 뜨거운 주목을 받고 있다.

대표적인 사건이 2015년 1월 선고된 파밍 피해 손해배상사건. 정상적인 은행 사이트에 접속했으나 악성코드에 감염된 가짜 사이트로 접속되어 몰래 예금을 이체당한 피해자들이 신한, 국민, 하나, 중소기업, 농협은행 등 5개 은행을 상대로 소송을 내 피해액의 10~20%를 배상받게 된 사안으로, 민후가 예금피해자 36명을 대리해 피해자 1인당 400만원에서 많게는 약 1억원의 손해배상을 받아냈다. 이 사건을 맡은 서울중앙지법 재판부는 '접근매체의 위조나 변조로 발생한 사고, 계약체결 또는 거래지

시의 전자적 전송이나 처리과정에서 발생한 사고로 인하여 이용자에게 손해가 발생한 경우' 금융기관 또는 전자금융업자는 무과실책임을 져야 한다고 전제하고, 계좌번호와 비밀번호 등을 도용당한 이 사건은 '접근매체의 위조'로 발생한 사고에 해당하거나 적어도 관련 규정이 유추적용되어야 한다고 판시, 은행 측의 책임을 인정했다. 비록 인정된 책임비율이 높지는 않지만, 파밍 사기와 관련, 피해자들이 전부 패소했던 기존의 흐름에서 벗어나 은행에 배상책임을 인정한 의미 있는 판결이다.

 2014년 11월 항소심 판결이 선고된 이른바 오픈캡쳐 소송도 민후의 변호사들이 활약해 전부 승소 판결을 받아낸 또 하나의 사건으로 소개된다. 2003년 개발되어 사용자가 수백만 명에 달할 정도로 인기가 있었던 스크린 캡쳐 무료프로그램이었으나 다른 회사에 인수되어 유료로 전환되고 터무니없이 높은 가격이 책정되면서 시비가 일어 170여 기업이 오픈캡쳐의 저작권사인 ISDK를 상대로 제기한 소송으로, 민후가 나서 "저작권 침해가 아니다"는 승소 판결을 받아냈다. 상당수의 기업은 ISDK와의 합의로 문제를 해결했으나, 민후는 일종의 기획소송을 추진, 새로운 선례를 만들어낸 것이다. 김경환 대표는 "이 사건은 특히 한·미, 한·EU FTA에 따라 저작권법에 도입된 일시적 복제가 쟁점이 된 사안으로, 일시적 복제도 저작권 침해로 보지만 '컴퓨터에서 저작물을 이용하는 경우에는 원활하고 효율적인 정보처리를 위하여 필요하다고 인정되는 범위 안에서 그 저작물을 그 컴퓨터에 일시적으로 복제할 수 있다'는 예외조항을 적용해 저작권 침해가 아니라는 판단을 받아냈다"고 설명했다.

 물론 기술 분야에서 전례가 없는 사건을 맡아 수행하는 게 쉬운 일은 아니다. 상대방과 싸워 이겨야 할 뿐만 아니라 비슷한 내용을 다룬 기존의 판결, 법리도 극복해야 한다.

김경환 변호사는 "IT 분야가 새로운 분야이긴 하나, 저희가 볼 때는 많은 변호사들이 취급하는 다른 분야와 크게 다를 게 없다"고 지적하고, "중요한 것은 기술을 얼마나 잘 이해하고, 이를 법의 시각으로 풀어내 억울하게 피해를 보는 사람이 없도록 하는 것"이라고 민후가 지향하는 방향을 제시했다.

애드웨어를 띄워 굉장히 잘 나가는 사이트의 고객을 끌어올 경우 위법이라는 속칭 '애드웨어 판결'도 민후가 수행한 사건 중 하나이며, 프로그램 개발자를 변호하며 정통망법 즉, 정보통신망 이용촉진 및 정보보호 등에 관한 법률 48조 2항의 악성 프로그램인지 여부를 다툰 자동 댓글 달기 프로그램 형사사건이나 다른 사이트의 콘텐츠를 다 끌어올 수 있는 크롤링, 상대방 URL에 링크를 달아 내 홈피에 걸어 놓으면 상대 홈피에 게시된 이미지, 동영상 등을 마치 내 홈피에서 개발한 것처럼 다운받아 제공하는 소프트웨어 링크의 위법 여부를 다투는 사건 등도 민후가 수행했거나 수행하는 사건들로 분류된다. 크롤링, 소프트웨어 링크 사건에서 민후는 피해자 즉, 권리자 측을 대리했거나 대리하고 있다.

민후가 수행하는 사건 중엔 또 당사자가 수십 명, 많게는 수천 명에 이르는 집단소송이 많다. IT 분야의 속성상 다수 당사자가 관련되는 사건이 많기 때문인데 항소심을 거쳐 대법원에 계류 중인, SK커뮤니케이션즈를 상대로 낸 네이트·싸이월드 개인정보유출로 인한 손배소는 당사자가 2,800명이 넘는다.

기술 분야에서 앞서 나가는 민후가 최근 들어 중시하는 것 중 하나는 디지털 포렌식의 활용. 검찰과 경찰 등 수사기관에서도 유죄의 증거로 포렌식을 많이 활용하지만, 피의자, 피고인의 무죄를 입증하는 데 디지털 포렌식을 적극 동원하고 있다. 민후의 한 변호사는 "포렌식 증거를 통해 무죄 입증이 보다 수월해졌다"고 강조했다.

민후가 알리바이 입증을 통해 음란물 사이트에 접속하지 않았다는 무죄판결을 받아낸 사건이 포렌식 증거를 활용해 성공적인 결과를 이끌어낸 대표적인 사건으로 꼽힌다. 공소사실에는 피고인의 아이디로 특정 시간에 특정 음란물 사이트에 접속했다고 되어 있으나 김경환 대표 등 민후의 변호사들이 피고인이 그 시간에 사용했다는 노트북을 포렌식해서 웹 브라우저라든가 접속 프로그램을 전혀 가동하지 않았다는 알리바이를 입증, 검찰의 공격을 막아냈다. 김 대표는 "디지털 세계에선 기록이 다 남기 때문에 오히려 알리바이 입증이 오프라인에서의 그것보다 더 쉽다"고 말했다.

그에 따르면, 정통망법 위반 형사사건이나 기술유출 수사 등엔 포렌식이 빠질 수 없고, 일반 형사사건에서도 증거수집에 포렌식 기법이 많이 활용된다고 한다. 또 이혼사건도 포렌식 증거가 많이 등장하는 분야 중 하나. 유명 연예인 사건에서처럼 상대방의 동의 없이 위치정보를 추적하고, 노트북의 이메일 내용을 들여다보기 위해 해킹 프로그램을 심었다가 처벌받기도 하지만 부정행위 단서를 잡으려는 다양한 포렌식 활동이 동원되고 있다. 물론 관련 데이터를 지워 놓았을 경우엔 복원해서 찾아내야 한다. 이와 함께 전자증거의 위·변조 논란도 자주 제기되는 이슈 중 하나로, 김 변호사는 CCTV 화면 중 자기에게 불리한 일부분을 오려내고 다시 편집해 증거로 제출하기도 하고, 문서가 생성된 날짜를 고치는 경우도 허다하다고 소개했다.

김 변호사는 "전자증거가 워낙 많다 보니 취득과정을 먼저 따져봐야 하고, 이 과정에서 전자기록의 위·변조 등 진위 다툼도 많이 발생하고 있다"며 "그러나 전자증거와 함께 이를 확보하려는 포렌식 활동은 갈수록 늘어날 것"이라고 예상했다.

민후의 홈페이지에 접속해보면, 수많은 업무사례가 간략한 설명과 함께 이어지고 있다. 사정상 공개할 수 없는 사건을 감안할 때 강소 로펌 민후가 얼마나 많은 고객을 대상으로, 얼마나 많고 중요한 사건을 수행하는지 한눈에 알 수 있다. 최근에 승소한 사건 중엔, 상표권자를 대리해 상표를 무단으로 네이버 키워드 광고에 사용해 상표권자의 영업활동을 방해하고, 경제적 손해를 입힌 피고를 상대로 소송을 내 손해배상금을 받고 화해한 사건과 특허권자를 대리해 SK텔레콤이 제기한 특허무효심판청구를 막아낸 특허심판원 사건 등이 있다.

주로 IT와 IP 사건이 많은 부분을 차지하고 있지만, 민후는 컨설팅 회사를 대리해 무단 퇴사한 전 직원을 상대로 위약금을 청구해 이긴 사건, 적대적 M&A를 위한 장부 등 열람 허용 가처분 사건에서 채무자를 맡아 가처분 신청을 성공적으로 방어한 사건, 화장품 독점 판매권의 양도를 둘러싼 잔금지급 청구소송 등 일반 민, 형사소송과 헌법소원 사건 등도 다양하게 수행한다. 또 기업자문과 특허출원, 입법지원 등의 분야에서도 수준 높은 서비스를 제공한다.

2016년 현재 12명의 변호사와 변리사, 회계사 등이 포진하고 있는 민후는 IT와 IP에 이어 핀테크 등 전자결제, 전자금융, 인터넷 뱅킹 등 금융 분야를 우선적인 업무 확대 영역으로 선정하고, 관련 사건을 활발하게 개척하고 있다. 물론 IT와 금융을 결합한 전자금융 관련 분쟁이나 자문이

핵심 타깃으로, 김 대표는 금융 업무의 상당 부분이 IT로 해결되고 있다고 설명했다.

민후는 홈페이지에서 "IT 기업, 기술·콘텐츠 기업, 전자상거래 사업자, 개발자 등과 함께 성장하고, 기업과 개인 고객 모두의 삶을 윤택하고 두텁게 만드는 데 일조하는 멋진 로펌이 되겠다"고 다짐하고 있다. 또 전문성과 서비스 정신으로 무장하고, 젊음과 패기로 고객만족을 이끌어내고 있다고 강조했다.

자유출퇴근, 안식월 제도 인기

김경환 대표를 중심으로 30대의 젊은 변호사들로 구성된 법무법인 민후는 로펌 운영에 있어서도 다른 점이 적지 않다.

가장 눈에 띄는 대목은 자유로운 출퇴근과 1년에 4주까지 쓸 수 있는 안식월 제도. 임원들에게 1년에 3개월씩 안식월을 주는 구글, MS 등의 제도를 벤치마킹한 것으로, 충분한 휴식을 통해 창의적인 사고와 유연성을 더하자는 취지에서 3년 전인 2013년에 도입했다. 여기에 여름휴가와 월차를 더하면 민후 변호사들의 연간 휴가 일수는 7주까지 늘어난다는 게 민후 관계자의 설명이다. 물론 안식월 기간에도 급여가 정상 지급되는 유급휴가로, 민후 변호사들은 높은 생산성으로 보답하고 있다.

김경환 대표는 "IT 등 첨단 분쟁을 수행하는 데 변호사들의 창의적인 자세가 큰 도움이 된다"며 "안식월 제도는 높은 효과가 입증되고 있다"고 만족해했다.

법무법인 바른

1998년 설립
대표변호사 / 문성우, 김재호
www.barunlaw.com

    법무법인 바른은 재조(在曹) 경력의 실력 있고 명망 있는 변호사들이 주축이 되어 송무에서 높은 경쟁력을 발휘하는 것으로 유명하다. 박재윤, 박일환 전 대법관을 비롯해 김동건 전 서울고법원장, 강병섭 전 서울중앙지법원장, 조중한, 정인진, 박인호, 김치중, 석호철 전 고법부장 등이 여전히 후배들과 함께 자문하고 있으며, 검찰 쪽에서도 청와대 민정수석을 역임한 정동기 전 대검차장, 2016년부터 바른의 총괄대표를 맡고 있는 문성우 전 대검차장, 이인규 전 대검 중수부장 등 쟁쟁한 경력의 변호사들이 포진하고 있다. 이 외에도 김용균 전 서울행정법원장과 유승정 전 서울남부지법원장, 박인호, 박철, 서명수, 이원일 전 고등부장, 법무부 공보관을 역임한 한명관 전 검사장과 정동민 전 검사장 등 최근 들어서도 법원과 검찰에서 이름을 날린 중견 법조인의 합류가 이어지고 있다.

    무엇보다도 대법원의 민, 형사 사건을 가장 많이 수임하는 로펌 중 한 곳이라는 평가가 송무 분야에서의 바른의 경쟁력을 말해준다. 언론에 자주 등장하는 대형 사건은 바른보다 규모가 더 큰 메이저 로펌에서 맡는 경우가 많으나, 대법원의 전체 사건 통계에선 바른이 여전히 높은 자리를 차지하고 있다.

매년 판, 검사 경력의 중견 변호사들이 합류하며 주니어 급의 어소시엣 변호사보다 상당한 경력을 갖춘 파트너 변호사의 비중이 상대적으로 높은 점도 바른의 변호사 구성에서의 특징. 많은 로펌이 위로 올라갈수록 파트너 변호사의 수가 적어지는 피라밋 구조를 취하고 있는 데 비해 바른은 원통형쯤에 해당하는 구조를 이루고 있다. 장수(將帥)에 해당하는 파트너 변호사가 많다는 것은 수익성 또한 높다는 뜻으로, 바른에선 파트너 변호사들이 어소시엣 변호사들과 함께 고객을 상대하며, 직접 업무를 챙기고 있다.

파트너 변호사들이 손수 일을 처리하며 고객의 만족도를 높이는 바른의 이런 전통은 1998년 법률사무소를 시작할 때부터 비롯되었다고 한다. 바른을 세운 창립정신 중 하나로 소개된다.

의정부 법조비리 사건의 여파가 채 가시지 않은 98년 2월. 일선 법원의 판사로 활약하고 있던 강훈, 홍지욱, 김재호 세 명의 변호사는 전혀 새로운 형태의 법률사무소를 만들어 높은 수준의 법률서비스를 펼치기로 뜻을 모으고, 87년 3월 동서종합법률사무소를 일으켰던 김찬진 변호사를 찾아갔다. 당시 김찬진 변호사는 동서가 법무법인 광장으로 확대 개편되면서 광장을 나와 서초동에서 개인변호사 사무실을 운영하고 있었다. 여기서의 광장은 한미와 합치기 전의 구 광장을 말한다. 김찬진 변호사는 국회의원을 역임한 이영애 전 춘천지법원장이 부인으로, 강훈, 홍지욱 변호사는 이영애 전 법원장 밑에서 함께 배석판사를 한 적이 있어 이전부터 김 변호사와 잘 아는 사이였다. 김찬진 변호사와 강훈, 홍지욱 변호사 세 사람의 이런 인연이 바른의 창립으로 이어지게 된 것이다.

김찬진 변호사의 합류로 4명이 된 창립 멤버들은 두 가지를 분명히 했다고 한다. 하나는 법률사무소를 운영하면서 사건을 소개하는 브로커를 일체 쓰지 않겠다는 것이고, 또 하나는 어소시엣 변호사들에게 일을 시키고 파트너 변호사들은 이름만 거는 식의 이른바 매명(賣名)을 하지 않겠다고 다짐했다. 법률사무소의 이름에 '바른'이란 순 한글식 이름을 붙이게 된 것도 이런 논의의 결과라고 한다.

법원 등에서 이미 상당한 경력을 쌓은 중견 변호사들이 직접 업무를 처리하는 바른의 독특한 시스템은 처음부터 상당한 호응을 얻었다. 적절한 비용으로 높은 수준의 신속한 서비스를 받고자 하는 고객들의 바람에 바른의 업무 스타일이 꼭 맞아 떨어졌기 때문이다. 창립 멤버 중 한 사람인 홍지욱 변호사는 "솔루션은 국내 최고라고 할 수 있는데, 어소시엣의 동원 등에 따른 불필요한 비용과 시간을 절약할 수 있어 고객들에게 크게 어필한 것 같다"며, "조직이 크게 확장된 지금도 이런 방침을 고수하고 있다"고 강조했다.

바른의 새로운 시도는 업계에 적지 않은 반향을 일으켰다. 이를 지켜본 재조 출신 변호사들의 합류가 이어졌고, 일과 변호사가 함께 늘어나며 바른의 성장에 가속도가 붙게 된 것이다.

재조 출신 변호사들이 많이 포진해 송무에 관한 한 국내 최고 수준의 경쟁력을 확보하게 된 바른은 기업자문 쪽으로 영역을 확대하고 있다. 오랫동안 법무법인 김·신·유에서 경험을 쌓은 박기태, 장주형 변호사와 주

한미상공회의소 부회장을 역임한 피난스키(Pynansky) 미국변호사 등이 바른의 자문 분야에서 활약하고 있다. 또 현대자동차 법무실장, 현대그룹 전략기획본부 사장 등을 역임한 하종선 변호사도 2012년 합류해 배출가스 저감장치 조작 의혹이 제기된 폭스바겐을 상대로 한 집단소송 등을 이끌고 있다.

테헤란로의 바른빌딩에 200명에 가까운 변호사가 입주하고 있는 바른은 국내 대형 로펌 중 자사 건물을 소유하고 있는 로펌으로도 유명하다. 인근의 메디슨빌딩을 임대해 쓰다가 2011년 아예 자체 건물을 매입해 이전한 것으로, 건물 이름도 지금의 바른빌딩으로 바꿨다. 바른빌딩은 지상 15층 규모로 당시 500억원 조금 더 주고 매입한 것으로 알려졌다.

'의료·통증소송 전문' 법무법인 서로

LAWFIRM SEOLAW 법무법인 서로

1995년 설립
대표변호사 / 서상수
www.seolaw.net

법무법인 서로는 교통사고 등으로 인한 복합부위통증증후군(CRPS)을 장애로 인정받아 이에 대한 치료비와 노동능력상실에 따른 첫 손해배상 판결을 받아낸 것으로 유명하다. 통증소송을 발굴해 개척한 중소 로펌으로, 서로가 법무법인을 구성하기 전인 2005년 8월 대표를 맡고 있던 서상수 변호사가 교통사고 후 극심한 통증을 호소하던 30대의 여성 피해자를 대리해 인천지법에서 CRPS도 장애라는 첫 승소 판결을 받아냈다. 이후 서로는 '통증소송 전문'으로 이름을 날리며 수십만 명에 이르는 통증환자와 희귀난치병 환자들의 수호천사로 맹활약하고 있다.

서상수 변호사가 CRPS 소송을 맡아 승소 판결을 받기 이전만 해도 통증환자들은 '꾀병' 환자쯤으로 치부되기 일쑤였다. 서 변호사가 대리했던 서 모(사고 당시 39세·여)씨도 택시에서 내리다가 택시가 서둘러 출발하는 바람에 오른쪽 발목 관절을 다쳐 극심한 통증이 무릎까지 번졌으나, 1심

법원이 인정한 피해배상액은 300여만원에 불과했다. 통증을 장애로 보지 않고, 치료비 지급을 거절하며 채무부존재확인소송을 낸 전국택시운송사업조합연합회의 손을 들어 주었기 때문.

그러나 항소심부터 관여한 서 변호사는 CRPS로 인한 장애 판정을 주장하며 반소를 제기해 1심의 배상액보다 무려 100배에 이르는 3억 3,700여만원의 손해배상 판결을 받아냈다. CRPS는 중증질환으로 장애이며, 피해자인 서씨의 통증으로 인한 오른쪽 다리의 동통과 관절운동장애, 적응장애와 혼재성 불안 및 우울반응 등 후유장해로 인한 영구적인 가동능력상실이 70% 이상에 이른다는 게 항소심을 맡았던 인천지법의 판단이다. 인천지법은 일실수입과 함께 치료비, 2,000만원의 위자료 등을 서씨에게 배상하라고 판결했다. 이에 택시운송사업연합회가 상고했으나 대법원은 2006년 7월 연합회 측의 상고를 기각하고, 항소심 판결을 그대로 인정, CRPS는 교통사고와 상당인과관계가 있고, 장애로 인한 가동능력상실에 관한 인천지법의 판단도 모두 옳다고 판시했다.

서 변호사가 CRPS를 장애로 인정한 이 판결을 받아낸 이후 관련 판결이 이어지며 수십만 명에 이르는 CRPS 등 만성통증 환자들의 소송이 지속적으로 제기되고 있다. 서로는 보광휘닉스파크 내 샤워장 벽에서 떨어진 조명등 파편에 발등을 찍혀 CRPS Ⅱ형으로 최종 진단을 받은 김 모 씨 사건에서도 2016년 8월 서울중앙지법에서 10.4%의 노동능력상실률을 인정받아 60세까지 일실수입을 받아냈다.

또 CRPS와 비슷한 법리가 적용되는 희귀난치병 환자들도 서로의 변호사들이 나서 일실수입 등 피해배상을 받아내고 있다. CRPS에 관한 인천지법의 판결과 비슷한 시기에 서울행정법원에서 승소 판결을 받은 루푸스 환자 박 모씨의 경우가 대표적인 사례로 꼽는다.

군 복무 중 난치성 질환인 루푸스가 발병, 제대한 박씨는 국가에 연금을 신청했으나 국가보훈청은 유전적인 자가면역질환이라는 이유로 박씨의 병을 공무상 질병으로 인정할 수 없다고 결정했다. 그러나 서상수 변호사가 박씨를 대리해 제기한 소송에서 서울행정법원은 "박씨가 한여름 땡볕에서 계속 훈련을 받았고, 군 복무 중 겪은 심한 스트레스로 인해 잠복해 있던 루푸스병 인자가 촉발된 것인 만큼 공무상 질병으로 인정해야 한다"고 판결했다. 땡볕 훈련 등 군생활과 자가면역질환인 루푸스병 사이의 인과관계를 인정한 것이다.

인천지법의 2005년 첫 판결 이후 지금까지 수백 건의 통증 관련 소송을 수행한 법무법인 서로에 따르면, 만성통증 환자들이 손해배상청구소송, 산재소송, 행정소송 등 다양한 형태의 소송을 통해 피해구제를 모색하고 있다.

앞에서 소개한 서씨가 낸 교통사고로 인한 손해배상청구소송이 대표적인 경우다. 또 병원에서 수술 등을 받다가 신경을 건드려 통증이 유발된 경우는 의료사고로 인한 손해배상청구소송을 제기하며, 산재 사고로 인한 경우는 산재 인정 행정소송과 산재로 인한 민사 손해배상 청구가 모두 가능하다. 또 군 복무 중 다쳐 통증 등이 유발된 경우는 국가유공자 인정을 위한 소송을 제기하고, 장애연금 소송 등도 생각할 수 있다는 게 서로에서 활약하는 조경구 변호사의 의견. 물론 피해자 자신이 상해보험 등에 가입했다면, 가해자를 상대로 하는 손해배상청구소송 등과 별도로 보험회사에 청구해 보험금을 받아낼 수 있다.

서로의 변호사들에 따르면, 2006년 7월 대법원의 첫 판결 이후 CRPS

도 장애로 보고 정년 때까지 향후치료비 등의 손해가 인정되고 있으나, 2009년 후반부터는 발병 확률이 낮고 희귀하면서도 그 위험도나 결과의 중한 정도가 대단히 높은 질병이라는 점에서 가해자의 책임을 30~50% 감경하는 게 법원 판결의 최근 동향이라고 한다. 서로의 최종원 변호사는 "향후치료비를 일부만 인정한 후 다시 책임제한까지 하여 이중 감경하는 경우도 있다"고 소개했다. 나아가 CRPS 이외의 또 다른 만성적인 신경병증성 통증 질환인 섬유근막통증증후군, 외상 후 통증증후군, 척추수술 후 통증증후군 등에 대해서는 외상과의 인과관계는 인정하고 있으나, 손해배상의 범위는 CRPS보다 축소해 인정하고 있다는 게 최 변호사의 의견. 최 변호사는 "만성적인 신경병증성 통증환자들에 대한 법적 보호가 진일보한 측면이 있으나, 아직도 CRPS로 인한 장해와 심각한 활동 제한에 부합하는 법적 보호를 받지 못하는 경우가 많고, 일부 임상의사 및 유관기관의 오해와 편견, 보험회사 자문의의 의견 등으로 인해 아직까지도 꾀병 취급을 받는 경우도 있다"고 우려했다.

1995년 설립된 서로는 통증소송을 개척하기 이전 의료사고 환자들을 대리해 병, 의원을 상대로 의료과오로 인한 손해배상을 받아내는 이른바 의료소송 수행으로 이름을 날렸다. 통증소송도 의료소송 분야에서의 전문성이 알려지며 사건을 맡아 개척한 결과로, 서로는 의료소송을 가장 많이, 전문적으로 다루는 몇 안 되는 법률사무소 중 한 곳이다.

서상수 변호사는 개업 후 얼마 안 지나 치과에서 마취를 하고 치료를 받은 후 갑자기 뇌출혈을 일으켜 반신불수가 된 한 환자를 맡아 병원을 상대로 소송에 나섰으나 패소하고 말았다. 그러나 그때만 해도 잘 알려지지 않았던 의료소송이란 새로운 시장을 알게 된 서 변호사는 1999년 간호사 출신을 뽑고, 진료차트를 볼 줄 아는 사무장과 함께 의료팀을 구성, 의료소송 개척에 본격적으로 뛰어들었다. 또 의사가 직접 법률사무소에 상주하며 변호사들을 거들기도 했으며, 이후 아예 의사 출신 변호사를 투입해 의료소송에서 높은 전문성을 추구해 온 곳이 법무법인 서로다.

차의과학대학 의학과 출신의 변재원 변호사는 "법원에서 의사의 과실 인정 비율은 높아졌으나, 최종적으로 인정되는 손해배상액은 감소하는 추세"라고 의료소송에서의 최근 판결 경향을 설명했다. 다만, 위자료 인정액은 늘어나고 있다는 게 변 변호사의 판단. 위자료를 8,000만원 인정한 판결도 나왔다고 한다.

변 변호사는 또 예전에는 소송가액이 큰 사건 위주로 의료소송이 진행되어 산부인과, 신경외과, 정형외과 등에서 발생한 의료과오 소송이 많았다면, 최근에는 소송가액이 많지 않은 성형외과, 치과, 이비인후과 등에서 일어난 사고를 문제 삼는 등 의료소송이 거의 전 과목별로 확산되는 추세라고 말했다.

서상수 대표를 포함 모두 7명의 변호사가 포진하고 있는 서로는 의료소송에서 한 걸음 더 나아가 의료법 전반으로 영역을 확대하고 있다. 의사 등의 면허취소 및 면허정지 사건, 의료기관의 개설허가 취소 및 업무정지 사건, 요양급여·의료급여 비용환수 소송 등이 서로가 처리하는 대표적인 사건이며, 서로는 의료기관의 설립과 경영, 노무에 관련된 법률 컨설팅도 제공한다.

의료과오 손해배상청구소송에서 시작, 통증소송과 의료법 소송, 보험소송으로 영역을 넓혀가고 있는 중견 로펌 서로는 남들이 잘 하지 않는 새로운 시장을 찾아 블루오션으로 성공시킨 프런티어 로펌이라고 할 수 있다. 서로는 브로셔 등에서 '권리보호가 취약한 분야에 대한 도전의식'을 서로가 추구하는 이념 중 하나로 제시하고 있다.

"의뢰인의 니즈를 정확하게 파악하여 의뢰인의 입장에서 합리적인 해결점을 찾아내고 이에 적극 대처해 의뢰인의 정당한 권리를 찾아드리려고 합니다."

서로의 홈페이지 맨 앞에 나오는, 의료소송에 이어 통증소송을 개척한 서로 변호사들의 다짐이다.

법무법인 세경

法務法人 世慶

1997년 설립
대표변호사 / 최종현, 김창준
www.choikim.com

3면이 바다로 둘러싸인 우리나라는 예로부터 해상활동이 활발했다. 지금도 조선업은 세계 1위, 해운업은 세계 6, 7위를 다투는 해양 강국이다. 화물을 실어 나르는 선사(船社)와 배를 만드는 조선소, 수많은 화주(貨主)와 보험사들 사이에 바다와 관련된 분쟁이 수 없이 일어나고 있다. 법률회사의 도움이 필요할 때 어느 법률회사를 찾아야 할까.

리걸타임즈 취재에 따르면, 1997년 1월 설립된 법무법인 세경의 이름이 자주 나온다. 외국의 법률잡지에도 세경이 해상(shipping) 분야에서 한국 내 최고의 경쟁력을 가진 로펌 중 한 곳으로 소개되고 있다.

세경은 특히 전체 변호사 12명이 모두 해상 관련 사건에 특화하고 있는 이른바 해상 부티크라는 점에서 더욱 관심을 끌고 있다. 해상 전문 로펌 세경이 이 분야에 관한 한 김앤장 등과 함께 국내 최정상의 위상을 구축하고 있다고 해도 과언이 아니다.

세경의 높은 경쟁력은 설립자인 최종현, 김창준 두 변호사의 탁월한 전문성에서 출발한다. 최, 김 두 변호사는 1984년 변호사 업무를 시작, 30년 넘게 해상 한 분야만 파고 있는 해상 전문변호사로, 이 분야를 개척한 사실상 1세대 변호사로 분류된다.

더욱 주목할 것은 최, 김 두 변호사가 세경을 설립하기 전 대형 로펌의 해상 파트에서 오랫동안 경험을 쌓은 준비된 경력의 소유자였다는 사실이다. 최 변호사는 김앤장에서, 김 변호사는 법무법인 광장에서 각각 13년간 해상 사건을 처리하며, 이미 관련 업계에서 상당한 명성을 얻고 있었다. 김앤장과 광장은 전통적으로 해상 분야가 강한 메이저 로펌으로, 두 사람이 독립한다고 하자 매우 아쉬워했다는 얘기가 전해지고 있다.

말하자면 대학병원, 종합병원에서 이름을 떨치며 활약하던 전문의(專門醫) 두 사람이 함께 전문클리닉을 내고 독립한 셈이라고 할 수 있는데, 두 사람의 시도는 기존의 대형 로펌과 선두를 다투는 대단한 성공으로 이어지고 있다. 최 변호사는 "대형 로펌에 근무해 본 경험이 있어 고객들이 무엇을 원하는지 잘 알고 있다. 그런 노하우 등이 세경의 발전에 큰 도움이 되었다"고 말했다.

우선 최, 김 두 변호사가 손수 법률서비스를 챙기며 고객의 주문에 발빠르게 응대하고 있는 점이 세경의 장점으로 얘기된다. 최, 김 두 변호사는 요즈음도 법정에 나가며, 중요 사건을 손수 지휘하고 있다고 세경 관계자가 전했다.

여기에다 상대적으로 합리적인 수준의 변호사 보수도 부티크 펌인 세경이 고객들에게 어필하고 있는 또 다른 이점. 세경의 한 관계자는 이와 관련, "고객의 입장에서 볼 때 아무래도 조직이 방대한 대형 로펌보다는 부티크가 변호사 보수의 책정에 있어서 유리하지 않겠느냐"고 지적했다.

그러나 합리적인 보수를 꼭 염가(廉價) 서비스로 이해하면 곤란하다. 오히려 고객의 약 80%가 외국계인 세경은 그동안 고객 기반이 꾸준히 확대되며 부가가치가 높은 방향으로 법률서비스의 비중을 늘려 왔다.

세경은 UK, 스탠더드, 스팀십, 스컬드 등 외국의 유명한 선주상호책임보험(P&I) 클럽들을 오래전부터 대리하고 있으며, 유엔 산하의 국제유류오염보상기금(IOPC)도 국내에선 세경에 단골로 사건을 맡기고 있다.

세경은 2007년 12월 충남 태안에서 발생한 허베이 스피리트호 유류오염사고에서 IOPC를 대리하고 있으며, 이에 앞서 1995년 7월 태풍 페이호의 영향으로 전남 여수 소리도 앞바다에서 좌초된 씨프린스호 유류오염사고에서도 IOPC를 대리했다. 또 한진해운, 현대상선, STX팬오션, SK해운 등 국내 대형 선사들도 세경에 사건을 맡기는 주요 고객사로 소개된다.

세경의 고속성장과 관련, 하나 더 지적해야 할 것은 해상 분야가 부티크가 수행하기 적절한, 소수 정예의 변호사로 전문화를 추구할 수 있는 업무분야라는 점이다. 반면 대형 로펌에선 많은 변호사를 투입해 부가가치를 높이고, 분야를 확대하기에는 적절치 않은 것으로 얘기되고 있다.

해상 쪽에서 활동하는 한 변호사는 "선사와 P&I 클럽 등을 중심으로 업계가 형성된 해상 분야의 경우 P&I 클럽 등에서 변호사 요율을 관행적으로 일정하게 정해 적용하고 있어 높은 보수를 청구하는 게 여의치 않은 점도 대형 로펌 등에서 규모를 확대하는 데 제한요소로 작용하고 있다"고 지적했다.

실제로 김앤장, 광장 등 국내 대형 로펌들도 해상팀의 규모는 그리 크지 않은 것으로 알려져 있다. 또 상당한 규모의 해상 전문 로펌들이 발달한 영국에선 클리포드 챈스, 링크레이터스, 알렌앤오베리 등 이른바 런던의 매직써클(magic circle) 펌의 경우 해상팀을 아예 두고 있지 않다고 한다. 최종현 변호사는 "해상팀만 비교하면 세경의 변호사 수가 국내 대형 로펌보다도 오히려 많을 것"이라며, "전문변호사의 수에 있어서도 세경은 국내 최대 규모"라고 강조했다.

세경은 여수유류오염사고로 더 유명한 우이산호의 선주와 보험회사를 대리하여 손해배상 문제를 처리하고, 노르웨이 회사인 진후이 쉬핑을 대리해 진후이가 대한조선을 상대로 영국에서 받은 5,000만 달러에 달하는 판결의 국내 집행판결 확보절차를 진행, 대한조선의 회생절차 진행 중 채권액 전액을 인정받아 합의 종결했다.

또 2013년 9월 중국의 관광객 1,600여명을 태우고 제주에 입항했다가 채권자라고 주장하는 회사에 의해 제주항에서 압류되어 승무원을 포함 총 2,500여명의 발이 묶였던 국제크루즈선 헤나호 사건이 언론에도 소개된 세경이 자문한 사건으로, 헤나호를 운항하는 중국의 HNA크루즈 선사는 세경을 통해 30억원을 해방공탁, 헤나호의 압류를 풀었다. 세경은 해방공탁금의 회수 및 가압류 결정이 위법하다는 취지의 제3자 이의의 소를 제기해 1심에서 이긴 데 이어 2심에서도 승소 판결을 받았다.

해운 및 조선 경기가 부침을 거듭하고 있지만 세경은 꾸준히 변호사가 늘어 2016년 8월 현재 한국변호사 9명, 외국 변호사 3명의 진용을 갖추고 있다.

 부티크로 출발한 지 20년을 앞두고 있는 세경의 변호사들에게 바다는 여전히 '블루오션(blue ocean)'인 셈이다.

'해상 부티크' 성공시킨 두 대학 동기의 40년 우정

법무법인 세경을 소개하면서 빼놓을 수 없는 것은 최종현, 김창준 두 변호사의 오랜 우정이다. 두 사람은 서울고, 서울대 법대를 함께 다닌 동기 사이로, 우정이 동업의 성공으로 발전한 경우라고 할 수 있다.

1979년 제21회 사법시험에 나란히 합격한 두 사람은 사법연수원을 함께 다녔다. 법무관 근무도 공군에서 함께 했다. 전역 후 두 사람 모두 판, 검사 대신 로펌을 선택, 기업변호사가 된 것까지 똑같다.

최 변호사는 김앤장 법률사무소에서, 김 변호사는 법무법인 광장에서 변호사 생활을 시작했다. 공교롭게 두 사람이 똑같이 해상 분야를 전문분야로 선택, 서로 상대방을 대리해 법정에서 마주치는 일도 많았다. 그러나 김앤장과 광장을 나와 97년 1월 함께 세경을 설립하면서 한솥밥을 먹는 사이가 되었다.

성격은 매우 대조적인 편이다. 최 변호사가 논리적이고, 꼼꼼하면서도 포용력을 갖춘 덕장 스타일이라면, 김 변호사는 날카로움과 함께 실력과 결단력을 갖춘 맹장이다. 세경 사람들은 최, 김 두 변호사의 이런 조화가 세경의 발전에 큰 도움이 됐다고 평가한다.

최 변호사는 미시간 로스쿨 법학석사(LLM)를 거쳐 서울대 법대에서 박사학위를 받았다. 해상 분야가 발달한 영국의 'Holman Fenwick & Willan'에서 근무한 경력도 있다.

김 변호사는 또 경희대 법대에서 박사학위를 받았으며, 역시 영국 로펌 'Sinclair Roche & Temperley'에서 경험을 쌓았다. 최 변호사가 연세대 법대 교수로 활동하며 잠시 떠나 있었던 기간을 빼곤 두 사람이 줄곧 지혜를 모아 세경을 발전을 이끌고 있다.

법무법인 세움

SEUM

2012년 설립
대표변호사 / 정호석
www.seumlaw.com

2012년 7월 문을 열어 스타트업 회사들에 대한 자문에서 두각을 나타내고 있는 법무법인 세움은 당시 법무법인 세종에서 근무하던 정호석 변호사와 법무법인 태평양의 이병일 변호사가 의기투합해 시작한 또 하나의 스타트업 법률사무소다. 이후 자문수요가 늘며 법무법인 원에서 활동해 온, 공정거래, 엔터테인먼트 분야에 밝은 박진일 변호사와 태평양 M&A 팀의 스타변호사 중 한 명이었던 김선호 변호사가 2015년 가세한 세움은 2016년 들어서도 중견 변호사들의 합류가 이어지고 있다.

"세종에 있을 때 고등학교 후배가 엔젤투자를 부탁하며 찾아온 적이 있는데 이거다 싶었죠. 변호사인 제가 조금만 도움을 주면 이런 회사들이 정말 커질 수 있겠다는 생각이 들었어요."

정호석 변호사는 이때 고교 후배가 하는 회사에 직접 자문하지는 않았다고 한다. 돈만 조금 투자했다고 했다. 그러나 세움으로 독립한 이후 수많은 스타트업 회사에 자문하며 스타트업의 수호천사와 같은 역할을 수행하고 있다. 법률사무소도 지금은 서울 강남으로 옮겼지만, 처음엔 스타트업이 많은 구로디지털단지에서 시작했다. 철저하게 고객이 있는 현장으로 파고든 것이다.

세움은 사법시험 공부를 같이한 정호석, 이병일 변호사가 뜻을 합쳐 시작했다. 두 사람은 사법연수원을 마친 후 각각 세종과 태평양을 선택해 직장이 갈렸으나 3년 후 다시 세움에서 만나 한솥밥을 먹게 된 것이다.

서울대 기계항공우주공학부를 졸업한 정 변호사는 세움의 업무분야로 무엇보다도 스타트업 자문을 강조했다. 실리콘밸리의 유명 VC(벤처캐피털)이자 액셀러레이터인 500스타트업(500 startups)이 한국에 일명 김치펀드를 설립하고, 이 펀드를 통해 한국의 스타트업 7군데에 투자하는 업무를 모두 세움에서 대리하고 있다는 게 그의 설명. 세움은 2015년 12월 500스타트업과 공동으로 '한국의 스타트업들이 초기 투자 단계에서 사용할 수 있는 무료 양식'을 만들어 배포하기도 했다.

정 변호사는 "스타트업은 성장속도가 굉장히 빠른 것이 특징"이라며, "3년간 VC 계약만 100건 넘게 진행하다보니 지금 단계에선 어떤 자문이 필요한지 해당 회사에 직접 물어보지 않아도 알 수 있는 정도가 되었다"고 말했다.

이와 함께 네이버 등 대형 IT 기업을 대리해 위트스튜디오, 티켓링크 등의 스타트업을 인수하는 거래를 수행하고, 한국 의료기관의 해외진출 및 경영권 분쟁에 관한 다수의 자문에 나서는 등 세움의 업무영역이 갈수록 확대되고 있다.

2015년 박진일, 김선호 변호사가 합류해 역량이 배가된 세움은 2016

년 들어 대법원 재판연구관, 서울중앙지법 영장담당, 수원지법 부장판사 등을 역임하고 법무법인 세종에서도 근무한 한주한 변호사와 법무법인 태평양을 거쳐 중국계 스타트업 인큐베이터인 트라이벨루가의 최고 법률책임자(CLO) 겸 한국 총책임자로 활약한 안성환 일리노이주 변호사가 합류하는 등 전체 변호사가 모두 13명으로 늘어났다.

"의견을 주는 데서 끝나지 않고 마치 고객사의 사내변호사인양 자문한 내용이 현실적으로 구현되도록 집행까지 체크하며 적극적으로 자문한 게 주효한 것 같아요. 스타트업과 같은 작은 회사엔 사내변호사를 두고 있는 경우가 거의 없으니까요."

정호석 변호사는 "회사 설립과 사업모델 검토, 엔젤투자 등 초기 단계의 투자 유치는 물론 M&A와 IPO까지 자문영역을 확대하고 있다"며 "미국 실리콘밸리의 윌슨 산시니(Wilson Sonsini)처럼 되는 게 목표"라고 거듭 의욕을 나타냈다.

법무법인 세종

SHIN&KIM | 법무법인 세종

1983년 설립
2001년 열린합동과 합병
대표변호사 / 강신섭
www.shinkim.com

　법무법인 세종은 서울 중구 퇴계로의 스테이트타워 남산에 위치하고 있다. 1983년 3월 광화문 교보빌딩을 시작으로 신문로의 경희빌딩, 순화동의 에이스타워에 이은 네 번째 사무소로, 창립 30주년을 앞둔 2012년 3월 이곳으로 옮겨 남산시대를 열었다.

　설립 후 30년 이상이 흐른 세종엔 사무소 이전 외에도 그동안 의미 있는 변화와 발전이 여러 차례 이어졌다. 첫째는 지휘부의 변화. 2006년 9월 설립자인 신영무 변호사에 이어 세종의 1호 어소시엣으로 1983년 세종이 출범할 때부터 함께 한 김두식 변호사가 매니징 파트너가 되었다. 창립 23년만에 지휘부의 세대교체를 이룬 것으로, 지금은 판사 출신의 강신섭 변호사가 경영을 책임지고 있다. 강 대표는 송무 쪽에서 이름을 날렸던 열린합동법률사무소에서 변호사 생활을 시작, 열린합동이 세종과 합치며 세종의 일원이 된 주인공으로, 그의 대표 선출엔 세대교체를 넘어 세종의 비창립세대 출신 첫 매니징 파트너란 의미가 담겨 있다.

 강 대표의 합류에서도 언급되었지만 세종의 30년 역사에서 중요한 대목 중 하나가 2001년 1월 1일자로 이루어진 열린합동과의 합병이다. 열린과의 합병은 기업자문 분야에서 경쟁력을 자랑하던 세종이 송무 분야를 강화하며 종합로펌으로서의 위상을 한층 높이는 중요한 계기가 되었다. 지금은 열린 출신이냐 합병 전 세종 출신이냐를 구분하는 게 의미 없을 만큼 상당한 시간이 흘렀으나, 강 대표 외에도 대법원장 비서실장을 역임한 황상현 변호사, 같은 판사 출신의 임병일 변호사 등이 열린에서 활동하다가 세종의 일원이 된 송무 분야의 유명한 변호사들이다. 또 나중에 헌법재판소 사무처장을 역임한 하철용 변호사, 대법원장 비서실장 출신의 이건웅 변호사 등도 열린과 세종이 하나가 되며 세종으로 옮겨 활약한 세종의 전 멤버들이다.

 이후에도 세종엔 유창종 전 서울지검장과 서성 전 대법관, 이영구 전 서울고법 부장판사와 문용호 전 특허법원 부장판사, 윤재윤 전 춘천지법원장, 이승구 전 서울동부지검장, 대검 중수부장을 역임한 김홍일 전 부산지검장 등 판, 검사 출신 변호사들의 합류가 계속되며 일반 송무는 물론 기업형사, 기업구조조정, IP 분야 등이 몰라보게 확대되고 있다.

 국내 로펌 사상 최초의 합병인 세종-열린 합병은 업계에도 엄청난 반향을 몰고 왔다. 세종과 열린이 합친 후 7개월 지나 한미와 광장이 합쳐 광장이 되고, 2003년엔 화백과 우방이 합쳐 화우로 재탄생하는 등 로펌 간 합병이 줄을 이었다. 이후 로펌 합병의 공식처럼 되어버린 '송무-섭외 짝짓기'라는 유행어도 이때 처음 만들어졌으며, 합병이 한국 로펌 업계의 커다란 화두 중 하나가 되었다.

세종은 소송 규모가 5조원대에 이르는 삼성차 채권단 소송에서 삼성 측을 대리하고, 언론의 주목을 받았던 '담배소송', '술소송'에서 KT&G와 진로 등 피고 측 대리인으로 나서 원고들의 청구를 막아냈다. 또 이른바 '쌍용자동차 정리해고 사건'에서 "해고가 정당하다"는 취지의 대법원 파기환송 판결을 받아내 뜨거운 주목을 받았다.

고(故) 이병철 삼성그룹 창업주의 장남 이맹희씨가 동생 이건희 삼성 회장을 상대로 낸 삼성가 상속분쟁에선 윤재윤 변호사가 이건희 회장 소송대리인단의 일원으로 참가해 완승을 거두는 데 크게 기여했으며, 또 이부진 호텔신라 사장이 임우재 삼성전기 고문을 상대로 낸 이혼소송에서도 이부진 사장 쪽을 대리하는 등 세종의 변호사들이 다양한 사건에서 활약하고 있다.

그러나 세종하면 빼놓을 수 없는 분야가 30여년 전 출범 당시부터 높은 전문성으로 주목받고 있는 기업자문 분야라고 해야 한다. 증권·금융 분야는 예일대 증권법 박사인 신영무 설립자가 본격 개척한 분야로, 자금 수요가 커진 한국 기업들에게 해외에서 돈을 조달하는 다양한 방식을 조언하며 세종의 발전에 견인차의 역할을 해 왔다.

84년 5월의 코리아 펀드 설립, 그해 12월 삼성전자의 2,000만 달러 해외전환사채 발행, 87년 3월 코리아-유로 펀드 설립 등이 설립 초기 세종이 관여한 주요 거래로 소개되며, 세종은 90년대 초반까지 이어진 국내 금융시장의 개방을 위한 제도의 정비에도 적극 관여했다.

이어 국내 및 해외 증시에의 동시 상장, 구조화 금융(structured finance), 자산유동화 거래 등 첨단 금융기법이 수반된 금융거래에서 세종 변호사들이 활약하고 있다. 국내외 법률매체로부터 높은 주목을 받은 우즈베키스탄의 수르길 가스전 개발사업 관련 프로젝트 파이낸스가 세종이 관여한 대표적인 금융 거래 중 하나로, 25억 4,000만 달러 규모의 대출이 이루어진 이 프로젝트에서 세종은 한국가스공사를 비롯한 국내 전략적 투자자와 우즈베키스탄 가스공사 등을 위해 합작투자계약, 프로젝트회사 설립 등 거래 전반에 걸쳐 법률자문을 제공했다.

또 거래규모가 19억 3,000만 달러에 이르는 칼라일의 ADT 캡스 인수 거래에서 중순위 파이낸싱 주관사인 UBS에 자문하고, 독특한 구조로 진행된 MBK 파트너스 컨소시엄의 홈플러스 인수 거래에서 7조 2,000억원의 매각대금 중 4조 3,000억원을 약 60개 금융기관으로부터 조달하며 딜이 순조롭게 마무리되게 한 곳도 세종의 금융팀으로, 홈플러스 금융조달은 사상 최대 규모이자 최다 금융기관이 동원된 거래로 유명했다. 이 거래를 주도한 세종의 장윤석 변호사에 따르면, 당시 홈플러스 대주주인 테스코의 요구로 딜 클로징 날 매각 자금이 모두 들어와야 해 거래종결일 단 하루에 금융기관 10곳에서 4조 3,000억원을 제공하고, 다음날 다른 금융기관으로부터 자금을 돌려받는 식으로 거래를 마쳤다고 한다.

2016년 상반기 블룸버그 집계 결과 거래건수, 거래규모 모두 2위에 들만큼 선두권의 경쟁력을 발휘하고 있는 M&A 분야와 이경돈 변호사가 지휘하는 부동산 분야, 공정거래 분야도 세종이 높은 전문성을 자랑하는 주요 업무분야로 소개되며, 세종이 전통적으로 탄탄한 경쟁력을 인정받고 있는 기업구조조정과 회생·파산 분야에선 이영구 전 서울고법 부장판사와 박용석 변호사가 유명하다. 홍세렬, 기육능, 이병한 변호사 등이 포진한 노동 분야와 변희찬, 조춘 변호사 등이 활약하는 조세 분야 등도 인력을 보강하며 꾸준한 경쟁력을 이어가고 있다.

세종은 김두식 변호사가 처음 대표를 맡았던 2006년 9월 이후 거듭 발전의 고삐를 당기고 있다. 영문 이름인 'SHIN & KIM'을 앞세워 강조한 새 CI를 만들어 사용하고 있으며, 2011년엔 IP 분야 강화를 위해 특허법인 코리아나와 업무제휴를 맺는 등 다방면으로 신경영을 확대해왔다.

특히 지휘부 세대교체의 의미가 들어있는 김두식 대표 체제 출범 이후 변호사들의 이탈이 끊어지고 오히려 세종을 떠났던 변호사들이 연이어 세종으로 되돌아오며 세종에선 한동안 '연어의 회귀'라는 듣기 좋은 말이 퍼지기도 했다. 송창현 변호사와 헬렌 박 미국변호사가 이때 다시 합류한 오래된 세종 출신으로, 이들은 순서대로 M&A와 금융 쪽에서 맹활약하고 있다. 또 공정거래위원회 초대 심판관리관을 역임한 임영철 변호사는 세종의 경력변호사 적극 영입 방침에 따라 2007년 1월 합류해 세종의 공정거래 프랙티스를 업계 최고 수준으로 발전시키고 있다. 세종은 이런 활약을 인정받아 공정거래 전문매체인 GCR(Global Competition Review)로부터 2016년 아시아·태평양, 중동, 아프리카 지역 최고의 로펌으로 선정됐다.

우수한 인재를 영입해 경쟁력을 보강하려는 세종의 노력은 강신섭 대표 체제에서도 지속적으로 추진되고 있다. '섬김의 리더십'을 강조하는 강 대표는 특히 인재를 중시하고 열린 경영을 추구, 안팎의 주목을 받고 있다. 그런 노력으로 구성원들의 재신임을 받은 그가 지향하는 경영목표는 "떨치고 일어서 기업법무의 최고 강자가 되자"는 의미의 '세종굴기(世宗崛起)'. 주요 로펌들이 송무 분야를 본격 확대하기 전 김앤장에 이어 두 번째 규모의 위상을 차지했던 세종의 재도약을 위한 모멘텀을 구축하자는 것이다.

신앤김의 '김'은 김평우 전 대한변협 회장

법무법인 세종의 영어식 이름인 '신앤김(SHIN & KIM)'은 설립자인 신영무 변호사가 세종으로 독립하기 전 임동진, 김평우 변호사와 함께 활동했던 남산합동의 영어식 이름인 '임, 신&김'에서 '신앤김'을 가지고 나온 것으로, 신은 신영무, 김은 김평우 변호사를 가리킨다고 한다. 세종의 이름에 서울대 법대 동기이자 나란히 대한변협 회장을 역임한 신, 김 두 변호사의 오랜 인연이 스며있는 셈이나, 세종이 1983년 광화문 교보빌딩에서 출범할 때 김평우 변호사가 세종에 함께 참여한 것은 아니다.

김평우, 신영무 변호사는 또 나란히 대한변협 회장으로 활동한 것으로도 유명하다. 김평우 변호사는 2009년부터 2011년까지 제45대 변협 회장을, 신영무 변호사는 2011부터 2013년까지 제46대 변협 회장을 역임했다. 신 회장은 그후 세종을 나와 중소 법률사무소를 운영하고 있다.

세종이 처음 출범할 때 멤버로는 하죽봉 변호사와 오랫동안 세종의 고문으로 활동한 최승민 변호사, 김두식 변호사를 들 수 있다. 신영무 변호사의 서울고, 서울법대 후배인 김두식 변호사는 신앤김의 첫 번째 어소시엣으로, 세종 창립 23년만인 2006년 가을 세종의 매니징 파트너가 되어 6년 넘게 세종의 발전을 이끌었다.

법무법인 세창

공증 법무법인 **세창**
SECHANG & CO.

1992년 설립
대표변호사 / 김현
www.sechanglaw.com

    법무법인 세창은 해운이나 무역 관련 일을 하는 회사들 사이에 이름이 잘 알려져 있다. 한 분야를 더 든다면 건설회사들 사이에서도 세창 얘기가 많이 나온다.

    서울지방변호사회장을 역임한 김현 변호사가 설립한 세창은 미 워싱턴대 해상법 박사인 김 변호사의 전공을 살려 해상 분야의 전문 법률사무소로 출발했다. 이때가 1992년 4월로, 세창은 24년이 넘는 역사를 자랑한다. 해양수산부는 물론 과거의 해양경찰청, SK해운, KSS해운, 한국해운조합, 해양환경관리공단 등 지금도 해운 분야의 단체나 회사들의 고문을 많이 맡고 있으며, 특히 세월호 참사의 수습과 관련, 정부의 인명피해 선(先)보상 업무의 자문로펌으로 선정되면서 또 한 번 유명세를 탔다. 세창의 변호사들은 세월호 사고로 숨진 승객과 부상자에 대한 적정한 보상액 산정과 누가 보상금을 받아야 하는가의 상속문제 등 손해사정인의 선정부터 보상금 지급까지 보상업무 전반에 걸쳐 자문을 제공했다. 이광후 변호사는 "중국인 희생자의 경우 상속 등 여러 법률문제를 검토해 보상금 수령자를 확정했다"고 소개하고, "선체 인양과 관련해서도 자문하고 있다"고 말했다.

또 유가하락과 관련해 선사와 정유사, 석유 수출상 등의 자문 요청이 이어지고 있으며, 2016년 9월 법정관리가 개시된 한진해운 사태에서도 이연주 변호사 등이 투입되어 컨테이너 소유자, 한진해운에 배를 빌려준 선주 등 국내외 채권자를 상대로 다양한 자문에 나서고 있다.

세창은 24년이 넘는 역사에서 수많은 해상 사건을 수행했다. 해상 로펌의 단골 사건이라고 할 수 있는 화물 손해배상 수행사건으로 '에스케이해운 대 브레데로 프라이스 사건' '에스케이해운 대 해동화재 사건' '삼성화재 대 트랜스오션 사건' 등이 세창의 대표적인 승소 사례로 소개되며, 'KAMINESAN호 대 현대105호 충돌 사건' '현대701호 대 광양12호 충돌 사건' '화평동남호 사건' '부일호 사건' 등의 선박 충돌 사건도 수행했다.

고의 선박 침몰로 추정되는 '현대해상 대 대범상운(야요이호) 사건'에선 1, 2, 3심 법원과 지방·중앙해양안전심판원에서 모두 승소하였으며, 세창이 수행한 해양오염 사건 중에선 '금동호 관련 피조개조합 대 국제유류오염보상기금(IOPC) 사건'이 가장 먼저 소개된다. 선박 경매와 선박 가압류, 용선계약, 해사중재, 선하증권 분쟁과 신용장 대금 소송 등 무역사건도 많이 취급한다.

대개 특정 분야에 특화한 부티크는 그 분야 하나로 승부를 거는 게 보통이나, 세창은 해상 분야에서의 자신감을 바탕으로 건설 분야로 전문영역을 넓혀 건설 분야에서도 성공했다. 물론 여기에는 항만 건설 등 해상 분야의 영역이 건설 분야와 겹치는 부분이 없지 않은 면도 작용했다. 김현 변호사는 1998년 건설 분야를 세창의 두 번째 주력분야로 내걸고 해상과 함께 건설 분야를 집중 육성했다. 안영환 변호사 등이 이쪽 일을 많이 하는 세창의 파트너로 소개되며, 건설 사건에 대한 전문성을 축적한 세창은 2004년부터 건설 관련 판례를 소개하는 《건설판례 이해하기》 단행본을 발간하고 있다.

세창은 우선 해상 분야와 관련이 없지 않은 부산신항만, 목포신항만, 광양신항만, 인천북항, 포항항 민자유치 건설사업에서 해양수산부와 국토연구원 사회간접자본센터를 대리해 협상대표로 활동하고, 광양항 신항만 개발시행자 선정 주체인 한국컨테이너공단에 자문하는 한편 시행자 선정 평가단원으로 활동했다. 또 한라건설을 대리한 목포신외항 다목적부두사업, 동양고속건설의 군산 비응항, 대림산업의 포항영일만신항 건설사업에도 자문했다.

이와 함께 민간자본으로 거대한 프로젝트를 추진하는 민자유치(SOC) 사업이 세창의 변호사들이 활약하는 분야 중 하나로, 세창은 포스코건설, SK건설, 현대건설 등의 SOC 사업에 자문하고, 용인경전철, 인천국제공항 유휴지 개발, 광주 제2순환도로 사업, 부산산성터널, 회천-벌교 종말처리장 사업 등에도 자문했다.

세창 관계자는 "해상과 건설, 해상과 건설을 제외한 나머지 분야가 법률사무소 업무의 3분의 1 정도씩 차지하고 있으며, 해상과 건설 이외의 업무분야로는 금융과 회사법, 지적재산권 업무 등을 들 수 있다"고 말했다.

세창하면 해상과 건설을 두 축으로 한 포트폴리오와 전문성 추구가 우선 떠오르지만, 세창이 일종의 사명(使命)으로 내걸고 있는 법률서비스의 적극성과 신속성도 주목을 받고 있다. 세창은 창립 10주년을 맞은 2002년 4월 '적극적이며 신속 친절 정확한 서비스로 의뢰인을 행복하게 하는 미래의 동반자'라는 사명을 직원들의 공모를 통해 채택했다.

김현 변호사는 "회사 방침 중 하나가 고객이 요청한 의견서를 24시간 내에 발송하는 것"이라며 "비록 변호사들은 힘들어 하지만 의뢰인들은 대단히 좋아한다"고 강조했다. 기업체 등에서 대형 로펌의 서비스에 대해 느끼는 불만 중 하나가 변호사와 신속하게 접촉하는 게 쉽지 않다는 것이라는 한 조사 내용과 연관지어 보면 세창의 신속한 서비스는 호응이 적지 않을 것 같다.

세창의 또 다른 변호사는 "시간에 늦은 100% 완벽한 의견서보다는 90% 정도의 완성도일지라도 자문을 요청한 회사가 필요로 하는 시간에 의견서를 제공, 의사결정을 실질적으로 돕는 게 보다 중요하다"며 "고객 회사와 호흡을 같이하자는 취지"라고 설명했다.

법무법인 세한

법무법인(유) 世한

2013년 설립
대표변호사 / 송영천
www.sehanlaw.com

　로펌의 전문팀하면 먼저 대형 로펌을 생각할 수 있는데, 분야에 따라서는 중소형 로펌 또는 부티크 중에도 뛰어난 전문성을 발휘하며 클라이언트로부터 높은 인기를 얻고 있는 곳이 적지 않다. 송무와 함께 부동산 거래와 M&A, 금융, 조세 등의 분야에서 높은 경쟁력을 자랑하는 법무법인 세한이 그런 곳 중 한 곳이다. 역사도 길지 않다. 2013년 3월 문을 열어 이제 3년 더 지났지만, 세한은 한국 로펌 업계에서 가장 빨리 성장하는 로펌 중 한 곳으로 자주 이름이 나온다.

　서울고법 부장판사를 역임한 송영천 대표가 지휘봉을 잡은 세한은 다양한 경력의 변호사들이 합류하며 2016년 현재 국내외 변호사 40명의 규모로 커졌다. 특히 기업자문 쪽에 일류 로펌에서 경험을 쌓은, 젊고 유능한 여러 명의 전문가가 포진, 송무팀과 높은 시너지를 도모하고 있다.

　설립 4년째를 맞은 세한 변호사들의 2016년 화두는 '도약'. 2013년 설립 첫해부터 연매출 100억원 이상을 돌파하며 '퇴직공직자 취업제한대상 로펌'으로 분류된 세한의 변호사들은 이제는 도약해야 한다고 목소리를 높이고 있다. 여기에는 물론 송무와 함께 M&A 등 회사법 자문, 부동산, 금융, 조세 등 주요 분야 변호사들 사이의 융합과 팀 간 협력을 위한 시스템 조성이 성공적으로 완성되었다는 자신감이 깔려 있다.

우선 분야별 진용의 강화다. 2015년만 해도 조세 전문가인 강남규 변호사를 시작으로 법무법인 에버그린과 세종을 거쳐 상장사의 사내이사로 활약한 부동산 전문의 조성은 변호사, 금융위원회, 김앤장에서도 근무한 김시목 변호사, 서울남부지법 부장판사 출신의 이병세 변호사 등이 합류해 분야별로 전문성이 한층 강화됐다.

또 하나는 국제적인 로펌 연합체 가입 등 외연의 확대를 들 수 있다. 세한은 2015년 국제적인 로펌 연합체인 PLG로부터 한국을 대표하는 회원 로펌으로 참여해 달라는 요청을 받아 회원으로 가입했다. 해외에 있는 로펌들로부터 전문성을 인정받은 결과로, 2016년 3월 초 송영천 대표가 룩셈부르크에서 열린 PLG 회의에 참석해 연설하고 세한과 한국 법률시장에 대해 소개하기도 했다.

세한에서 PLG 관련 업무를 챙기고 있는 임석진 미국변호사는 "전 세계의 PLG 회원 로펌 또는 이들이 의뢰하는 글로벌 클라이언트를 상대로 한국법 등에 관한 자문을 하고 있다"며 "세한이 대리하는 한국 기업의 해외진출이나 해외 현지에서의 소송 대응 등과 관련해서도 현지의 PLG 로펌들의 지원을 받아 보다 효과적으로 도와줄 수 있게 되었다"고 소개했다. 세한에선 PLG 가입에 따라 특히 해외기업의 한국 진출, 해외자본의 부동산 등 한국 투자에 관한 자문이 늘어날 것으로 기대하고 있다.

분야별로 변호사 합류가 이어지고 실적이 증가하는 가운데 국제적으로도 인정받고 있는 것을 보면 '이제는 도약할 때가 되었다'는 세한 변호사들의 다짐이 단순한 희망으로만 들리지 않는다. 송 대표도 "우리가 가지고 있는 역량을 아직 전부 발휘하지 못하는 부분이 있는 것 같다"며 "이제는 내부 시스템을 더 잘 조직화해서 구성원들이 역량을 충분히 발휘할 수 있도록 할 것"이라고 의욕을 나타냈다.

오상민 변호사의 지휘 아래 법무법인 세종에서 경험을 쌓은 김명수, 조성은 변호사 등이 포진한 부동산팀은 한국투자신탁운용을 대리한 1조원 규모의 이랜드 포트폴리오 Blind Fund 설정·운용 등 2015년에만 1조 3,700여억원에 이르는 부동산 거래를 수행했다. 또 우선협상자로 선정된 코람코를 대리해 대우조선해양빌딩의 매매를 진행하고 있으며, 말레이시아의 버자야그룹을 대리해 제주 리조트 개발사업에 자문하고, 싱가포르 펀드를 대리해 국내 물류창고와 호텔 인수에 나서는 등 외국인 투자자의 한국 투자에 관련된 자문에도 활발하게 나서고 있다.

클라이언트들로부터 개개의 거래에 알맞은 거래구조를 짜 효율적으로 딜을 진행한다는 평가를 받고 있는 오 변호사는 "한국의 메이저 로펌 어디와 맞붙어도 밀리지 않을 자신이 있다"며 "오히려 대형 로펌 뺨치는 전문성과 함께 집중력이 돋보이는 세한 부동산·금융팀을 선호하는 의뢰인이 많다"고 강조했다. 실제로 세한의 업무파일을 들춰보면, 국내 메이저 로펌과 서로 상대방이 되어 거래를 성사시킨 사례가 하나둘이 아닐 정도로 세한이 많은 선택을 받고 있다.

2013년 마무리된 2,242억원 규모의 순화동 AIA-Tower 매매 거래의 경우 세한의 오 변호사팀이 다른 대형 로펌과 함께 매도인인 PFV(프로젝트금융투자회사)에 자문을 제공하고, 매수인인 AIA는 김앤장 법률사무소가 대리했다. 또 세한이 경복궁 앞의 The K Twin Tower를 소유하고 있는 부동산투자신탁의 수익자를 대리해 수익증권을 외국계 펀드인 KKR 등에게 매각한 거래의 KKR 등 매수인 쪽 대리인은 법무법인 세종. 오 변호사도 2012년 말까지 세종에 몸담았던 세종 출신으로, 세종 출신이 세종과 함께 매도인과 매수인을 나눠 대리하며 거래를 성사시킨 셈이다. 김명수 변호사는 "대형 오피스 빌딩의 매매 등을 대리하는 부동산 거래 분야는 세한 등 국내 대여섯 개 로펌으로 리그테이블이 압축되어 있다"며 "세한의 높은 경쟁력은 경쟁 로펌들도 모두 인정한다"고 말했다.

M&A 자문을 많이 하는 회사법 분야에선 변호사 경력 20년의 임석진 미국변호사가 2001년 제43회 사법시험에 합격한 채연정 변호사와 콤비를 이뤄 인터넷 기업, 게임회사, 자동차 부품업체 등 최근 활발하게 움직이는 수십 개 회사를 상대로 자문하고 있다.

임석진 변호사는 카카오 등 한국 기업에 적극적으로 투자하고 있는 텐센트의 한국 내 법률대리인으로 더 잘 알려진 주인공으로, 그의 손을 거쳐 720억원의 카카오 투자, CJ E&M의 자회사인 CJ게임즈에 대한 5,300억원 규모의 투자 등 여러 건의 한국 투자가 깔끔하게 마무리됐다.

이와 함께 임 변호사팀이 이른바 스타트업 회사에 대한 자문에서 두각을 나타내고 있어 대형 로펌들도 부러운 시선을 보내고 있다. 임 변호사와 세한은 한국계 변호사, 한국 로펌으로는 유일하게, 국내외 창업자들을 위해 국내 및 글로벌 시장에서의 사업 성공에 필요한 사업초기 창업자금 지원, 법률과 회계 등 글로벌 멘토링, 네트워킹 등을 제공하는 스파크랩스(SparkLabs)의 멘토단의 일원으로 참여하고 있으며, 회사 정관의 검토부터 지분투자 등을 통한 자본조달, 해외진출, 전문인력 이동에 따른 노동법 이슈, M&A에 이르기까지 원스톱으로 이어지는 인큐베이팅 자문으로 높은 인기를 얻고 있다. 스파크랩스의 미국 측 로펌 멘토는 실리콘밸리에 본사가 있는 윌슨 산시니로, 세한과 윌슨 산시니가 글로벌 스타트업 회사들의 수호천사를 자처하고 있는 셈이다.

임 변호사팀에선 스타트업에 자문한 사안 중 하나로 이른바 '바꿔치기 거래(flip transaction)'를 소개했다. 기술을 개발해 사업의 출발점이 된 한국 회사를 오히려 자회사로 돌리고, 미국에 모회사를 만들어 한국의 자회사 위로 올리는 거래로, 그만큼 다양한 구조의 거래가 시도되고 있는 게 스타트업 회사 자문의 특징이라고 한다. 이 거래를 통해 투자는 한국 자회사의 지분을 100% 인수한 미국의 모회사에서 받고, 한국 회사는 기술만 개발하는 기술개발센터로 위상이 바뀌었다.

또 채연정 변호사가 주도적으로 활약하는 노동 문제도 스타트업 회사들이 자주 자문을 의뢰하는 단골 이슈 중 하나. 법무법인 양헌에 근무할 때부터 임 변호사와 손발을 맞춰 온 채 변호사는 "첨단기술이 중시되는 IT 기업에선 경업금지는 물론 전문인력이 이직할 때는 어떻게 처리해야 하는지, 종전 직장에서 알게 된 기밀의 사용을 둘러싼 문제 등 노동법 쟁점이 적지 않다"고 강조했다.

벤처 등 스타트업 자문에 대한 전문성이 알려지면서 세한 M&A·기업팀엔 인큐베이팅 회사 등으로부터 멘토 요청이 이어지고 있다. 한국콘텐츠진흥원이 만든 게임 비즈니스 액셀러레이터인 게임앤컴퍼니의 게임업체를 대상으로 한 인큐베이팅 사업에도 적극 참여하고 있으며, 세한은 이런 자문 수요를 감안, 9월 초 벤처기업이 많이 있는 판교에 분사무소를 오픈했다.

이와 함께 감사원과 금융감독원에서 근무한 경력의 송창영 변호사와 금감원 출신의 이성환 변호사, 예금보험공사에서 경험을 쌓은 이제혁 변호사 등이 주축이 된 금융·증권팀과 2015년 들어 강남규 변호사 등 여러 명이 합류한 조세 분야 등이 높은 경쟁력을 발휘하는 세한의 주요 분야로 주목을 받고 있다.

세한은 2015년 금융위원회에서 근무하기도 한 김시목 변호사 등이 나서 카카오의 인터넷 전문은행 예비인가 신청과 관련해 자문했으며, 한국산업은행의 2014년 1분기 부실채권(NPL) 매각 프로그램을 맡아 입찰안 내서 검토, 자산양수도계약서 및 의견서 등의 작성과 담보, 보증 등 매각과정에서 발생하는 각종 법률문제에 자문했다.

금융·증권팀에선 미공개 중요정보 이용 혐의로 기소된 코스닥 상장사 대주주를 변호해 무죄판결을 받아내고, 주식회사의 외부감사에 관한 법률 위반 혐의로 고발된 회계법인 사건에선 유형자산 손상차손에 대한 회계처리가 회계처리기준에 위반하였다고 볼 수 없다는 회계법인의 입장을 적극적으로 주장하고 입증하여 검찰 수사단계에서 무혐의 결정을 받아내는 등 형사사건에서도 두각을 나타내고 있다.

강남규 변호사는 법무법인 율촌에서 경험을 쌓은 조세 전문가로, 과세관청도 자주 대리한다. 또 네덜란드 라이덴대에서 국제조세에 관한 연구로 법학석사 학위를 받은 송민우 회계사 등과 함께 역외탈세나 스포츠, 엔터테인먼트 분야의 국제조세 사건을 많이 취급한다. 강 변호사는 신지애, 최나연, 서희경 선수 등 유명 골퍼들의 세무 문제에 대해서도 자문했다.

송영천 대표가 좌장을 맡고 있는 송무팀엔 대법원 재판연구관과 수원지법 형사부장 등을 역임한 이우룡 공동대표, 검찰 출신의 이영세 변호사, 이병세 전 서울남부지법 부장판사 등이 포진하고 있다. 민, 형사 등 다양한 사건을 수행하며, 자문팀과 함께 불량채권 회수 등 기업의 수요에 맞춘 새로운 서비스의 개발에도 열심히 나서고 있다.

'자유주의자' 송영천 대표의 '스마트 리더십'

설립된 지 만 3년을 넘긴 로펌 세한에 이름난 파트너들이 많지만, 유연한 리더십으로 강소 로펌 세한의 빠른 성장을 견인하고 있는 송영천 대표의 활약을 빼놓을 수 없다. 세한 사람들은 존경의 마음을 담아 그를 '회장님'이라고 부른다.

세한의 한 변호사는 "법원에서 고등부장까지 지낸 분이시지만 권위적이지 않고 젊은 변호사들과 잘 어울리신다"며 "송 대표가 다양한 경력의 변호사들이 모인 세한의 균형을 잡아주고, 높은 시너지를 구현해내고 있다"고 평가했다. 또 다른 변호사는 "핵심을 얼른 간파하고 요점을 빨리 캐치해 쉽게 정리하는 탁월한 능력을 갖춘 아주 스마트한 분"이라며 "일하시는 것을 보면 젊은 변호사들 이상으로 에너제틱하다"고 소개했다.

3년 전 손수 세한의 주춧돌을 놓은 송 대표는 26년간 각급 법원의 판사를 역임한 판사 출신 변호사로, 세한에서도 송무 분야를 이끌고 있다. 민, 형사, 행정소송 등에 두루 능하며, 특히 행정조장을 포함 2년 6개월간 대법원 재판연구관으로 활약한 데 이어 3년간 사법연수원에서 연수생들을 가르치며 명강의로 이름을 날렸다. 연수원에서 담당했던 강의는 민사재판실무와 행정재판실무. 그는 또 언론중재위원회 중재부장을 역임, 언론사건에도 밝고, 대한상사중재원 중재위원, 중앙환경분쟁조정위원으로 활약하는 등 상사중재와 환경분쟁 해결에도 일가견이 있다.

사법연수원 교수를 거쳐 서울중앙지법 부장으로 옮긴 그는 2006년 고법 부장으로 승진한 데 이어 이듬해 서울고법 부장으로 자리를 옮겨 대법관 자리에 한 걸음 더 다가섰으나, 2009년 법복을 벗고 변호사가 되었다. 대법관을 바라볼 수 있는 위치에서 미련 없이 법복을 벗은 이유도 '자유가 그리워서'였다는 게 그의 설명. 당시 비서울대 출신 고등부장 3명 중 한 명이었던 그가 법원을 떠난다고 하자 서울법대 출신의 한 연수원 동기가 "대법관이 될 확률이 나보다 더 높은데 왜 나가려고 하느냐"고 만류했다는 유명한 이야기가 있다. 송 대표는 단국대 법대 재학 때인 1981년 제23회 사법시험에 합격했다.

판사를 그만 둔 이유에서 짐작할 수 있듯이 '자유주의자'의 분위기가 물씬 풍기는 송 대표는 "법을 처음 공부하면서 익힌 자기책임의 원리, 자유의 소중한 가치를 통해 그런 생각이 박힌 것 같다"고 말했다.

"법을 공부할 때도 자유가 기반인데 이것을 왜 이렇게 규제하려고 하느냐, 그러면 이런 폐해가 생기지 않느냐 이런 식으로 공부하면 논점도 분명해지고 재미있고 쉬워요. 반대로 동전의 양면이지만, 당위 즉 should be의 관점에서 접근하면 놓치기 쉬운 게 많죠."

송 대표는 "한 의뢰인이 판사 티가 안 난다. 변호사로 굉장히 빨리 적응하는 것 같다고 할 때 기분이 좋았다"며 "개인변호사 생활도 해 보았지만 유능한 젊은 후배들과 함께 일하는 세한이 가장 나은 것 같다"고 세한에서의 활동에 만족감을 표시했다.

광주일고를 나온 그는 공정거래위원회 국장을 역임한 송하성 경기대 교수가 형이고, 송영길 더불어민주당 의원, 송경희 미래창조과학부 서기관 등이 동생인 전남 고흥의 수재 집안 출신이다. 장조카인 서울동부지법 송승환 판사를 포함 집안에 고시 합격자만 다섯 명. 장남인 송하성 교수가 쓴 단행본 《송가네 공부법》이 화제가 되기도 했다.

법무법인 아이앤에스

2000년 설립
대표변호사 / 조영길
www.ins-lab.co.kr

지난 2012년 3월 정기상여금도 통상임금에 포함된다는 대법원의 '금아리무진 사건' 판결에 이어 2013년 12월에 나온 통상임금에 관한 대법원 전원합의체 판결 이후 통상임금을 둘러싼 소송이 봇물을 이루고 있다. 여러 로펌과 노동법 변호사들이 바쁘게 움직이는 가운데 가장 활발하게 관련 사건을 수행하는 법률사무소 중 한 곳이 '노동 전문'인 법무법인 아이앤에스다.

아이앤에스의 대표인 조영길 변호사는 비록 대법 전원합의체 판결에서 채택되진 않았지만, 1개월이 넘어 지급되는 임금은 통상임금이 아니라는 취지의 '1임금 지급기' 이론을 찾아내 쟁점화시켰던 주인공으로, 아이앤에스는 르노삼성자동차, 금호타이어, 서울메트로 등 30여 회사로부터 수십 건의 통상임금 사건을 맡아 소송을 수행했거나 치열한 법정 다툼을 벌이고 있다. 아이앤에스는 특히 현대제철 사내협력업체 사건, 코오롱글로벌 사건, 시영운수 사건에서 근로자들의 통상임금 청구는 신의칙 위반이라는 법리를 적용받아 승소하는 등 통상임금 사건의 주요 쟁점 중 하나인 신의칙 위반 주장을 가장 많이 인정받은 로펌 중 하나로 알려져 있다. 아이앤에스의 임동채 변호사는 "대법원 판결을 존중하면서도 판결에서 설시된 신의칙 법리 등의 사실관계를 파고들어 좋은 결과를 이끌어냈다"고 설명했다.

아이앤에스의 변호사들은 물론 통상임금 소송 외에도 사내하도급과 근로자 파견, 해고, 근로자의 정년, 퇴직금 지급요건의 해당 여부 등 다양한 노동법 사건에서 사용자 측을 맡아 맹활약하고 있다. 특히 개별적인 소송은 물론 노사관계 개선 자문이란 독특한 영역을 개척해 자문하는 곳이 아이앤에스로, 조영길 변호사는 노사관계의 발전을 위한 개선계획을 짜주고, 이를 직접 현장에 구현하는 과정에 아이앤에스의 변호사들이 많이 관여하고 있다고 소개했다. 한마디로 민, 형사소송이나 가처분 등 쟁송의 해결에서부터 제도의 수립, 의사결정, 교육, 홍보, 협상 등 노사관계 개선을 위한 기업활동의 전 과정에 참여해 자문을 제공한다는 얘기인데, 법률에 정책컨설팅 서비스를 접목시킨 아이앤에스의 종합서비스는 기업관계자들로부터 높은 인기를 얻고 있다.

아이앤에스가 컨설팅을 맡은 한 회사의 경우를 보면 아이앤에스의 자문이 얼마만큼 전문적으로, 포괄적으로 이루어지는지 잘 알 수 있다. 20~30년간 흑자를 낸 이 기업은 적자로 반전하며 경영위기에 빠졌다. 그동안 벌어놓은 돈이 있어 아직 재정적으로 곤란한 상태는 아니었지만, 과연 벌어놓은 돈을 다 까먹을 때까지 구조조정을 미루고 기다려야 하는지가 관건이었다. 자문을 의뢰받은 아이앤에스에선 일류 회계법인에 의뢰해 현재와 장래의 경영진단을 받는 일부터 시작했다. 이어 긴박한 경영위기라는 진단이 나오자 이를 돌파하기 위한 법률적 방안을 제시하고, 경영진이 선택한 방안을 구현하는 작업에 착수했다. 법률적으로 요구되는 쟁점을 찾아내 이를 법적으로 충족할 수 있도록 경영진의 의사결정을 유도하고, 이를 현장에 구현하도록 했음은 물론이다. 그럼에도 불구하고 나중에 법적 분쟁이 발생했지만 장기간에 걸쳐 아이앤에스의 빈틈없는 자문을 받은 이 회사는 재판에서도 이겼다고 한다.

이처럼 기획에서 실행까지, 그리고 분쟁이 터질 경우의 대응까지 총체적인 자문을 제공하다 보니 한 기업 당 보통 몇 년씩 자문이 이어지는 경우도 적지 않다고 한다. 앞에서 소개한 사안은 소송 종결까지 4~5년이 걸렸다. 아이앤에스의 변호사들은 정기적으로 열리는 회사 전략회의에 참석해 의견을 개진하며 파업현장에도 자주 내려간다.

아이앤에스에선 현대 계열사, 금호그룹 계열사, 지엠대우, 서울메트로, 한국철도공사, 하이닉스, 한솔그룹 계열사, CJ그룹, 르노삼성 등 수많은 기업을 상대로 사내하도급에 관한 자문을 제공했다. 물론 사내하도급 현황에 대한 진단과 함께 개선계획을 수립하고, 관련 교육과 법률자문 등을 제공하는 통합서비스가 아이앤에스 자문의 특징. 회사 측을 대리해 근로자들이 낸 종업원지위확인소송 등 관련 소송에 대응하는 것도 아이앤에스 변호사들의 몫으로, 아이앤에스는 협력업체 직원들이 회사를 상대로 종업원지위 확인을 요구하고 나선 '현대미포조선 사건' 등에서 활약했다. 1, 2심에선 현대미포조선이 승소했으나, 대법원에서 근로자들에게 종업원지위를 인정하는 내용으로 파기환송된 후 아이앤에스 변호사들이 항소심부터 관여해 합의로 사건을 마무리했다.

또 분사한 회사의 종업원 주주들이 회사를 상대로 종업원지위의 확인을 구한 대우조선해양 사건에서 대우조선해양을 대리하고, 2005년 현대하이스코를 대리해 이른바 파견근로자보호 등에 관한 법률 위반 형사사건을 방어하는 등 노사관계에 관련된 주요 사건마다 아이앤에스의 변호사들이 활약하고 있다. 현대하이스코 형사사건의 경우 노동사무소 조사 단계에서부터 방어에 나서 검찰에서 불기소처분을 받아냈다.

아이앤에스는 정리해고에 따른 부당해고를 둘러싼 여러 사건과 다수의 퇴직금 소송 등에서도 상당한 성과를 올렸으며, 아시아나 조종사 파업 땐 금호 측에 자문을 제공했다.

그러나 아이앤에스가 사용자 측만 대리한다고 생각하면 큰 오산이다. 상대적으로 사용자 측을 많이 대리하지만 아이앤에스는 근로자, 정부, 지자체도 자주 대리한다.

청담어학원에서 영어강사로 일한 내외국인 강사 24명을 대리해 2015년 6월 근로기준법상 근로자라는 대법원 판결을 최초로 받아낸 사건이 아이앤에스가 근로자 측을 맡아 활약한 대표적인 사건이다. 이 판결에서 대법원은 "원어민 강사들에게 퇴직금과 주휴수당, 연차휴가근로수당 등 4억 6,000여만원을 지급하라"고 판결했다. 또 이른바 전교조가 낸 법외노조통보 취소청구소송의 본안 및 효력정지 가처분 사건에서 정부법무공단과 함께 고용노동부를 대리하고, 환경미화원들이 1주 40시간을 초과한 휴일근로에 대해 휴일 및 연장근로수당을 중복 지급하라며 안양시와 성남시를 상대로 낸 소송에서 피고 지자체를 직접 대리한 것은 아니지만, 관련 논문을 작성해 노동법 학술지에 기고하고 대법원 노동실무회에서 발표하는 등 소송대리인들을 도와 이 사건이 대법원 전원합의체에 회부

되는 데 많은 역할을 했다. 요컨대 노사정(勞使政)을 아우르며 노사관계의 발전을 위해 애쓰는 법률가집단이 아이앤에스라고 하면 크게 틀린 말이 아니다.

벤처 붐이 한창이던 2000년 10월 문을 연 아이앤에스는 로펌 이름에서 가늠할 수 있듯이 처음부터 기업법무의 통합적인 해법을 지향했다. 로펌 이름의 'I'는 'Integration' 즉, 통합성을 가리키고, 'S'는 'Solution'의 첫 글자에서 딴 것으로, 신속한 종합처방을 내세우는 아이앤에스의 서비스는 금방 기업들로부터 환영을 받았다.

노사관계의 발전을 위한 개선계획을 짜주는 노사관계 자문도 그런 서비스 중의 하나이며, 아이앤에스는 통합서비스의 노하우를 경영권 분쟁, 전략소송, 기획소송으로 발전시키고 있다. 전략적 접근의 대상을 노사관계에 이어 일반 민, 형사, 상사 분쟁의 영역으로 확장한 것인데, 그중 하나가 증권관련집단소송이다. 2010년 1월 수원지법에서 허가결정을 받아 27억여원을 받고 합의 종결한 진성티이씨 증권관련집단소송이 아이앤에스의 작품이다. 아이앤에스는 진성티이씨의 분기 및 반기보고서를 믿고 투자했다가 손해를 입은 투자자들을 대리해 증권관련집단소송 허가 1호라는 의미 있는 결과를 이끌어냈다.

서울지법 판사를 거쳐 아이앤에스로 독립하기 전 김앤장에서 경험을 쌓은 조영길 변호사는 특히 현장을 중시하는 것으로 유명하다. 조 변호사는 "현장에 가서 팩트 파인딩(fact finding)을 하다 보면 그곳에 답이 있는 경우가 많다"며 "큰 소송일수록 팩트 파인딩이 중요하다"고 강조했다.

1심에서 진 사건을 맡아 항소심에서 이기고 2006년 말 상고심까지 승소로 마무리한 한 회사의 퇴직금 소송이 아이앤에스가 수행한 대표적인 전략소송으로 소개된다. 연매출 십수조원의 대기업으로, 파급효과를 감안할 때 소송가치가 약 3,000억원에 이르는 큰 소송이었다. 쟁점은 성과금이 파업 여부에 따라 변동되거나 차등 지급된 경우 이 성과금을 퇴직금 산정을 위한 기준임금에 포함시켜야 하는지 여부. 고정적·일률적으로 지급되었으면 기준임금에 포함시켜야 하나, 그렇지 않으면 포함되지 않는다.

회사 측을 대리한 아이앤에스의 변호사들은 성과금이 어떻게 제정되고 지급되어 왔는지 사실관계부터 파고들었다. 변호사들이 회사를 방문해 10여년간의 단협 기록을 확보하고, 불법파업 땐 성과금을 주지 않은 사실 등을 확인했다. 또 관련 증거와 증언을 확보하고, 외국 사례와 논문 등도 수집해 재판부에 제출했다. 2심부터 승소 판결을 받아냈다. 철저하게 사실관계를 파헤치고, 여기에 법률 전문성을 결합해 재판의 방향을 되돌린 것이다.

"사용자 대리한다고 반노조 아니야"

아이앤에스가 사용자 측을 많이 대리한다고 해서 사용자 측의 이익에 일방적으로 편향되어 있는 것은 아니라는 것이 아이앤에스 변호사들의 확고한 입장이다. 한 변호사는 "사용자 측에 자문을 제공한다고 해서 반(反)노조라고 보아서는 안 된다"며, "어디까지나 법이 허용한 범위에서 노사가 상생할 수 있는 발전적인 노사관계 구축을 목표로 삼고 있다"고 단호하게 말했다.

실제로 아이앤에스의 변호사들은 탈법적인 수단을 동원하려는 경영자 측과 대립하는 경우가 없지 않다고 한다. 임동채 변호사는 "경영자는 급한 나머지 법률적으로 위험한 수단을 동원하려는 유혹에 빠질 수 있는데, 이를 자제시키려고 언성을 높일 때도 많다"고 했다. 그는 이어 "회사가 먼저 법을 지키게 해야 하고, 또 그래야 나중에 법적 분쟁으로 이어져도 이길 수 있다고 끈질기게 설득한다"고 강조했다.

정리해고를 추진하는 한 기업에 대한 자문에서도, 경영진은 반대했지만 아이앤에스의 변호사들은 해고를 회피하기 위한 마지막 노력으로 노조를 상대로 임금삭감안을 제시하라고 요구해 관철시켰다. 그러나 노조가 임금삭감안을 거절하는 바람에 결국 정리해고로 이어졌고, 나중에 소송이 제기되었으나 회사 측이 승소했다.

조영길 변호사는 또 "전에 사용자 측을 상대로 매수나 협박 등 법적 위험성이 있는 컨설팅이 적지 않게 행해져 왔다면, 이제는 법을 지키면서 효과적으로 대처하는 합법적인 방향으로 변해야 한다. 이런 역할을 하고, 이런 변화에 기여한다는 생각에 보람을 느낀다"고 말했다.

법무법인 양헌

1958년 설립
설립자 / 김흥한 변호사
대표변호사 / 최경준
www.kimchanglee.co.kr

    양헌은 한국에 로펌식 법률사무소가 처음 문을 연 1958년 9월까지 역사가 거슬러 올라간다. 고(故) 김흥한 변호사가 설립한, 한국에서 가장 오래된 로펌 김·장·리 법률사무소가 양헌의 전신으로, 김·장·리는 이후 법무법인 김·장·리로 조직을 일신한 후 2008년 7월 금융 전문의 법무법인 평산과 합병하며 양헌(良軒)으로 이름을 바꿨다. 양헌이란 '어질고 좋은 사람들이 모여 있는 집'이란 의미로, 한국 1호 로펌 '김·장·리'의 브랜드는 양헌의 영어식 이름인 'KIM, CHANG, LEE'에 그대로 이어지고 있다.

    김흥한 변호사도 고인이 되고, 김·장·리 시절부터 이어지던 구성원에도 변화가 적지 않았지만, 양헌은 여전히 높은 명성을 자랑한다. 50년 이상 축적된 노하우와 지금도 양헌의 문을 두드리는 두터운 고객층도 그중 한 요인일 것이다. 그러나 사법연수원(14기)을 수석으로 마치고 미 뉴욕대

(NYU) 로스쿨에서 JD를 한 최경준 변호사가 이끄는 양헌 변호사들의 높은 전문성에서 해답을 찾는 게 순리일 것이다.

우선 최 변호사를 좌장으로 하는 자문 분야의 경쟁력이다. 이 분야만큼은 대형 로펌들도 전문성을 앞세운 양헌의 변호사들에게 두 손 들기 일쑤. 양헌 전체의 업무 비중에 있어서도 송무보다는 자문 분야의 비중이 월등히 높다. 양헌이 수행한 거래내역을 들춰보면, 자문 분야에서 양헌이 차지하는 위상을 실감할 수 있다. 양헌은 특히 IMF 외환위기 이후 최근까지 수많은 M&A 딜에 참여하며 국내외 기업의 구조조정을 뒷바라지해 왔다.

1998년 5월 21일 새벽 최종 서명을 마친 대상그룹의 라이신(lysine) 사업부문 매각은 IMF 이후 최초의 외자유치 성공사례로 기록되어 있다. 환율이 하루가 다르게 올라가던 당시 김·장·리가 매수인인 독일의 BASF를 맡아 대상을 대리한 김앤장의 변호사들과 함께 밤을 새가며 쉬지 않고 협상을 진행, 초스피드로 딜을 성사시킨 것으로 유명하다.

10년이 지난 2008년 1월. BASF는 동물사료의 첨가제를 만드는 이 사업부문을 국내의 B사에 되팔았다. 김·장·리의 변호사들이 또 다시 BASF를 대리해 딜에 참여했다.

두 번의 딜을 진두지휘한 최경준 변호사가 소개하는, 김·장·리가 BASF를 대리하게 된 배경도 눈길을 끈다.

얘기는 1996년 고합그룹이 독일에 공장이 있는 BASF의 마그네틱 사업부문을 인수할 때로 거슬러 올라간다. 최 변호사는 고합을 대리해 독일 현지로 날아가서 협상을 벌였다. 이때만 해도 BASF는 최 변호사가 대리하는 의뢰인, 즉 고합의 상대방 회사에 불과했다. BASF로부터 최대한 유리한 협상을 이끌어내는 게 최 변호사의 임무였다.

BASF는 그러나 1년여 지난 97년 말 대상그룹의 라이신 사업부문을 매입하기로 하고 한 때 상대방 대리인으로 협상장에 나왔던 최 변호사에게 자문을 의뢰했다.

"마그네틱 사업부분 매각 협상 때 BASF의 사내변호사가 고합의 대리인으로 협상에 참가한 나를 눈여겨보았었나 봐요. 대상그룹의 라이신 사업부문을 사는 거래에서 대리인이 되어 달라고 해 깜짝 놀랐습니다."(최경준 변호사)

라이신 사업부문을 인수한 BASF는 이후 한국에서의 비즈니스와 관련된 크고 작은 일을 김·장·리에 의뢰해 해결했음은 물론 B사에 되팔 때도 김·장·리 변호사들에게 일을 맡겼다.

수십 년째 뒤를 봐주고 있는 코카콜라도 김·장·리의 단골 고객으로 소개된다. 최 변호사의 장인인 김흥한 변호사가 1972년 한국코카콜라를 국내에 설립할 때 관여한 이후 지금까지 김·장·리의 자문을 받고 있다. 72년 한국 진출 당시 '코카콜라'라는 이름이 상호에 들어가선 안 된다는 것이 한국 정부의 인가조건이어 '한국음료주식회사'로 이름을 달았다는 유명한 이야기가 있다.

최 변호사 등은 96~97년 코카콜라가 두산식품 등 국내 4개사(社)의 보틀링 사업을 인수하는 대형 거래에서 코카콜라 측을 대리했다. 보틀링 사업이란 코카콜라 원액을 구매하여 일정한 제조공정을 거친 후 이를 병에 담아 소비자에게 공급하는 사업으로, 그동안 한국코카콜라에선 원액을 만들고, 브랜드 마케팅 등의 사업만 담당했으나, 코카콜라 본사의 결정으로 한국에 보틀링 회사를 직접 세워 4개사가 수행하고 있던 관련 사업을 인수하기로 한 것이다. 이른바 'IMF 이전의 M&A(Pre IMF M&A) 거래'로 분류되는 이 거래는 IMF 이후 봇물처럼 터진 M&A 거래의 선례로 자주 인용된다. 거래 규모가 5,000억원 이상으로, 당시까지만 해도 최대 규모의 M&A 딜이었다.

이 외에도 김·장·리는 2000년에 있은 KT의 한솔엠닷컴 지분 인수 때 KT를 대리하고, 2003년 이른바 SK글로벌 사태 때 스탠다드차터드은행 등 40개가 넘는 외국 은행으로 구성된 외국 채권단을 대리해 나중에 SK네트웍스로 이름이 바뀐 SK글로벌의 구조조정에 참여하는 등 수많은 딜을 성사시켰다.

이어 현대중공업의 CJ투자증권 인수, MatinPatterson Fund의 오리온전기 인수, 농협중앙회의 세종증권(현 NH투자증권) 인수, 경남기업 M&A, 보고펀드의 동양생명 인수 등이 양헌이 수행한 주요 M&A 거래로 소개된다. 최근엔 삼성 관련 일도 자주 자문한다.

최 변호사 외에 사법시험에 합격한 제강호 변호사와 한문영, 은정 미국변호사 등이 자문팀에서 활약하는 주요 멤버로, 서울대 법대 출신의 제 변호사는 금융 분야에 특히 밝다. 통일부와 대북경수로지원기획단의 법률고문을 역임했다.

최 변호사와 함께 주요 딜에 자주 참여하는 한문영 미국변호사는 지금은 다른 법률사무소에 합병된 미국 Coudert Brothers 뉴욕사무소에 있다가 2000년 6월 합류했다. 서울대 법대를 수석입학해 차석 졸업한 수재이며, 일찌감치 유학을 떠나 예일대 로스쿨(LLM)를 거쳐 콜럼비아 로스쿨에서 JD를 한 미국통이다. 뉴욕주 변호사로, 국제 상사거래, M&A, 국제금융이 텃밭이다.

또 외국인투자(FDI) 전문인 은정 캘리포니아주 변호사는 외투기업 임직원의 사증 발급 등 출입국 관리 업무를 개척, 독보적인 경쟁력을 확보하고 있다. 이원복 교수의 《먼나라 이웃나라 한국편(영어명 : Korea Unmasked)》《시빌액션(A Civil Action)》《인터넷을 움직이는 사람들》 등 우리말 작품을 영어로, 영어 작품을 우리말로 여러 권 번역한 한-영 번역가로도 유명하다.

김·장·리의 창립자인 김흥한 변호사의 손아래 동서로, 김수창, 최경준 변호사와 함께 공동대표를 맡고 있는 김의재 변호사도 자문 분야에서 오랫동안 활약한 이 분야의 전문가로 소개된다. 고시 사법과 10회에 합격해 서울민, 형사지법 판사를 역임한 그는 외국인투자와 기술이전 관련 일을 많이 처리했으며, 미국의 Southern Methodist 대학에서 LLM과 JD를 했다.

김수창 변호사가 이끄는 금융팀에선 프로젝트 파이낸싱, 인수금융, SOC 등 인프라 사업에 대한 자금조달 등의 거래에서 역량을 발휘하고 있다.

김수창 변호사는 법무법인 광장의 전신인 법무법인 한미의 금융팀을 이끌었던 금융 전문 변호사로, 평산 시절 인수금액만 3조 4,000억원에 달했던 하이트맥주의 진로 인수 때 산업은행 등 20개 금융기관을 맡아 1조원의 인수금융을 성공적으로 마무리했다. 또 국내 최초의 민자유치 사업인 인천신공항 제2연육교 사업에서도 금융을 맡아 활약했으며, 최근엔 롯데그룹 형제간 분쟁에서 장남인 신동주 SDJ코퍼레이션 회장 측을 대리하며 언론에 이름이 자주 나온다. 김 변호사는 2016년 8월 한정후견 개시 결정이 내려진 신격호 롯데그룹 총괄회장 사건에서도 신 총괄

회장 측을 대리했다. 신 총괄회장 측은 서울가정법원의 이 결정에 불복해 항고했다.

기업법무와 관련된 소송을 많이 처리하는 송무팀엔 홍일표 전 사법연수원장과 한범수 전 서울고법 부장판사, 법원행정처 사법정책연구심의관을 역임한 이건웅 변호사, 김기정 변호사 등이 포진하고 있다.

서울남부지법 부장판사를 끝으로 2007년 합류한 김기정 변호사는 "특허, 공정거래, 조세 관련 소송 등 자문 분야의 일을 처리하다가 법정 비화되는 송무 일감이 적지 않다"며, "해마다 송무 분야의 변호사를 늘려야 할 만큼 이 분야의 일이 늘어나고 있다"고 송무팀 분위기를 전했다. 또 김·장·리 송무팀의 탄탄한 경쟁력이 알려지며, 송무팀 자체적으로도 수임하는 사건이 적지 않다고 한다. 얼마 전부터 형사 분야를 강화하고 있으며, 재조 출신의 경력변호사를 상대로 활발한 영입 노력을 기울이고 있다.

그동안 양헌 송무팀에서 처리한 사건으론 ▲코카콜라와 롯데칠성의 'Sprite' 상표권 분쟁 ▲컴퓨터어소시엣의 수입 소프트웨어 관세부과 관련 분쟁 ▲제일은행을 상대로 한 소액주주들의 대표소송 ▲서태지 퍼블리시티권 분쟁 ▲두루넷, 삼보컴퓨터, 엔터프라이즈네트웍스 등의 회사정리절차 개시신청 ▲㈜진로와 진로홍콩 사이의 진로재팬 주식 소유권 분쟁 ▲삼보컴퓨터 재산보전처분 및 상장폐지 등 금지 가처분 신청 ▲한국산업은행 등의 대우자동차에 대한 대출금 반환청구 분쟁 등이 있다.

2008년 평산과 합쳐 기업법무의 양대 축이라고 할 수 있는 M&A 등 회사법과 금융 두 분야를 공고히 한 양헌은 1년 후인 2009년 8월 정은섭 변호사가 이끄는 지적재산권 전문의 법무법인 신아주와 합쳐 지재 분야로도 외연을 확장했다. 또 특허법인 아주와는 제휴관계를 맺었다. 금융에 이어 지재 분야로 영역을 넓히며 시너지를 도모하자는 전략인데, 한국 1호 로펌 김·장·리부터 이어지는 양헌의 탄탄한 기업법무 역량이 밑바탕이 되고 있음은 물론이다.

미 변호사 자격 5개 보유한 **최경준 변호사**

양헌의 실질적인 경영을 맡고 있는 최경준 변호사는 국내는 물론 외국에서도 이름이 높다. 유창한 영어 실력을 바탕으로, 외국 로펌 변호사들과의 협상을 주도할 정도라고 한다. 그와 함께 국내 모 회사의 매각협상에 참여했던 한 변호사는 "처음에는 한국변호사라고 얕보았던 외국변호사들이 나중엔 최 변호사가 영어로 불러주는 내용을 받아 적으며 계약서의 초안을 꾸몄다"고 최 변호사가 리드한 협상장 분위기를 전했다.

미국변호사 자격을 다섯 개나 가지고 있는 그의 경력이 그의 탁월한 국제감각을 잘 말해준다. 뉴욕주, 일리노이주, 매사츄세츠주, 캘리포니아주, 워싱턴 DC의 변호사 자격을 갖추고 있다. 그는 "국제변호사 일을 하는 데 여러 개의 미국변호사 자격을 갖출 필요는 없지만, 해당 주의 변호사시험 준비를 하면서 그동안 공부한 미국법 등에 대한 정리를 할 수 있어 유익했다"고 로스쿨에서 과정을 마칠 때마다 변호사시험을 치른 이유를 설명했다.

1986년 6월 1년 넘게 근무한 서울민사지법 판사직을 휴직하고, 미국의 하버드 로스쿨로 유학을 떠난 그는 93년 1월 김·장·리에 합류할 때까지 6년 6개월을 미국의 로스쿨과 로펌에서 보내며 경험을 쌓았다. 처음엔 1년 정도의 유학을 계획했으나, 미국 현지에 와서 보니 생각이 바뀌어 판사직을 사임하고, 본격적으로 국제변호사의 길로 뛰어들었다고 한다. 하버드에서 LLM을 한 데 이어 보스톤대 로스쿨에서 은행법으로 또 한 번 LLM 과정을 마쳤다. 경제학에 관심을 가져 보스톤대에서 경제학 석사학위도 받았다. 미국 학생들과 똑같이 JD를 한 곳은 뉴욕대 로스쿨. 뉴욕대에선 특히 로스쿨 학장과 담판을 지어 하버드 로스쿨 등에서 취득한 학점을 인정받아 2년만에 JD를 마쳤다고 한다. 이 대학에서 2년만에 JD를 마친 것도 최 변호사가 처음이다. 그는 뉴욕대 로스쿨에서 발간하는 '로 리뷰(Law Review)'의 편집위원으로도 활약했다.

93년 1월 김·장·리에 합류한 그는 이런 다양한 경험을 바탕으로 기업법무의 꽃이라고 할 수 있는 M&A 분야에서 두각을 나타내고 있다. 서울민사지법 판사를 역임한 한국법에 대한 해박한 지식은 물론 미국의 여러 로스쿨과 로펌에서 익힌 국제법과 미국법에 대한 소양, 경제학에 대한 감각 등이 큰 도움이 된다고 했다. 또 김·장·리에 합류한 지 얼마 안 지나 터진 IMF 외환위기가 그에게는 M&A와 관련된 수많은 딜에 참여해 활약할 수 있는 계기가 됐다. 최 변호사는 그런 점에서 "운도 좋았다"고 말했다.

법무법인 율촌

1992년 설립
대표변호사 / 윤세리
www.yulchon.com

    로펌 업계에선 보통 외국 유학을 다녀오거나 재조 경험을 살려 국제변호사 업무를 개척한 김흥한, 이병호, 김진억, 김영무, 이태희, 신영무, 김인섭 변호사 등을 1세대 주자로 부른다. 같은 이유로 이들이 세운 김·장·리 법률사무소, 중앙국제, 나중에 화우와 합친 김·신·유, 김앤장, 이름을 광장으로 바꾼 한미, 세종, 태평양 등은 1세대 로펌이라고 한다.

    이에 비해 1세대 로펌에서 경험을 쌓은 변호사들이 독립해 새로 설립한 로펌은 2세대, 또는 차세대 로펌으로 불린다. 시기적으로도 1990년 이후 문을 열어 그 이전에 설립된 1세대 로펌에 비해 역사도 길지 않다.

    1992년 9월까지 역사가 거슬러 올라가는 법무법인 율촌(律村)도 이런 기준에 따르면 2세대 로펌으로 분류할 수 있다. 김앤장에서 회사법과 조세 전문 변호사로 활약한 우창록 변호사가 주축이 되어 같은 김앤장 출신인 강희철 변호사, 나중에 화우로 합친, 법무법인 우방의 전신인 세방

종합법률사무소의 창립멤버로 참여했던 윤세리 변호사, 아세아합동법률특허사무소에서 경력을 쌓은 한봉희 변호사 등이 '법률가의 마을'을 꾸린 초창기 멤버들이다. 한마디로 기존 로펌에서 노하우를 익힌 준비된 변호사들이 새로운 형태의 파트너십을 만들어 보자고 다시 뭉친 곳이 율촌이라고 할 수 있는 데, 이들의 시도는 이후 엄청난 성공으로 나타났다.

우 변호사는 특히 노태우 정부 때인 92년 현대 계열사에 부과된 1,000억원대의 법인세 소송을 맡아 100% 승소한 것으로 유명한 변호사다. 우 변호사가 율촌을 설립한 이유도 김앤장이 현대 측을 맡아 법인세 소송을 수행하다가 대리인에서 사임하자 소송을 계속 수행하기 위해 김앤장을 떠나 독립한 것으로 알려져 있다. 이 사건을 계기로 현대 측과 가까워진 그는 이후에도 현대 관련 사건을 많이 수행했다. 김대중 정부 때인 2000년 현대전자의 LG반도체 인수 때 우 변호사가 이끄는 율촌이 현대전자를 대리했으며, 2004년 4월엔 현대그룹의 모회사 역할을 하는 현대엘리베이터를 맡아 KCC의 적대적 M&A 공격을 막아냈다.

97년 7월 율촌이 법무법인을 구성할 때의 인원은 미국변호사를 합쳐 모두 10명. 그러나 20년이 지난 2016년 현재 율촌은 국내외 변호사만 약 300명을 바라보는 국내 굴지의 메이저 로펌으로 성장했다. 변호사 수 기준으로 치면 국내 6위. 그러나 율촌은 변호사 1명당 매출 등 실질적인 지표에서 그 이상의 성과를 내는 고수익 로펌으로 유명하다.

한 언론 매체의 조사에 따르면, 율촌은 2014년 한국 로펌 업계에서 매출 4위의 높은 실적을 올렸다. 또 변호사 1명당 매출은 6억 8,000만원으로 김앤장과 함께 수위를 다투는 것으로 알려졌다.

율촌의 빠른 발전을 설명하는 여러 요인이 있겠지만 무엇보다도 율촌

변호사들의 높은 경쟁력을 빼놓을 수 없다. 다른 로펌의 한 변호사는 율촌에 좋은 사람들이 많다고 평가했다. 또 대표변호사와 그룹장, 팀장을 포함, 파트너 변호사의 대부분이 상대적으로 젊다는 점에서 율촌의 높은 발전가능성을 점치는 사람들도 있다.

먼저 율촌의 간판이라고 할 수 있는 조세 그룹은 소순무 변호사를 좌장으로 강석훈, 김동수 변호사가 실무대표를 맡아 활약하고 있다. 높은 승소율을 자랑하며, 특히 새로운 내용의 판례를 많이 만들어낸다는 평가를 받고 있다. BW(신주인수권부사채) 거래로 이익을 얻었어도 거래의 관행상 정당한 사유가 있으면 증여세 부과대상이 아니라는 판결과 회수 가능성이 불투명한 채권을 상속한 경우 채권가액을 상속재산으로 보고 상속세를 부과해서는 안 된다는 판결이 대표적인 경우. BW 케이스는 증여세 완전포괄주의 입법을 계기로 형식적인 과세요건을 충족하기만 하면 증여세를 부과하던 과세관행에 제동을 건 의미 있는 판결이다.

윤세리 대표에 이어 박해식 변호사가 이끄는 공정거래팀도 율촌이 오래전부터 높은 경쟁력을 자랑하는 전문분야 중 하나로, 김앤장, 화우와 함께 세계적인 공정거래법 전문미디어인 Global Competition Review(GCR)가 선정하는 세계 공정거래 분야 '100대 로펌(GCR 100)'이자 그중에서도 가장 높은 등급에 해당하는 'Elite Team'에 이름을 올리고 있다.

율촌은 2014년 성사된 거래규모가 51억 달러에 이르는 다음커뮤니케이션과 카카오의 합병거래에서 다음 쪽에 자문을 제공한 데 이어 공정거래위원회 신고를 대리했으며, 이에 앞서 네이버와 함께 조사를 받은 다음커뮤니케이션의 시장지배적지위 남용사건을 맡아 공정위로부터 제도 도입 이후 첫 동의의결 결정을 받아냈다. 또 KT를 대리해 기업메시징서비스 관련 시장지배적지위 남용행위 및 사업활동 방해행위 사건에서 재심사명령을 도출해내고, 생보사 이율 담합 사건에선 삼성생명, 흥국생명 등 4개 생보사를 맡아 과징금 납부명령과 시정명령을 모두 취소하는 승소 판결을 받아냈다. 조세와 공정거래는 기업법무의 핵심을 이루는, 로펌으로서는 부가가치가 높은 업무분야로, 두 분야에서의 활약이 차세대 로펌으로 출발한 율촌의 성장에 큰 도움이 되었다.

율촌은 이와 함께 삼성전자를 맡아 애플과의 특허소송을 수행한 지적재산권팀과 한봉희, 박주봉 변호사 등이 많이 활약하는 부동산·건설 분야, 윤희웅 변호사 등이 포진한 M&A와 윤용섭 변호사가 그룹장을 맡아 박해성, 윤홍근 변호사 등과 함께 활약하는 송무 분야 등에서 높은 평가를 이어가고 있다. 또 변호사와 전문가가 잇따라 합류하며 금융 분야의 전문성이 강화되고 있으며, 해외 쪽도 2015년 3월 모스크바사무소를 추가로 개설하는 등 활발하게 움직이고 있다.

율촌은 단군 이래 최대 규모의 M&A로 알려진 MBK 파트너스 컨소시엄의 홈플러스 인수 때 매수인 측에 자문했으며, 거래금액이 1조원이 넘는 KT렌탈(현 롯데렌탈) 매각 거래에선 KT를 대리했다.

율촌의 송무 파트는 특히 착수금과 성공보수로 구분할 수 있는 매출내역 중 성공보수의 비중이 더 클 만큼 승소율이 높다고 한다. 민사에 이어 얼마 전부터는 형사 분야에서도 잇따라 좋은 결과를 이끌어내고 있다.

화우와 함께 2013년 9월 상고심에서 파기환송 판결을 받아낸 후 집행유예 선고로 마무리한 김승연 한화 회장의 횡령·배임 사건이 율촌의 변호사들이 활약한 대표적인 사건으로 소개된다. 율촌은 또 1심에서 징역

6년의 실형이 선고된 강덕수 전 STX 회장의 항소심 변호를 맡아 1심에서 유죄가 인정된, STX조선해양 관련 2조 3,000억원대의 분식회계 혐의에 대해 무죄판단을 받아 강 전 회장을 집행유예로 풀어냈으며, 협력업체와 부하직원 등에게서 억대의 금품을 수수한 혐의 등으로 기소된 민영진 전 KT&G 사장도 법무법인 화우와 함께 공동변호해 1심에서 무죄를 선고받는 등 기업 관계자 등이 관련된 형사사건에서 연이어 성과를 내고 있다.

윤세리 대표는 "율촌은 1, 2심에서 패소한 사건의 항소심, 상고심 사건을 많이 수행하는 이른바 상소심 사건 처리(Appellate Practice)가 강하다"고 소개하고, "1심 사건의 경우 마케팅 활동이나 네트워킹을 통해 변호사, 로펌이 선임되는 경우가 적지 않으나 1심 선고 이후엔 그 분야에서 정말 실력 있는 변호사, 로펌을 찾아간다는 점에서, 율촌이 그만큼 실력을 인정받고 있는 것 아니냐"는 의견을 제시했다.

율촌의 20년 역사를 돌아보면 합병이나 다른 로펌을 인수한 전례가 없다. 차세대 로펌으로 상대적으로 늦게 출발했지만, 해마다 신입변호사를 충원하고, 경력변호사 영입을 통해 부족한 부분을 보완하며 유기적으로(organically) 발전해 왔다. 윤 대표는 이와 관련, "합병을 하자거나 인수해가라는 제의는 여러 번 받았으나 협동하는 문화, 문화적 동질성을 유지하기 위해 한 번도 응하지 않았다"고 말했다. 나아가 "율촌은 변호사 수를 기준으로 한 외형 성장을 추구하지 않는다. 전체 변호사 숫자에 있어서 2위 경쟁을 하거나, 3위 경쟁, 4위 경쟁, 5위 경쟁도 우리는 안 한다"고 못 박았다. 율촌의 외형 규모는 변호사 수 기준으로 5, 6위쯤 된다.

실제로 율촌보다 변호사가 더 많은 대형 로펌에서 율촌과 합치고 싶어 한다는 얘기가 나돌았고, 또 다른 메이저 로펌과의 합병 얘기가 두 로펌 관계자들 사이에서 거론되어 비상한 관심을 불러일으키기도 했으나, 모두 '찻잔 속의 태풍' 정도로 가라앉은 가운데 율촌의 독자적인 성장이 계속되고 있다.

다만 인위적인 성장을 지양하다보니 메이저 로펌치고는 업무그룹이나 실무팀의 규모가 상대적으로 작다고 할 수 있어 업무분야의 확대 여부가 율촌의 향후 발전과 관련해 관심을 끌고 있다. 율촌 관계자들은 틈만 나면 "우리는 잘하는 것만 하려고 한다"고 전문화 전략을 강조한다. 윤세리 대표는 여기서 한 걸음 더 나아가 "우리만 할 수 있는 것을 하려고 한다"고 독점화 전략을 미래 발전방향으로 제시하기도 했다.

높은 수준의 전문화와 독점화 추구가 과연 얼마나 많은 업무분야에서 이루어질 것인가가 율촌의 향후 발전 정도를 가늠하는 척도 중 하나가 될 것으로 보인다.

한국 로펌 중 락스텝 비중 가장 높아

법무법인 율촌은 사건 수임 등 실적주의에 치우쳐 있는 한국의 다른 로펌들과 달리 연공서열을 강조하는 락스텝(lockstep)의 비중이 높은 로펌으로 알려져 있다. 한국 로펌 중 미국식 락스텝 구조에 가장 가깝다는 평을 듣고 있다. 윤세리 대표는 "성과배분에서 락스텝의 비중이 50%를 차지하는 독특한 방식을 채택하고 있다"며 "이런 분배방식을 가리켜 공산주의적이라고 표현하는 사람도 있는데, 일종의 수정된 락스텝(modified lockstep) 구조가 율촌의 팀플레이를 높은 수준으로 발전시키는 긍정적인 요소로 작용하고 있다"고 강조했다.

그에 따르면, 수임 및 사건 처리 실적이 분배구조에서 차지하는 비중이 10% 밖에 안 되고, 나머지 90%는 팀플레이가 어떻게 되어 나오느냐를 보고 평가한다는 것. 그는 또 "수임 실적, 책임 실적(율촌에선 사건 처리 실적을 책임 실적이라고 부른다)도 팀 단위로 평가하고, 팀 안에서의 변호사 개개인에 대한 평가는 리더로서의 역할(leading role)이나 팀 내 협조를 얼마나 잘 했느냐를 보고 한다"고 설명했다.

사건 수임이나 사건 처리 실적 등의 비중이 낮은 락스텝 구조를 강조한 나머지 변호사들이 사건 수임 노력을 소홀히 한다든가 하는 부작용은 없을까.
윤 대표는 "내가 가져온 사건을 다른 사람에게 보내지만, 다른 변호사도 내게 사건을 보내주니까 결과적으로 보면 같아지게 되고, 누가 사건을 가져왔든 잘 하는 사람을 찾아 처리함으로써 높은 클라이언트 만족도를 도출해 내고 있다"고 답했다. 또 "실적주의를 강조하면 변호사들이 펌(firm) 전체에는 중요하지 않더라도 자기에게 중요한 클라이언트를 중시하게 되고, 펌 입장에서 보면 덜 중요한 사건, 덜 중요한 고객을 개발하는 데 특히 젊은 파트너들이 신경을 많이 쓰게 되어 펌 전체의 수입이 줄어드는 부작용이 나타날 수 있다"고 율촌의 락스텝 방식에 더 높은 점수를 매겼다.

법무법인 이제

利諸

2015년 설립
대표변호사 / 권국현
www.ejelaw.com

    2015년 3월 문을 연 법무법인 이제(利諸)는 김앤장 출신의 중견 변호사들이 주축을 이루고 있다. 한 가지 더 든다면 파트너 4명의 전문분야가 모두 달라 상당한 시너지가 기대된다는 게 관심을 모으는 성장동력 중 하나. 권국현 변호사는 공정거래, 김관하 변호사는 인사·노무, 남현수 변호사는 기업지배구조와 기업금융, 유정훈 변호사는 M&A 및 부동산 분야가 전문으로, 특정 분야에 특화한 부티크라기보다는 김앤장에서 갈고 닦은 전문성으로 다시 뭉쳐 중소 로펌에 걸맞은 새로운 법률서비스를 지향하고 있다.

    이렇게 보면 '리틀 김앤장'쯤으로 이제를 생각해 볼 수 있지만, 이제 설립에 주도적인 역할을 한 권국현 대표변호사의 설명은 전혀 그렇지 않았다. 그는 "이제에 있는 사람들이 전에 김앤장에서 함께 근무하며 아는 사이이고, 업무방향에 대한 공감이나 상호 신뢰가 있어 자연스럽게 합류한 결과이지 김앤장 출신만 일부러 뽑거나 한 것은 아니다"고 분명하게 선을 그었다.

그러나 전문분야가 서로 다른 김앤장 출신 4명이 포진한 이제의 잠재력은 간단치 않아 보인다. 이제가 출범하자 다른 중소 로펌 관계자들 사이에선 혹시 이제와 겹치는 분야는 없는지 경계하는 얘기도 나왔다고 한다. 권 변호사는 "대학병원, 종합병원 출신의 전문의들이 모여 종합병원 못지않게 병을 잘 고치는 1차 의료기관과 같은 역할을 하려고 한다"며 "어느 기업이 어떤 문제를 가지고 오더라도 전문성을 가지고 신속하게 대응할 수 있는 곳이 이제"라고 의욕을 나타냈다.

특히 이제의 구성원들은 미국의 일부 유명 로펌에서 채택하고 있는 완벽한 수준의 락스텝(lockstep) 시스템을 가동하고 있어 로펌 업계에 간단치 않은 파장을 예고하고 있다. 무슨 얘기냐 하면, 파트너들 사이에 사건을 누가 가져왔든 그 일을 가장 잘 할 수 있는 전문가로 팀을 짜 수행하고, 수익이 나면 똑같이 나눠 갖는 시스템으로 이제를 운영하고 있는 것이다.

4명의 파트너가 모두 김앤장에서 10년 이상 활약한, 경력이 비슷한 높은 전문성의 파트너들이기에 이런 시도가 가능해 보인다. 4명 모두 서울대 법대를 졸업한 선후배 사이로 사법연수원을 28~32기로 마쳐 연령대도 비슷하다.

이와 함께 회계와 경영컨설팅을 종합한 원스톱 서비스가 이제가 추구하는 솔루션으로, 국내외 기업 등에서 경험을 쌓은 회계 및 컨설팅 전문가도 변호사들과 함께 팀을 이뤄 자문에 나서고 있다. 대표적인 사람이 창립 때부터 왕성하게 활동하고 있는 이선종 회계사다. 하이닉스 기획실,

KPMG, 구글코리아를 거쳐 오비맥주 감사팀장, 경리이사를 역임한 그는 기업현장에 대한 이해를 바탕으로 의뢰인이 필요로 하는 최적의 솔루션 도출에 일익을 담당하고 있다.

이제는 11개사가 관련된 배합사료 부당 공동행위 사건에서 대한제당을 대리하여 공정거래위원회 전원회의에서 과징금 부과율을, 관련 매출액 대비 1%로 최소화하는 성공적인 결과를 이끌어낸 데 이어 78억원의 과징금 전부 취소를 요구하는 취소소송을 수행 중에 있다.

법무법인 이제는 최근 들어 기업금융에서도 실적을 내고 있다. 금호터미널이, LP로서 보유하고 있는 PEF 지분을 인수하는 거래에서 발행회사에 법률자문을 제공하여 인수자금 조달을 위한 1,567억원 상당의 사모사채 발행을 성공리에 완료했다.

설립 후 1년만에 변호사 9명으로 식구가 늘어난 이제는 2016년 7월 법무법인을 구성하며 조직을 일신했다.

법무법인 정동국제

SUH&CO
www.SuhCo.com

2000년 설립
대표변호사 / 서동희
www.suhco.com

    2007년 12월 충남 태안 앞바다에서 홍콩 선적의 허베이 스피리트호와 크레인이 충돌하는 기름 유출사고가 났을 때 주무부처인 해양수산부는 법무법인 정동국제에 자문을 구했다. 정동국제의 대표를 맡고 있는 서동희 변호사가 이 분야의 전문가로, 해수부의 고문변호사를 맡고 있었기 때문이다. 서 변호사는 사고처리를 위한 특별법의 제정 등과 관련해 자문을 제공했다.

    2000년 6월 설립된 정동국제는 해상법 분야에서 전문성을 자랑한다. 국내외의 해운 관련 회사치고 정동국제와 서 변호사를 모르는 곳이 거의 없을 정도로 이 쪽 업계에서 이름이 높다.

    우선 해상에서 일어나는 선박충돌, 유류오염 등의 해상사고에서 뛰어난 전문성을 발휘하고 있다. 정동국제에 따르면, '신안호 대 루빈보난자 충돌사고' '하이펭호 대 마린피스호 충돌사고' '창영호 대 파이스트호 충돌

사고' '창이호 대 유니온가스호 충돌사고' '글로벌 21호 대 용민호 충돌사고' '영스타호의 광양호 갠트리 크레인 충격사고' '한서호 침몰사고' 등이 정동국제가 선주 쪽을 대리해 분쟁 해결에 나선 대표적인 사례들이다. 정동국제의 한 변호사는 "선박 충돌사고의 경우 사고원인 조사와 스테이트먼트(statement) 확보, 선박에 대한 압류 또는 압류의 해제, 선사와 보험회사, 선주상호책임보험이라고 할 수 있는 P&I 클럽에 대한 국·영문 보고 등 관련 업무가 매우 많다"며, "다년간의 경험으로 일련의 업무에 대해 높은 노하우를 축적하고 있다"고 말했다.

해상사고에 이어 선적화물을 둘러싼 분쟁(Cargo Claim), 용선계약(Charter Party), 국내외 항만에서의 선박압류 및 압류해제 사건도 정동국제의 변호사들이 자문을 의뢰받는 단골 사건으로 꼽힌다.

2009년 10월 방글라데시의 치타공(Chittagon) 항에 입항하다가 치타공 항만 당국 소유의 준설선과 충돌하는 사고가 나 억류된 'C. UTOPIA'호 사건이 정동국제 변호사들이 실력을 발휘해 해결한 대표적인 케이스다. 소속 변호사와 선장 출신의 전문가를 현지에 파견해 대응에 나선 정동국제는 압류 7개월만인 2010년 6월 공탁금 한 푼 내지 않고 배를 풀어내 국내외 해운업계에 화제가 됐다. 정동국제의 압류취소 결정 이전에 어느 선박도 방글라데시에서 압류를 해제하고 풀려난 선례가 없다고 할 만큼 방글라데시에서 압류된 선박을 풀어 출항시키는 것은 매우 어려운 일로 알려져 있다. 정동국제 관계자는 "법원 대응과 함께 현지 대사관과 외교통상부의 지원 아래 방글라데시 정부 측과 협상을 벌이는 양면 작전을 구사했다"며 "1,000만 달러까지 올라간 공탁금 대신 선체보험을 든 보험사로부터 나중에 피해액이 확정되면 변상하겠다는 보증장을 받아 제출하고, 배를 먼저 풀어내는 개가를 올렸다"고 설명했다.

정동국제는 용선분쟁 등과 관련된 국내외 중재, 중재판정의 집행과 관련해서도 축적된 경험을 보유하고 있으며, 선박보험금 청구사건(Hull Claim), 재보험, 특종보험, 항공보험 등과 관련된 소송과 중재사건도 많이 처리한다. 또 선사나 조선사 등의 조세와 노동 문제, 유상증자 등 일반 회사법과 관련된 자문도 정동국제가 활발하게 수행하는 업무분야 중 하나이며, 항만투자를 위한 합작계약이나 항만개발과 관련된 프로젝트 파이낸스, 선박건조, 해운회사의 선박도입에 관련된 금융 등에 대해서도 폭넓게 자문하고 있다. 정동국제의 한 관계자는 "자문을 의뢰하는 고객사 중엔 해운 및 조선사가 다수를 차지하고 있으나, 회사법에 관한 자문 등을 요청해 오는 일반 회사들도 적지 않고, 단골로 자문을 의뢰하는 외국 클라이언트가 상당수에 이를 만큼 해외에도 이름이 많이 알려져 있다"고 소개했다.

정동국제는 2001년 부산 신항의 운영과 관련, 해양수산부를 대리해 삼성물산이 간사로 참여한 부산신항㈜와 양허계약(concession agreement) 협상에 관여하고, 세계적인 컨테이너 운항선사인 A.P. Möller의 자회사인 APM Terminal사를 대리해 부산신항의 터미널 운영을 목적으로 하는 컨소시엄 투자계약에 참여했다. 이 컨소시엄의 간사인 포스코건설은 김앤장 법률사무소가 대리했다. 또 네덜란드와 영국 선사의 합작사인 P&O Nedlloyd의 부산 신선대 항만 투자를 위한 합작계약에서 Nedlloyd를 대리하는 등 해운 및 항만 투자 분야에서 높은 경쟁력을 자랑한다. 정동국제는 대형 로펌의 자문을 받아 오던 세계 10대 선사에 드는 유명 외국 선사의 요청으로 조세 문제에 자문하기도 했다.

한마디로 해운 및 조선사 운영과 관련된 일체의 업무가 정동국제의 업무영역이라고 할 수 있는데, 업무내용으로 따지면, 해상법은 물론 일반 회사법과 조세, 노동, 송무, 금융, M&A 등 다방면에 걸쳐 자문을 제공한다.

항공운송 분야도 정동국제가 높은 전문성을 확보하고 있는 분야로, 서 변호사는 항공기사고 분쟁에 관한 한 가장 많은 피해자를 대리한 변호사 중의 한 사람으로 손꼽힌다. ▲97년 8월 미국령 괌 아가냐 공항에 접근하던 대한항공 여객기 추락사고 ▲97년 9월 베트남 항공기가 캄보디아의 프놈펜 공항 인근에 추락한 사고 ▲2002년 4월 김해에서 발생한 중국국제항공공사(CA) 여객기 추락사고 ▲2007년 5월 캄보디아 시엠리아프 공항을 떠나 시아누크빌로 향하던 PMT 항공기 추락사고 등에서 피해자 측을 대리해 손해배상청구소송을 진행했다.

특히 서 변호사가 김앤장에 있을 때 맡아 진행한 베트남 항공기의 프놈펜 공항 인근 추락사고 관련 소송은 승소 판결 직전 청구금액의 80~90% 수준에서 베트남 항공사 측과 합의로 종결한 것으로 유명하다. CA 여객기의 김해 인근 추락사고에선 사고로 숨진 오 모씨의 유족을 대리해 조정을 통해 5억원의 손해배상을 받아냈다. 이 소송에서 CA 측은 '국제항공 운송에 관한 바르샤바 협약'의 책임제한 규정을 들며 희생자 1명당 2,500여만원만 배상하겠다고 통보했으나, 소송을 대리한 정동국제의 변호사들이 "항공사의 고의나 무모한 행위로 사고가 났기 때문에 책임제한 규정이 배제돼야 한다"고 주장해 5억원의 조정안을 이끌어냈다.

정동국제는 99년 4월 상하이 홍차오 공항 상공에서의 대한항공 화물기 추락사고로 인한 건설교통부의 노선 취소에 대한 취소청구소송에도 관여해 당시 취소처분을 내린 건교부를 대리해 1심에서 승소 판결을 이

끝었다. 원고인 대한항공은 김앤장과 법무법인 광장이, 피고보조참가인으로 참가한 아시아나항공은 법무법인 세종이 대리하는 등 4개 로펌이 나선 이 다툼은 그러나 3심까지 가는 송사 끝에 대한항공이 노선을 유지하는 내용으로 결론이 났다.

말하자면 육, 해, 공 전문변호사라고 할까. 정동국제는 해상과 항공은 물론 내륙운송과 운송주선(forwarding) 등의 영역에서도 폭넓게 자문한다.

또 하나 정동국제가 경쟁력을 자랑하는 분야로 해상보험 등 보험 관련 영역을 들 수 있다. ▲선박보험 ▲적하보험 ▲금융기관종합보험 ▲임원배상책임보험 등 신종보험 사건에 대한 자문과 소송대리 등의 법률서비스를 폭넓게 제공한다. 3심까지 4~5년이 걸린 '동영 510호' 보험사기 사건이 정동국제가 보험사를 대리해 승소 판결을 받아낸 유명한 사건이다. 또 '엘리사' '만성77호' '와이드 씨 28호' 사건 등에서 보험사를 맡아 소송을 수행했다. 정동국제의 한 변호사는 "최근 들어 금융사고에 대비한 금융기관종합보험 등 신종보험에 대한 자문이 늘고 있다"고 분위기를 전했다.

서울대 법대를 나와 미국의 튤레인 로스쿨에서 공부한 서동희 변호사는 뉴욕주 변호사 자격도 갖추고 있으며, 2000년 6월 정동국제를 설립하기 전 김앤장에서 오랫동안 활약했다.

법무법인 지평

JIPYONG 법무법인 지평

2000년 설립
대표변호사 / 이공현, 양영태
www.jipyong.com

IT 붐이 한창 일던 2000년 4월 서울 삼성동의 테헤란밸리에 서울법대 82학번 동기인 양영태, 임성택 변호사 등 10여명의 젊은 변호사가 새로 로펌을 설립하고 지평이란 간판을 내걸었다. 16년이 흐른 지금 법무법인 지평은 한국 로펌의 역사를 새로 쓰고 있다.

2016년 현재 전체 변호사는 한국변호사 127명, 외국변호사 33명의 160명 규모. 변호사 수를 기준으로 한국에서 여덟 번째로 큰 메이저라고 할 수 있지만, M&A와 금융 등은 리그테이블의 순위가 이보다 몇 단계 앞으로 올라가고, 중국과 동남아 등의 해외업무는 한국 로펌 중 가장 활발하다고 해도 과언이 아닐 만큼 독보적인 영역을 구축하고 있다. 이런 강점을 알아 본 외국 로펌 관계자들이 한국을 방문하면 으레 들러 제휴를 타진하는 한국의 인기 로펌이 지평이다.

벤처기업을 겨냥한 일종의 벤처 로펌으로 출발한 지평이 차세대 메이저로 발돋움하며 빠른 성장을 일구어낸 배경은 무엇일까. 창립멤버이자 매니징 파트너로 지평을 이끌고 있는 양영태 대표변호사의 얘기를 들어보면 지평의 성공은 결코 우연히 이루어진 것이 아니다. 로펌 성공의 공식이 고비마다 힘을 발휘했다.

무엇보다도 우수한 젊은 변호사들의 패기와 투지가 성공의 발판이 되었다. 16년 전 설립 당시 법무법인 세종에서 독립한 10여명의 창립멤버 중 변호사 6년차인 양영태 변호사가 제일 고참이었다. 이어 지금 지평의 주요 팀을 맡아 맹활약하고 있는 임성택, 김상준, 박용대, 배성진 변호사 등이 주도적으로 참여한 주인공들인데, 당시만 해도 2~3년차밖에 경력이 안 된 주니어들이었다. 양 대표는 "솔직히 말해 오래가기 힘들 것이라고 주변에서 우려도 많이 했는데 패기와 투지 하나로 버텼다"고 당시를 회상했다. 이들 창립멤버들은 그러나 사법시험과 사법연수원을 우수한 성적으로 통과하고 세종 등 메이저 로펌에 스카우트된 우수한 인재들로, 젊음과 패기를 가미해 벤처 로펌 지평을 성공으로 이끌었다.

연수원 2년차 때 대학 동기이자 연수원 동기인 원희룡 제주지사와 함께 《주관식 헌법》을 펴 내 수험생들로부터 인기를 끈 양 대표만 해도 다섯 손가락 안에 드는 우수한 성적으로 사법시험에 합격한 주인공. 그는 지평을 설립하기 전 세종에서 홍보, 리쿠르트 등의 업무를 맡아 경영에도 참여한 마당발 변호사로 일찍부터 로펌 업계에서 주목을 받았다. 또 연수원을 우수한 성적으로 졸업하고, 세종을 거쳐 양 대표와 함께 지평의 창립을 주도한 임성택 변호사는 대학 시절 서울법대 학생회장으로 활동한 경력이 있으며, 마찬가지로 세종의 일원이 되었다가 지평 설립에 참여한 배성진 변호사는 연수원 1년차 때 성적이 2등인 장래가 촉망되는 변호사였다.

젊은 인재들의 집합소였던 지평이 테헤란밸리에 자리를 잡고 벤처기업 자문이란 니치 마켓(niche market)을 공략한 점도 주효했다. 벤처 붐이 최고조에 달했던 당시 외자유치, M&A, 국제거래, 금융, 지적재산권 등 벤처기업들이 직면한 법무수요가 상당했기 때문이다. 지평의 변호사들은 여기서 틈새를 발견해 대형 로펌의 자문을 받지 못하는 KTB와 KTIC, 우리기술투자 등 벤처캐피털과 네이버, 엔씨소프트 등의 신흥기업들을 파고들었고, 이들 기업들이 성장하며 지평도 함께 성장했다.

지평 사람들의 말을 들어보면 창립 초기 지평 변호사들이 일 잘해서 칭찬받았다는 일화가 여러 개 나온다. 그만큼 실력을 인정받았다는 얘기다.

하나는 지평 설립 두 달 만인 2000년 6월 한 독일 기업을 대리해 국내 펌프회사를 인수한 M&A 거래. 제안서를 내 자문 로펌으로 선정된 지평이 어찌나 일을 잘 했는지 거래가 성공적으로 마무리되자 이 독일 고객이 약정 보수에 더해 자진해서 보너스를 얹어주었다고 한다. 또 대형 로펌에 맡겨 회사정리절차를 진행하다가 결국 파산하게 되자 비용 절감을 위해 고문 로펌을 지평으로 옮긴 한 건설회사와의 인연도 지평 변호사들이 자주 얘기하는, 설립 초기에 성공적으로 자문한 사례 중 하나로 소개된다. 대형 로펌만 상대하다가 지평의 자문을 받게 된 이 회사의 법무팀 관계자가 처음엔 의심의 눈길을 보내다가 몇 번 일을 해보더니 "MRI 찍듯이 의견서를 잘 쓴다"고 극찬했다는 것이다. 이 회사는 이후 지평의 주요 고객이 되었다.

사건이 늘며 지평은 설립 이듬해부터 곧바로 신입변호사 충원에 나섰다. 우수한 변호사들이 가세하며 일은 더욱 늘어났다. 사법연수원과 공군법무관 근무를 마치고 2001년 합류한 연수원 27기의 김지홍 변호사가 지평의 공채 1호 변호사로, 서울법대를 졸업한 그는 특히 대학입학시험 전국 수석, 법무관 임관 순위 1등이었던 재원이다. 당시 대형 로펌의 영입 제의를 마다하고 지평에 합류해 화제가 됐다.

또 경력변호사의 합류도 이어져 인권문제 전문가이자 나중에 헌법재판소 재판관으로도 추천된 조용환 변호사가 2001년 초 가세하는 등 지평의 성장에 점점 속도가 붙기 시작했다.

이 무렵 지평은 앞으로의 성장과 관련해 한 가지 중요한 결정을 했다. 부티크 로펌이 아니라 폭넓게 업무분야를 취급하는 종합로펌을 지향하기로 한 것이다. 당시 벤처 자문을 표방하며 테헤란밸리로 모여든 다수의 로펌이 노동, 기업법무 전문 등 부티크로 특화해 규모는 작지만 특정 분야의 전문성이 돋보이는 전문 로펌으로 발전했다. 그러나 지평은 이들과 달리 종합로펌을 발전방향으로 설정하고 변호사를 꾸준히 늘려가며 업무분야 확대를 추구했다.

양 대표는 "고객이 원하는 서비스를 충실히 제공하기 위해서는 전문성과 종합성이 함께 있어야 해 처음부터 업무분야를 넓게 포석하는 전략으로 임했다. 벤처기업 자문 외에 소송, 건설·부동산, M&A, 금융·증권 등의 영역으로 분야를 넓히고 고객을 적극 개척했다"고 소개했다.

지평의 이런 결정은 이후 '원칙에 입각한 개방성과 유연성'으로 압축되는 지평의 철학으로 발전했다. 그리고 이것이 지평을 메이저 로펌으로 이끈 또 하나의 원동력이 되었다.

지평이 메이저 로펌으로 도약하는 계기가 된 사건 중 하나가 8년 전인 2008년에 성사된 법무법인 지성과의 합병이다. 양영태 대표는 "합병을 통해 규모 여덟 번째의 로펌으로 뛰어오른 것도 의미가 있었지만 다양한 분야의 우수한 변호사들을 확보하게 되어 역량이 한층 강화됐다"고 의미를 부여했다. 또 "로펌이 순혈주의만 강조해선 성장에 한계가 있다"고 지적하고, "지평의 고유한 정체성과 철학을 유지하면서도 새로 합류한 변호사들과 얼마든지 한 가족이 되어 시너지를 높일 수 있다는 자신감을 확인한 것이 큰 수확이었다"고 말했다.

지성과의 합병 이후 일부 변호사들이 '합병호'에서 내리기도 했지만 지평은 이후 더욱 유연하면서도 개방적인 모습을 보이고 있다. 판, 검사 출신의 영입에도 꾸준히 공을 들여 2011년 이공현 전 헌법재판소 재판관이 합류한 데 이어 1년 후엔 김지형 전 대법관이 한식구가 되어 후배들을 지휘하고 있다. 또 사법연수원 교수를 역임한 윤현주 전 부장판사와 이홍재 전 서울중앙지검 외사부장이 가세하는 등 지평의 인적 구성이 갈수록 다양해지고 있다. 최근에도 강성국, 박정수 전 부장판사와 김영문 전 서울중앙지검 첨단범죄수사부장, 최세훈 전 서울고검 공판부장, 사봉관 전 서울중앙지법 부장판사 등이 지평에 합류하며 송무 분야가 몰라보게 강화되었다.

지평은 크게 소송, M&A 등 회사법 자문과 금융, 해외업무의 4개 파트로 업무분야를 나눠 30개가 넘는 전문팀을 가동하고 있다. 이공현, 김지형, 조용환, 임성택 변호사를 위시해 50여명의 변호사가 포진한 소송 분야는 소송 잘 하기로 워낙 정평이 나 있으며, 국내 로펌 중 매년 6~7위의 자문실적을 자랑하는 M&A 분야는 특히 크로스보더 M&A에서 두각을 나타내고 있다. 2015년 포스코의 경영개선을 위한 계열사 매각 중 가장 큰 규모의 딜인, 포스코가 보유한 포스코특수강 주식의 세아베스틸에 대한 매각 거래에서 포스코를 대리했으며, 노바티스를 대리하여 GSK와의 글로벌 사업부 매각·매수, 합작투자 거래에도 한국 측 법률자문사로 참여했다. 또 신한금융투자를 대리한 베트남 남안증권 지분 인수, 스타쉽 엔터테인먼트를 대리한 킹콩엔터테인먼트 인수 등이 지평이 2015년 수행한 주요 M&A 거래로 소개된다. 세아제강을 대리한 이탈리아의 특수강 강관 업체 인수, 산업은행 자원 PEF를 대리한 캐나다 광구 지분투자도 지평이 수행한 거래 중 하나다.

또 30여명의 변호사가 포진한 금융 분야도 프로젝트 파이낸스(PF)와 인수금융, 구조화금융, 파생상품, 금융규제, 해외기업의 국내 증시 상장 등 업무분야가 더욱 세분화되며 높은 경쟁력을 발휘하는 지평의 효자 분야. 론(loan)이나 금융회사의 해외진출 자문 등에서 대형 로펌과 어깨를 나란히 하며 뛰어난 실력을 인정받고 있다.

지평은 업무분야의 확대에 있어서도 후발주자로서의 단순한 추종이 아닌 '지평만의 차별화된 전략'을 구사하는 것으로 유명하다. 지평의 또 다른 성장엔진 중 하나라고 일컬어질 만큼 지평 변호사들의 활약이 돋보이는 해외사무소 운영이 대표적인 예다.

특히 한국의 대형 로펌들이 투자 대비 수익을 내기 쉽지 않은 점 등을 들며 해외사무소 운영에 소극적인 가운데 지평이 활발하게 여러 개의 해외사무소를 가동하고 있어 더욱 뜨거운 주목을 받고 있다.

이란, 모스크바사무소를 합쳐 모두 9개의 해외사무소를 가동하는 지평의 해외진출 성공비결은 무엇일까. 양 대표는 먼저 철저한 시장조사를 강조했다. 2007년 문을 연 상해사무소가 대표적인 경우로, 지평은 당시 북경에 경쟁적으로 진출하던 한국의 다른 로펌들과 달리 상해에 사무소를 열고 중국 화동지역의 한국 기업들을 공략했다. 양 대표는 "북경에 본사를 두고 자체 내에 많게는 수십 명의 중국 변호사를 직접 채용해 중국 내 법률문제를 해결하는 대기업과 달리 상해지역은 외부 로펌의 도움이 절실한 한국의 중소기업이 많이 진출한 지역"이라며 "지평의 상해사무소가 이들을 도와 중국 내 분쟁해결 등을 지원하는 고문변호사의 역할을 톡톡히 수행하고 있다"고 강조했다.

또 2012년 5월 문을 연 이후 4년여만에 약 490건의 사건을 맡아 처리한 미얀마사무소는 지평이 일찌감치 진출해 선착의 효과를 누리며 한국 기업은 물론 일본 기업 등으로 고객층을 다변화한 사례. 490건 중 약 90건이 일본 기업에 자문한 사건으로 일본 로펌 중에도 미얀마에 사무소를 연 곳이 적지 않지만, 일 기업들이 지평에 일을 맡길 만큼 지평 미얀마사무소가 높은 경쟁력을 발휘하고 있다.

"한 번은 일본 기업의 미얀마사무소에서 우리한테 자문을 의뢰하려고 하는데 싱가포르에 있는 이 기업의 동남아 본부에서 반대한다는 거예요. 우리 변호사들이 직접 싱가포르로 날아가서 일종의 프리젠테이션을 했죠. 이후 이 기업은 지평의 단골 고객이 되었어요."

양 변호사는 "일 기업을 겨냥해 일본어로 된 '미얀마 외국인투자법제와 실무'를 발간하고, 일본 현지에 가서 미얀마 투자에 관한 세미나도 이미 두 차례 개최했다"고 소개하고, "미얀마에서처럼 베트남, 캄보디아 등 다른 지역에서도 일본어 투자가이드 발간 등 일 기업 공략에 적극 나서려 한다"고 이야기했다.

일종의 법률서비스 수출사례라고 할 수 있는데, 해외업무 개척에 자신감을 얻은 지평은 고객 기업의 다국적화를 발전 방향의 하나로 중시하고 있다.

그가 이번엔 현지사무소의 업무와 경영을 책임질 역량 있는 변호사의 파견을 해외사무소 성공의 두 번째 원칙으로 제시했다. 결국 사람이 가장 중요하다는 얘기로, 지평에선 이미 동남아 전문인력이 두텁게 양성되고 있다.

양 변호사에 따르면, 한 번 현지에 부임하면 임기를 채우고도 본사로 복귀하지 않으려는 변호사가 적지 않아 본사에선 해외사무소에 빈자리가 나길 기다리는 분위기라고 한다. 베트남의 호치민에 상주하는 정정태 변호사는 3년의 임기가 지났지만 현지의 고객 기업들도 원하고 본인도 베트남을 좋아해 본사 복귀를 포기하고 베트남에 눌러앉은 경우. 또 상해사무소의 최정식 대표도 10년째 상해에 상주하고 있으며, 캄보디아 프놈펜사무소에 이어 초대 미얀마사무소 대표로 활약한 유정훈 변호사는 동남아에서만 7년간 근무했다.

요컨대 해외업무 성공에서 알 수 있듯이 철저하게 수요를 따져 전문가를 양성하고, 실력 있는 변호사를 투입해 고객의 신뢰를 담보해 온 것이 지평의 성공비결이라고 할 수 있다.

지평은 변호사들의 해외연수에 있어서도 미국 로스쿨만 고집하지 않고, 연수 대상 국가를 폭넓게 운영하고 있다. 또 대학이 아니라 직접 현지 로펌에 사무실을 얻어 실무를 접하고, 자유롭게 그 나라의 문화와 언어를 익히는 방안도 적극 권장하고 있다.

베트남에서 1년간 거주하며 동남아 시장조사로 해외연수를 대체한 양영태 변호사의 경우가 좋은 예라고 할 수 있다. 또 영국으로 연수를 떠나 이슬람법을 공부한 배지영 변호사는 두바이로 옮겨 2014년 말부터 중동 현지에서 업무를 시작했으며, 2015년 11월 지평이 테헤란의 현지 로펌과 제휴해 이란사무소를 열며 이란사무소 소장을 겸하고 있다.

지평은 얼마 전 2020년까지 '구성원과 고객이 함께 행복하고 사회에 공헌하는 로펌'을 만들고 매년 인원 10% 증가, 매출 20% 성장을 목표로 정한 'VISION 2020'을 수립했다. 이 계획대로 진행되면 2020년 지평의 변호사 수는 약 250명 규모로 늘어난다. 그러나 더 이상 변호사 수로 표현되는 규모의 순위에는 신경 쓰지 말자는 게 지평 변호사들의 공통된 생각이라고 한다.

"우리가 대형 로펌 마다하고 지평에 온 것이 규모 8위의 로펌을 택해 온 것이겠어요? 우리만의 고유한 강점을 가진 로펌을 만들어가야죠."

양영태 대표가 후배들의 얘기라며 그들의 주문은 세상 어디에도 없는 '온리 원(Only One) 로펌', 지평을 만들자는 것이라고 설명했다. 물론 온리 원 로펌의 구체적인 내용은 지평의 구성원들이 스스로 채워야 할 그들의 몫이다.

젊고 파이팅 넘치는 지평의 파트너들

지평의 성공을 이야기하면서 창립멤버 이후 최근까지 이어지고 있는 지평의 우수한 맨파워를 빼놓을 수 없다. 수십 명에 이르는 지평의 파트너들은 로펌 입사때부터 대형 로펌에서 눈독을 들였던 유능한 자원들로, 실제로 세종, 김앤장 등에서 경험을 쌓은 사람들도 적지 않다. 또 다른 로펌의 파트너들에 비해 상대적으로 젊고 파이팅이 넘치는 게 지평 인적 구성의 특징이자 강점. 로펌 업계에선 이런 점에서도 지평의 성장이 앞으로 어디까지 이어질지 관심있게 지켜보고 있다.

공동창업자이자 소송 파트장인 임성택 변호사가 지휘하는 건설·부동산 소송팀엔 박영주, 강원일, 정원 변호사 등이 포진하고 있다. 임 변호사는 북한법, 장애인 인권 분야에서도 유명하며, 정원 변호사는 재개발·재건축 사건을 많이 수행한다.

박용대, 배성진, 김지홍, 우상윤, 김영수 변호사 등이 팀을 이룬 금융소송팀에선 은행, 증권사, 자산운용사, 보험사가 관련된 분쟁과 회사경영권 분쟁 등에서 많은 승소 사례를 만들고 있다. 배성진 변호사는 2008년 금융위기 이후 벌어진 수천억원대의 다수의 선박펀드 분쟁에서 자산운용사를 대리하여 좋은 성과를 냈으며, 김지홍 변호사는 선물 주문 실수와 관련하여 수익자 측을 대리하여 착오 취소가 불가하다는 최초의 승소 판례를 이끌어낸 데 이어 착오자 측을 대리하여 거래방식이 다르다는 점에 착안, 또 한 번 승소하기도 했다.

IP/IT·엔터테인먼트팀에선 대한변협 교육이사인 최승수 변호사와 박영주, 이소영, 최정규 변호사 등이 활약하고 있다. '보아' 주연의 헐리우드 영화 '메이크 유어 무브'의 투자 및 배급계약 등의 자문도 지평이 했다.

M&A 분야에선 회사법 분야 파트장인 김상준 변호사와 이근동, 정철, 장윤정, 류혜정, 이태현 변호사 등이 자주 이름을 올린다. 또 CDMA 모뎀칩 판매 불공정행위와 관련하여 2,731억원의 과징금을 부과 받은 퀄컴이 과징

금의 취소 등을 요구하며 낸 소송에서 공정거래위원회를 대리해 승소한 공정거래팀엔 김상준, 김지홍, 이병주 변호사와 공정위에서 경력을 쌓은 장항석 고문, 진연수 수석전문위원 등이 포진하고 있다. 최근 들어 사업자 대리가 부쩍 늘었다.

금융 분야도 이행규, 강율리, 최진숙, 이승현, 김혜라 변호사 등 쟁쟁한 변호사들이 포진하고 있다. 이행규, 채희석 변호사는 라오스의 한상(韓商)기업인 코라오 등 외국 기업의 국내 상장 등 IPO 업무를 다수 수행했으며, 최근에는 PEF 업무를 많이 처리한다. 김앤장을 거쳐 SC은행 법무팀장으로 활약한 심희정 변호사가 2014년 11월에 합류해 금융규제 분야가 대폭 보강됐다.

지평이 독보적인 경쟁력을 자랑하는 해외분야엔 해외사무소를 포함해 약 40명의 변호사가 포진하고 있다. 특히 본사에도 지역별로 해외팀을 구성, 해외사무소와 높은 시너지를 내고 있다. 미얀마팀의 정철 변호사와 베트남, 인도네시아 업무에 밝은 한승혁 호주 변호사, 중국 화동정법대로 연수를 다녀온 중국통의 명한석 변호사 등이 분야를 나눠 서울에서 활약하는 전문가로 소개되며, 2015년 4월 모스크바사무소를 개설한 러시아 쪽은 모스크바에 나가 있는 이승민 러시아 변호사와 서울 본사의 채희석 변호사가 긴밀하게 협력하고 있다. 채 변호사는 모스크바 국립국제관계대(MGIMO)에서 법학석사 학위를 받고 러시아 변호사 자격도 취득했다.

'보험 부티크' 법률사무소 지현

 CHO & LEE 법률사무소 **지현**

2002년 설립
대표변호사 / 조성극
www.cholee.co.kr

2006년 태풍 에위니아가 남해안을 덮쳤을 때 이스라인 티안진(Easline Tianjin)호가 중국에서 화물을 싣고 부산으로 가다가 여수 앞바다에서 컨테이너 77개가 유실되는 사고를 당했다. 어장 피해 등을 입은 수많은 어민들이 피해배상을 요구하는 가운데 적하보험 사건을 많이 다루는 법률사무소 지현이 유실된 화물의 3분의 2 가량을 맡아 부산지법에서 열린 선주책임제한 신청절차에 참여했다. 국내 보험사뿐만 아니라 중국, 일본 등의 외국 보험사와 보험에 가입하지 않은 무보험 화주까지 대리한 지현은 이 사건에서 상당한 보상을 받아냈다. 지현의 대표를 맡고 있는 조성극 변호사는 "배가 들어오자마자 배의 상태를 확인한 후 선원에 대해 증인신문을 하는 등 증거보전절차를 통해 증거를 미리 확보한 가운데 절차에 참여했다"며 "어민 등 피해 당사자가 복잡하게 얽혀 있어 피해배상까지 어려움이 적지 않았다"고 소개했다.

세계 10위권의 무역강국인 한국엔 해상 또는 보험 분야에 특화한 전문변호사, 전문 법률사무소가 많이 활동하고 있다. 조성극 변호사가 지휘하는 지현은 그중에서도 적하보험 분야에 높은 전문성을 갖춘 이른바 보험 부티크라고 할 수 있다. 해난사고 등이 났을 때 화주 또는 화주가 가입한 적하보험사를 대리하는 대리인 명단에서 지현의 이름을 자주 찾을 수 있다.

"우리나라는 삼면이 바다로 둘러 쌓여있지만 선주국가라고만 부를 수도 없어요. 화물 물동량과 선복량이 거의 1대 1의 비율로 비슷해 화주 측 보험변호사의 역할이 매우 중요합니다."

1991년 변호사를 시작, 변호사 경력 26년째인 조 변호사는 적하보험 분야에 특화한 몇 안 되는 변호사 중의 한 사람이다. 김·장·리 법률사무소를 거쳐 법무법인 충정에서 오래 활동한 후 2002년 부티크 펌을 차리고 독립, 보험 분야에서 이름을 날리고 있다.

그에 따르면, 적하보험 분야만 해도 법리가 복잡하게 발달, 화주 등 이용자들이 유념해야 할 대목이 적지 않다. 대표적인 사례가 갑판적 화물(On-deck Cargo)의 문제. CIF 조건의 수출화물에 있어서 수출자가 운송계약 및 적하보험계약을 체결하는데, 이 때 전 위험(All Risks) 담보로 적하보험에 가입한 수출자는 문자 그대로 운송 중 모든 위험이 담보되는 것으로 생각하기 십상이다. 그러나 그랬다간 예상치 않은 손실을 볼 수 있다는 게 조 변호사의 의견. 그는 "통상 적하보험에는 갑판적 약관(On-deck Clause)이 들어 있어 화물이 갑판적 된 경우에는 담보범위가 축소된다"고 지적하고, "기계류와 같이 갑판적의 가능성이 있는 화물은 수출자가 자신의 화물이 어디에 적재되는지 유의해야 함은 물론 만일 갑판적

되었다면 보험사에 이를 알리고 추가보험료를 내야 전 위험 담보가 유지될 수 있다"고 조언했다. 또 항공화물은 사고가 나도 항공운송인의 책임이 운송화물 중량 1kg당 최대 19SDR(1SDR은 미화 1.47달러 정도)로 제한되어 더 이상 배상을 받을 수 없으므로 고가의 화물인 경우 반드시 적하보험에 가입해야 한다고 말했다. 보험료 아끼려다가 사고가 나면 큰 낭패를 볼 수 있다는 것이다.

지현의 업무파일을 들춰 보면, 실제로 예상치 않은 사고로 배상 또는 보상여부가 문제된 사례가 하나둘이 아니다.

2012년 초 서울중앙지법에서 1심 판결이 나 확정된 소형 헬기 사고도 그중 하나. 정기검사를 위해 미국의 헬기정비회사로 향하는 헬기에 대해 항공적하보험에 가입하고, 헬기를 분해해 미국으로 운송했다. 인천공항에서 샌프란시스코공항까지는 항공운송, 샌프란시스코에서 헬기정비회사가 있는 콜로라도주까지는 육상운송이었다. 그런데 항공운송 후 곧바로 육상운송을 하지 않고 10여일간 보관한 후 트럭으로 운송하다가 요세미티국립공원 인근에서 차량이 전복되는 사고가 나 싣고 가던 헬기 부품이 손상됐다. 지현이 보험사인 한화손해보험을 대리해 피보험자인 화주를 상대로 채무부존재확인소송을 냈다. 결과는 보험사 측의 승소. 통상의 운송과정을 벗어난 보관으로서 이러한 보관을 시작할 때에 적하보험기간이 종료되어 항공적하보험으로 담보되지 않는다는 게 법원의 판결 이유다.

또 다른 사건은 2011년 3월 일본 동북부 지진 때 일어났다. 일본으로 수출된 화물이 컨테이너에 적입된 상태에서 목적지인 일본의 컨테이너 야드에 보관 중 바다에서 발생한 쓰나미로 인하여 전손(total loss)되는 사고가 나 보험사가 지현에 질의했다. 쟁점은 쓰나미로 인하여 육상에서 발생한 사고가 적하보험으로 부보되는지 여부. 보험사 측에 답변을 제공한 지현 관계자는 이와 관련, "비록 사고가 육상에서 발생했다고 하더라도 사고의 원인이 바다에서 갑작스럽게 발생한 쓰나미여서 해상고유의 위험(Perils of the Seas)에 해당하므로 적하보험으로 담보된다"고 설명했다.

이 외에도 지현의 상담창구엔 2011년 아프리카에서 일어난 시민혁명 와중에 일어난 운송사고에 대한 질의 등 다양한 문의가 이어지고 있다. 수많은 보험상품이 개발되고 있는 가운데 사고의 원인이 천차만별인 보험업계의 사정을 실감할 수 있다.

만일 아프리카 시민군의 활동으로 인하여 이곳에 수출된 화물이 목적지에 도착하기 진 손상을 입었다면 보험금을 줘야 할까. 지현의 이희주 미국변호사는 "이것은 적하에 대한 전쟁보험(Institute War Clauses)으로 담보되는 것이고, 통상의 적하보험(Institute Cargo Clauses)에선 담보되지 않는다"고 말했다. 그러나 그는 "시민군의 활동에 편승한 일반적인 강도 등의 강탈에 의해 적하의 손상이 발생한 것이라면 원칙적으로 통상의 적하보험으로 담보된다"고 덧붙였다.

지현이 적하보험자 또는 화주를 대리해 해상운송인, 항공운송인, 육상운송인, 복합운송인 등을 상대로 한 화물클레임(Cargo Claim)을 많이 다루고 있으나, 지현의 업무범위가 화물클레임에 한정된 것은 아니다. 복합운송주선업자들에게도 다양하게 법률자문을 제공하는 한편 화물운송사업자배상책임보험(Cargo Liability Insurance)과 관련해 책임보험자에게도 자문 또는 소송을 대리하고, 통관 관련 문제도 자문한다.

또 선박보험과 항공보험, 화재보험 등의 분야도 지현이 자주 자문과 소송을 맡는 분야. 메로잡이 원양어선의 수리를 우루과이 조선소에 맡겼다가 2010년 8월 수리 도중 화재가 난 사고와 관련, 지현이 선박보험사를 대리해 우루과이 조선소를 상대로 우루과이 현지에서 진행한 소송 사건이 선박보험이 문제된 대표적인 케이스로 꼽힌다. 특히 얼마 전부터는 재물보험, 기술보험, 제조물책임보험, 전문인책임보험 등 특종보험과 관련된 사건을 많이 맡고 있다고 지현의 김동현 변호사가 소개했다.

2005년 11월 한국 관광객들이 터키에 여행을 갔다가 차량이 전복되어 10여 명이 다치는 사고가 난 것과 관련, 지현은 관광객들에게 배상금을 지급한 여행업자가 든 보험사를 대리해 터키 버스회사와 보험사를 상대로 구상금 지급 협상을 벌이고, 인도를 방문한 부부가 교통수단으로 이용되는 코끼리, 일명 코끼리택시를 타고 가다가 다른 코끼리가 일으킨 사고로 다친 것과 관련, 다른 코끼리택시가 든 코끼리협회 보험자를 상대로 구상을 진행하기도 했다.

이희주 변호사는 보험사고의 성격상 5대양 6대주가 지현의 업무영역이라고 해도 과언이 아니라며, "외국 로펌, 외국 변호사들과의 활발한 제휴와 네트워크도 지현의 장점 중 하나"라고 강조했다. 업무의 성격상 관련 클레임이 워낙 국제적으로 발생하다 보니 외국 로펌, 외국 변호사와 협력하여 국내외에서 소송 및 중재 등을 진행할 필요가 있기 때문이다. 지현의 변호사들은 이를 위해 중국, 일본 등으로의 해외 출장도 잦은 편이며, 지현이 중국 로펌, 일본 로펌과 함께 서울, 상하이, 도쿄를 순회하며 정기적으로 개최하는 적하보험 등에 관한 국제세미나도 보험사 등으로부터 인기를 끌고 있다.

지현은 프랑스와 캐나다에서 진행된 제조물책임소송과 관련, 각각 프랑스와 캐나다의 현지 변호사와 협력해 재판 도중 화해해 보험사 측을 성공적으로 방어했으며, 2010년 5월 상해에서 미국의 휴스턴으로 가다가 철강이 손실된 사건과 관련해선, 중국의 현지 변호사와 협력해 중국 상해 해사법원에 중국 선사를 상대로 소송을 제기했다. 지현이 대리하는 측은 보험사 쪽.

반대로 한국 법원에서 진행되는 소송과 중재 등의 경우엔 지현의 변호사들이 외국 로펌, 외국 변호사들로부터 의뢰를 받아 해결에 나서는 식으로 협력관계를 유지하고 있다. 영국에서 적하보험 분야 톱 레벨(top level)의 로펌으로 유명한 Clyde&Co가 지현과 업무협조 관계에 있는 대표적인 외국 로펌으로, Clyde&Co는 특히 지현과 다른 로펌과의 관계 이상의 돈독한 관계를 유지하고 있다.

"해상 및 보험 분야는 사고가 났을 때 준거법이 어느 나라 법이고, 어느 나라 법원에서 재판을 해야 하는 지 관할을 정하는 문제가 매우 중요해요."

조성극 변호사는 "지현은 전 세계의 로펌, 변호사들과 24시간 연계체계를 갖추고 사고마다 가장 유리한 관할과 준거법을 찾아 효과적으로 대응에 나서고 있다"고 보험 부티크인 지현의 전문성과 국제역량을 다시 한 번 강조했다.

'보험약관의 공정한 해석' 강조하는 **법률사무소 지현**

조성극 변호사가 이끄는 법률사무소 지현은 미 튤레인대 로스쿨(JD) 출신의 이희주 미국변호사와 김동현 변호사 등 모두 8명의 변호사가 포진하고 있다. 큰 규모는 아니지만, 보험사건을 많이 다루는 보험 부티크 중에선 변호사 수가 적은 것도 아니다.

대표를 맡은 조 변호사는 특히 보험 분야만 25년 넘게 다뤄 온 이 분야의 베테랑이다. 사법시험 합격 후 변호사로 활동하며 영국 웨일즈의 카디프대에서 해상법을 공부하고, 법무부의 상법(보험편) 개정 특별위원회 위원을 역임했다.

또 1998년 워싱턴에 있는 미 로펌 애킨 검프(Akin Gump Strauss Hauer & Feld)에서 변호사 생활을 시작, 약 18년의 경력이 쌓인 이희주 미국변호사는 명쾌한 자문으로 외국 의뢰인들에게 이름이 많이 알려져 있다.

지현은 이른바 '구조 없으면 보수 없다(no cure no pay)'는 원칙이 통용되는 적하보험 분야에서 윤리적인 측면을 많이 강조하는 로펌으로 잘 알려져 있다. 지현 내에서도 소송 사건을 많이 처리하는 김동현 변호사는 "일종의 투기 식으로 소송에 나섰다간 당사자가 소송비용만 날릴 수 있다"며, "정확한 분석과 손익비교를 통해 적절한 전략을 수립해 대응하라고 의뢰인들에게 제안한다"고 말했다. '밑져야 본전'이라는 식으로 소송을 해서는 곤란하다는 것이다. 조성극 변호사는 또 "의뢰인의 이익만을 위해 보험약관을 해석하는 게 아니라 문제가 된 보험, 보험약관이 어떤 위험을 어떻게 담보하려는 것이었나를 따져 공정한 접근, 공평한 해결을 추구한다"고 강조하고, "또 그렇게 해야 궁극적으로 의뢰인에게 도움이 된다"고 말했다.

'no cure no pay' 원칙이란 보험사를 대리하는 구상금 청구소송 등에서 이겨 구상금을 받아내야 변호사 보수를 청구할 수 있다는 내용인데, 영연방 국가를 제외한 대부분의 나라에서 특히 적하보험 변호사들에게 이 원칙이 통용된다. 물론 이 경우에도 인지대나 송달료, 변호사의 출장비 등 실비는 당사자가 부담한다.

　지현 관계자는 또 승소 가능성이 낮은데도 당사자가 소송을 제기해 달라고 요청하면 착수금 중 일부(retaining fee)를 미리 받고 사건을 수임한 후 나중에 이기면 정산한다고 말했다. 소송에 져도 돌려주지 않는 돈이다.

　외국의 한 유명 법률잡지는 지현의 이러한 업무 자세에 주목하고, '추천할 만한 업무윤리(commendable work ethic)'로 칭찬을 받고 있다고 평가했다.

법무법인 충정

HWANG MOK PARK
법무법인 충정

1993년 설립
설립자 / 황주명 변호사
www.hmpj.com

    법무법인 충정은 1993년 5월 황주명, 목근수, 박상일, 최우영 변호사 등이 주축이 되어 서울 충정로에 위치한 피어리스 빌딩에서 시작했다. 충정로에 사무소를 개설, 충정이란 이름을 내걸었다는 얘기가 있고, 영어식 이름 HMP는 순서대로 황주명, 목근수, 박상일 변호사의 성을 따 지었다고 한다.

    그러나 이후 23년의 역사만으로 충정의 경쟁력을 얘기하려 든다면 정확한 평가가 아닐 수 있다. 황주명 변호사 등 충정의 초창기 멤버들은 충정 설립 이전부터 한국 최초의 로펌 김·장·리에서 활약하던 상당한 경력의 소유자들로, 김·장·리에서 갈라져 차세대 로펌으로 출범한 것이 충정의 시작인 셈이다. 당시 황 변호사 등 김·장·리에서 활동하던 11명의 변호사가 충정 설립에 동참했다.

    황주명 설립자에 대해서는 특히 충정은 물론 한국 로펌 업계의 태동과 관련해 언급할 대목이 적지 않다. 그는 서울법대 재학 때인 1961년 제13회 고등고시 사법과에 합격해 판사가 된 주인공으로, 한국 로펌 업계의 원로에 속한다. 김앤장의 이재후 대표변호사가 서울법대 동기이자 고시 동기이기도 하다.

2년간의 대법원 재판연구관 근무를 포함해 10년 넘게 판사로 활약한 황 변호사가 로펌과 첫 인연을 맺은 것은 1980년 4월. 당시 임동진 변호사와 함께 서울역 앞 대우빌딩에서 남산합동법률사무소의 설립을 주도한 사람이 황주명 변호사다. 이때 남산합동은 황, 임 두 변호사의 성을 따 '황&림'으로 불렸다.

황 변호사는 그러나 1년 후인 81년 4월 김흥한 변호사가 설립한 국내 1호 로펌인 김·장·리 법률사무소로 옮겨 93년 충정을 설립할 때까지 10년 넘게 김·장·리에서 활약했다. 황 변호사는 특히 충정을 설립해 독립하기 전 2년간은 김·장·리의 경영 담당 파트너(managing partner)를 맡아 살림살이까지 챙겼을 만큼 김·장·리에서 상당한 역할을 담당했다. 이 기간 중 김·장·리는 김흥한, 황주명 두 변호사의 성을 따 '김&황'으로 불리기도 했다.

또 사법연수원 13기의 목근수, 박상일 변호사는 83년 7월 김·장·리에서 변호사 생활을 시작, 충정을 설립할 때까지 이미 10년간 기업변호사로 이름을 날린 베테랑들이며, 82년 제24회 사법시험에 최연소 합격한 최우영 변호사는 89년부터 김·장·리에서 활동했다.

김·장·리에서 활약하던 주요 변호사들이 충정으로 말을 갈아탄 셈인데, 김·장·리 시절부터 이어지고 있는 높은 전문성과 노하우가 이후 충정의 발전에 큰 힘이 됐다. 고객들도 적잖이 황 변호사 등을 따라 충정으로 옮겨왔다고 한다. 충정에 외국 클라이언트가 많은 데는 김·장·리 시절부터 이어지는 이런 인연과 무관하지 않다. 충정의 한 관계자는 이와 관련, "김·장·리 시절부터 자문해 온 상당수의 국내외 고객이 황 변호사 등을 따라 충정으로 따라왔다"며, "지금도 충정의 자문을 받고 있는 존슨앤존슨, 다우케미컬, 에소/엑슨 등이 대표적인 경우"라고 출발 당시를 회고했다.

23년이 지난 2016년 현재 충정의 변호사는 외국변호사 5명을 포함해 약 100명 규모. 그동안 사건이 늘고 업무영역이 확대되며 자연적으로 변호사가 늘기도 했지만 2009년 4월 서초동에서 활동하던 송무 전문의 법무법인 한승과 합병하는 모멘텀도 있었다. 다섯 명의 대표변호사 중 부장판사 출신의 노재관, 박영화 대표가 한승 출신으로, 한승 출신들은 송무 분야에서 주로 활약한다.

무엇보다도 충정은 80년대 초까지 거슬러 올라가는 오래된 경험을 바탕으로 기업자문 분야에서 높은 경쟁력을 발휘하고 있다. 목근수 변호사는 의료, 제약 분야를 20년 넘게 담당하고 있는 이 분야의 전문가로, MSD, Janssen 등 다국적 제약회사의 국내 자회사 설립 등을 주도했다. 또 Saint-Gobain, Cirsa, MEMC, JTI 등 외국 법인의 국내 투자, 자회사 또는 합작회사 설립 등과 관련해 자문을 제공하고, 서울힐튼호텔 매각, SK-Enron의 도시가스 회사 인수, 나우콤의 매각절차를 수행하는 등 회사법 파트에서 후배들을 이끌고 있다.

목근수 변호사와 연수원 동기로, 목 변호사와 34년째 한솥밥을 먹고 있는 박상일 변호사는 기업 M&A와 통신 분야 등에서 유명하다. IMF 때의 모범적인 구조조정 사례로 평가받고 있는, 98년 5월에 있었던 삼성중공업의 지게차 생산 등 건설중장비 사업부문을 볼보에 파는 거래가 그가 활약한 대표적인 거래로, 박 변호사가 이끄는 충정의 M&A팀이 삼성중공업을 맡아 깔끔하게 처리했다. 볼보의 대리인은 김앤장 법률사무소.

박 변호사는 충정이 로펌 연합체 렉스먼디(Lex Mundi)의 회원으로 활동할 때인 2012년 10월 충정이 리드 카운슬(lead counsel)을 맡아 이듬해 1월 말 마무리한 한라공조의 자산인수 거래에도 김윤영 변호사 등과 함께 주도적으로 관여했다. 한라공조가 최대주주인 비스테온으로부터 해외 16개국에 소재한 비스테온의 공조 관련 자회사의 자산을 양수받아 취득하는 거래로, 충정은 거래구조의 검토와 수립, 해외 16개국에 소재하는 각 기업에 대한 다각적인 법률실사와 업무 파악, 관련 계약 서류의 작성과 협상 등 거래의 전 분야에 걸쳐 한라공조에 자문했다. 당시 렉스먼디 네트워크를 통하여 각국의 로펌을 선정한 후 한라공조와의 협의를 통해 각각의 해외 로펌에 업무를 요청하고, 그 회신 내용을 다시 종합하여 한라공조에 전달하는 등 리드 카운슬로서의 역할을 효율적으로 수행, 비교적 짧은 기간에 거래를 성사시켰다는 전언이다. 박 변호사는 증권·금융팀을 이끌며 주동평 변호사 등과 함께 프로젝트 파이낸싱(PF) 분야에서도 활약하고 있다.

또 한 명의 대표인 최우영 변호사는 충정의 소송중재 분야의 주요 파트너 중 한 사람으로, 그는 기업 및 상사분쟁, 국제소송과 중재 등의 분야에서 특히 활발하게 활동한다. 1995년 미 버지니아대 로스쿨에서 LLM을 하고 뉴욕주 변호사 자격을 취득하였으며, 그가 수행한 대표적인 소송으로는 베트남전 참전자들이 제기한 고엽제 소송, 고속철도 사업 관련 협상금지 가처분, 고정사업장, 이전가격 등 국제조세에 관련된 법인세 소송, 딜

러계약 관련 분쟁 등을 들 수 있다. 이 외에도 그는 충정 창립 이후 기업 송무팀을 이끌며 IMF 외환위기 당시 수많은 회사정리와 화의사건 등을 처리했다.

기업법무에서의 높은 경쟁력을 자랑하는 충정은 송무와 중재, 지적재산권, 에너지 분야 등으로 전문 영역을 넓혀왔다. 검사 출신들이 잇따라 합류하며 검찰 형사팀도 갈수록 층이 두터워지고 있다.

충정 송무팀에선 외환카드 인수 때 감자설을 퍼뜨린 것은 허위가 아니라며 2008년 6월 이 부분에 대해 항소심에서 무죄가 선고된 유회원 론스타코리아 대표를 맡아 변호하고, 2002년 4월 김해에서 발생한 중국 국제항공공사(CA) 여객기 추락사고의 피해자들을 대리해 소송을 수행했다. 또 2013년 10월 라오스 비엔티안을 출발한 라오항공 소속 라오스 국내 항공기가 팍세 인근의 메콩강에 추락하여 한국인 3명을 포함, 탑승자 49명 전원이 사망한 사건과 관련, 한국인 탑승객 사망자 유족 8명을 대리해 손해배상청구소송을 수행한 충정은 2016년 1월 모두 11억 6,000여만 원을 지급하라는 원고 일부 승소 판결을 받아냈다. 준거법과 함께 관할이 쟁점이 된 사건으로, 영업소를 별도로 인천에 둔 점 등을 근거로 한국 법원의 재판권을 인정받은 의미 있는 판결이다. 충정은 2007년 12월 충남 태안 앞바다에서 일어난 유조선의 기름유출사고와 관련, 일종의 공익소송 차원에서 5,700명의 피해 어민들을 대리해 보상절차를 진행하고 있다.

한국 법률시장이 개방된 가운데 충정의 해외역량 강화와 관련해 관심을 가지고 지켜보아야 할 대목 중 하나는 2004년부터 가동되고 있는 영국 로펌 버드앤버드(Bird & Bird)와의 전략적 제휴. 버드앤버드는 테크놀로지·미디어·통신(TMT), 지적재산권 등의 분야가 발달한 영국 로펌으로,

두 로펌 모두 TMT와 특허 등 IP 분야에서의 시너지를 기대하고 있다. 충정 관계자는 또 "버드앤버드와의 제휴를 통해 미국계 고객뿐 아니라 한국 시장 진출 또는 투자 등에 관심을 가진 유럽, 중동, 아·태 지역 기업들에 대한 서비스 기회를 적극 모색하고, 한국 기업의 해외시장 진출에 필요한 현지의 맞춤형 법률서비스를 제공, 대(對) 고객 서비스를 강화하려고 한다"고 말했다. 충정과 버드앤버드는 2015년 11월 서울에서 사물인터넷(Internet of Things)에 관한 공동 세미나를 열기도 했다.

충정은 그동안 경영 일선에서 한 걸음 뒤로 물러나 있던 황주명 설립자가 얼마 전부터 다시 전면에 나서 목근수, 박상일, 최우영, 노재관, 박영화 등 5명의 공동대표와 함께 또 한 번의 도약을 준비하고 있다. '돌아온 황주명 회장'과 함께 충정이 또 어떤 발전을 몰고 올까 로펌 업계 안팎에서 비상한 관심이 쏠리고 있다.

사내변호사 시절 별명이 '야당당수', 황주명 변호사

법무법인 충정을 설립한 황주명 변호사는 한국 로펌 업계의 초기 형성과 사내변호사 제도의 발전과 관련해서도 소개할 내용이 적지 않다. 그는 선 굵은 리더십의 소유자로, 그의 폭넓은 인간관계와 특유의 추진력이 충정이 지금과 같은 위상으로 발전하는 데 큰 도움이 됐다는 게 충정 변호사들의 공통된 의견이다. 그는 또 판사를 그만두고 남산합동에서 변호사 일을 시작하기까지 약 3년간 SK정유의 전신인 유공과 대우에서 사내변호사로 활약한 보기드문 경력의 소유자로, 한국변호사 중 기업변호사 1호쯤 되는 주인공이다.

황 변호사는 1977년 대법원 재판연구관으로 있을 때 대학 동창인 대한석유공사의 인사부장이 사내변호사로 일할 사람을 한 명 소개해 달라고 하자 '차라리 내가 하자'고 마음먹고 법관 생활을 그만두었다고 회고한 적이 있다. 그는 유공에서 10개월간 상임고문으로 활동한데 이어 경기고 2년 선배인 김우중 전 대우그룹 회장의 요청으로 대우로 자리를 옮겨 2년간 상무이사로 재직했다. 대우에선 법과 관련된 업무보다도 인사와 기획 등 일반 회사 업무를 많이 챙겼다고 한다. 김우중 회장과 함께 외국을 다니며 협상 등에도 자주 참여했다. 이 때의 별병이 '야당당수'. 김우중 회장이 잘못하는 것을 곧이곧대로 지적해 김 회장으로부터 "하지 말란 얘기만 한다"는 조크를 듣기도 했다고 한다.

또 하나 대우에 있을 때 얘기로, 황 변호사는 경기고 2년 후배인 김앤장의 김영무 변호사로부터 함께 일하자는 제의를 받기도 했다. 그러나 이미 대우에 몸담고 있어 안 된다고 하고 그 대신 서울대 법대 동기로 대법원 재판연구관으로 있던 이재후 변호사를 소개해 이 변호사가 김앤장의 대표변호사로 합류하는 데 다리를 놓았다. 충정은 황 변호사의 이런 경력에 힘입어 대우자동차 정리절차와 서울힐튼호텔 매각 일을 수행하는 등 대우 관련 일을 많이 했다.

법무법인 KCL

KCL
법무법인 케이씨엘
KIM, CHOI & LIM

1991년 설립
대표변호사 / 최원현
www.kcllaw.com

　1991년 문을 열어 26년째 발전을 거듭하고 있는 한국의 주요 로펌 중 한 곳이다. 특히 기존 로펌에서 경험을 쌓은 중견 변호사들이 새로운 형태의 법률서비스를 지향하며 다시 모여 설립한 이른바 차세대 로펌으로 분류되지만, 이런 설명이 더 이상 의미 없을 만큼 영역이 확대되고, 규모가 커졌다.

　국내외 변호사만 70여명. 법무법인 KCL은 변호사 수 기준으로 따지만 한국 로펌 업계에서 14번째 순위쯤 된다. 그러나 객관적인 비교가 가능한 M&A 리그테이블이나 공정거래 사건 수임 실적, 변호사 1명당 매출 등의 지표에선 메이저 바로 다음 가는 국내 6~7위의 높은 위상을 확보하고 있다. 로펌 내 IP 조직만 따지면 김앤장에 이어 두 번째로 큰 규모를 자랑하는 지적재산권팀도 승소율이 높은 것으로 유명하다.

　90년대 초 최원현, 임희택 변호사 등 기존의 로펌에서 경력을 쌓은 중견 변호사들이 '삼정합동법률사무소'란 이름을 내걸고 다시 뭉친 것이 KCL의 시작이라고 할 수 있다. 92년 9월 문을 연 법무법인 율촌보다도 1년 이상 빠른 출발로, 이 무렵 기존의 로펌을 나와 새 길을 모색하던 쟁쟁한 중견 변호사의 상당수가 KCL과 인연을 맺었을 만큼 KCL의 등장은 의미가 작지 않았다. 법무법인 두우의 대표로 활약하고 있는 김앤장 출신의 조문현 변호사, 미국변호사인 윤영각 전 삼정KPMG 회장, 고승덕 전 의원도 KCL이 이름을 바꾸기 전인 삼정 시절 몸담았던 적이 있다.

출범 초기의 잇따른 변화를 거쳐 1991년 7월 법무법인을 구성한 KCL은 최원현, 임희택 변호사와 얼마 뒤 합류한 김영철 변호사의 지휘 아래 빠른 속도로 발전을 거듭했다.

M&A와 기업구조개선, 합작투자, 프랜차이즈, 라이선싱 등 기업법무에 관련된 다양한 사건에 자문하는 최원현 대표는 잠시 판사로도 근무했으나 일찌감치 미국 로스쿨로 유학, 콜럼비아 로스쿨에서 JD를 마치고 베이커앤맥켄지(Baker & McKenzie)에서 경험을 쌓았다. 또 서울대 경제학과를 졸업한 임희택 변호사는 증권·금융, 조세분야의 전문가로, KCL을 출범시키기 전 세종, 김앤장에서 활약했다. 말하자면 기업법무와 관련된 자문서비스가 출범 당시 KCL의 주요 업무분야라고 할 수 있는데, 25년이 흐른 지금 KCL은 M&A 등 기업법무와 공정거래, 증권·금융, IP, 송무 등 기업활동에 관련된 주요 영역을 커버하는 종합로펌으로 발전했다.

한국을 대표하는 지적재산권 전문변호사 중 한 사람인 김영철 변호사는 96년 KCL의 일원이 되었다. 12기로 사법연수원을 마치고 1982년 김앤장에서 변호사 업무를 시작한 그는 김앤장에 있을 때 해외연수 대신 서울공대 전자공학과에 편입해 공학을 공부했을 만큼 일찌감치 IP 쪽에 특화한 전문가로 유명하다. 1990년 김앤장에서 독립해 변리사들과 함께 법률특허사무소를 운영하기도 한 그는 6년 후 KCL에 합류해 IP 분야를 KCL의 주력 업무분야 중 하나로 발전시키고 있다.

기업자문의 영역을 IP 분야까지 넓힌 KCL은 이번엔 송무 쪽으로 눈을 돌렸다. 기업자문에서 시작해 송무로 영역을 확장하는 기업자문 로펌의 전통적인 성장전략이 KCL에도 적용된 셈이다. 최원현 대표는 "일하다 보면 자문 건이 송무로 번지는 경우가 많아 송무의 필요성을 절실히 느꼈다"고 회고하고, "그러나 인화를 중시하는 KCL의 문화와 조화를 이룰 수 있는, 능력 있는 분을 모시느라 2000년대 들어서야 본격적으로 송무 분야를 구축할 수 있었다"고 소개했다.

대법원 재판연구관을 거쳐 부장판사로 활약하던 김용직 변호사가 2001년 서울동부지원 부장판사를 끝으로 합류해 KCL의 송무 분야가 한층 활기를 띠기 시작했다. 김용직 변호사와 최원현, 김영철 변호사는 모두 경기고, 서울법대 동기 사이로 고교, 대학 동기 세 명이 각각 송무, 기업법무, IP 분야를 관장하며 유지담 전 대법관, 임희택 변호사와 함께 KCL의 공동대표로 활약하고 있다.

매니징 파트너인 최원현 대표의 회고에 따르면, KCL에선 김용직 대표가 재판연구관으로 있을 때부터 함께 일하자며 KCL 합류를 요청했다고 한다. 그러나 김용직 대표가 부장판사까지 한 후 변호사를 하겠다고 하는 바람에 2000년대 들어서야 김 대표의 합류가 이루어졌다. 행정고시에도 합격해 행정부처에서 실무경험을 쌓기도 한 김용직 대표는 대(對) 관청 업무에도 능통하다는 평을 듣고 있으며, 자폐아 등을 돕는 사회활동에도 앞장서고 있다.

김 대표에 이어 2005년 이형하 전 서울고법 부장판사가 합류하고, 이 듬해인 2006년 김희태 전 성남지원장도 한식구가 되었다. 이형하, 김희태 변호사도 최원현 대표 등과 경기고, 서울법대 동기로 모두 다섯 명의 고교, 대학 동기가 한솥밥을 먹고 있는 셈이다. KCL은 2005년 중앙선거관리위원장을 역임한 유지담 전 대법관을 영입, 송무팀의 역량을 한층 강화했다. 유지담 전 대법관을 정점으로 고법부장-지법부장 출신 등으로 이어지는 법원 송무팀의 진용이 완성된 것이다.

검찰·형사 분야엔 정동욱, 신건수, 신언용, 고건호 변호사 등 검찰 출신의 중견 변호사들이 층층이 포진하고 있다. 고건호 변호사는 검사 시절 공정거래위원회 법률자문관과 송무기획단장으로 파견근무한 경험을 살려 공정거래 분야에서도 활약하고 있다. 2015년 8월부터 방송문화진흥회 이사장으로 활동하고 있는 고영주 변호사도 서울남부지검장을 끝으로 2006년 2월 KCL에 합류해 대표변호사로 활약한 KCL 출신이다.

이른바 물량 밀어내기 등 대리점에 대한 불공정행위가 문제 된 남양유업 사건과 농심의 라면값 담합 과징금 사건이 KCL이 맡아 성공적인 결과를 이끌어낸 대표적인 공정거래 사건으로 꼽힌다. KCL은 공정거래 전문인 서혜숙 변호사 등이 활약해 남양유업에 부과된 과징금 124억여원 중 5억원을 초과하는 119억여원을 취소하라는 판결을 받아 대법원에서 상고 기각으로 확정시켰으며, 농심사건에서도 대법원에서 1,080억 7,000만원의 과징금을 부과한 것은 잘못이라는 전부 승소 취지의 판결을 받아냈다. 또 아모레퍼시픽을 대리해 화장품 판매가 다단계판매가 아니라는 대법원 판단을 이끌어낸 곳도 KCL 공정거래팀이다.

주목할 내용 중 하나는 KCL이 로펌 간 합병 등 인위적인 방법을 피하고 시간이 걸리더라도 KCL의 문화와 조화를 이룰 수 있는 전문가를 찾아 업무영역을 넓히고 변호사를 충원해 왔다는 점이다.

최원현 대표는 이와 관련, "로펌마다 문화가 형성되어 있고, 그 문화는 또 바뀔 수 있지만 급격한 변화는 곤란하다는 게 KCL 구성원들의 생각"이라며 "변화를 용인할 수 있는 수인한도(受忍限度)의 범위 내에서 새 식구를 받아들이고, 새 식구의 합류로 다시 변화된 색깔과 수인한도의 범위 내에서 또 다른 전문가를 영입하는 원칙을 고수해 왔다"고 설명했다. 그래서 KCL은 다른 조직과의 합병이 불가능하다는 게 그의 설명이다.

그러나 다른 로펌들에선 KCL에 대한 구애가 잇따랐다. 업무분야별로 대형 로펌 못지않은 경쟁력을 갖춘 KCL에 탐나는 대목이 적지 않기 때문. 워낙 많은 로펌으로부터 합병 제의가 이어지는 바람에 업무에 지장을 초래할 정도라고 판단한 KCL은 2008년 "우리는 다른 로펌과 합병을 추구하지 않는다"고 독자노선 방침을 정립하기도 했다.

KCL은 클라이언트 중에 유수의 대기업도 적지 않지만 특히 중견기업이 많은 것이 특징 중 하나다. M&A 사건만 해도 조(兆) 단위의 대형 M&A보다는 그 다음의 중견기업 M&A를 대리하는 경우가 많다고 한다. 이 때문에 M&A 리그테이블의 거래규모를 기준으로 한 평가에선 거래건수 기준 평가에 비해 순위가 밀리는 경우가 없지 않으나, KCL에선 오히려 틈새를 개척해 성공한 결과라며 고무적으로 받아들이고 있다. KCL의 한 변호사는 "중견기업의 M&A처럼 규모가 작은 거래는 큰 로펌에선 대형 사건에 비해 상대적으로 관심이 적을 수 있고, 사건을 맡더라도 좋은 팀에서 안 해 줄 수 있다"며 "이런 사건은 규모는 작아도 전문가들이 포진해 대형 로펌 못지않은 노하우가 축적된 KCL이 최적"이라고 강조했다. 그러나 말이 중견기업이지 KCL의 고객 기업 중엔 매출 규모가 1조원이 넘는 알짜배기 기업이 수두룩하다.

또 하나 KCL이 자랑하는 법률자문에서의 특징 중 하나는 일종의 밀착형 자문서비스. 기업의 계약, 인사, 노무 등 거의 모든 분야의 법률적 검토를 일상적으로 해주는 '데이 투 데이(day-to-day)' 자문이 그것으로, KCL의 기업 고객 중 상당수가 10년 이상 인연을 맺고 있는 것도 이러한 밀착형 상시 종합 법률자문 때문이라고 한다.

KCL은 2011년 7월 창립 20주년을 맞아 '트로이의 목마'를 형상화한 방송광고를 내보낸 적이 있다. 트로이의 목마를 통해 고객들에게 전달하려고 했던 메시지는 법률서비스에서의 전략의 중요성. KCL의 한 변호사는 KCL이 자문을 맡고 있는 대기업의 회장이 해외출장을 갈 때 특별한 법률적 이슈가 없더라도 으레 따라가서 필요할 때마다 변호사 입장에서 의견을 제시하고, 또 다른 기업의 중요 운영회의에도 빼놓지 않고 참석한다고 한다. 상시 밀착 서비스가 한 단계 더 발전한 경우로 전략을 중시하는 KCL의 철학을 단적으로 확인할 수 있다.

KCL보다 큰 대형 로펌에선 하지 않고, KCL보다 작은 로펌은 할 수 없는 틈새시장을 개척해 성공한 한국 로펌 업계의 다크호스(dark horse)라고 할까. KCL은 이런 전략으로 한국의 중견 로펌이 나아갈 방향을 성공적으로 제시하고 있다.

허리 강한 KCL, 중견 변호사들 분야별 포진

법무법인 KCL은 특히 M&A와 기업법무, 증권·금융, 공정거래, IP, 소송 등의 분야에서 높은 경쟁력을 자랑한다. 유지담 전 대법관을 좌장으로 최원현, 임희택, 김영철 변호사가 기업자문과 IP 분야를 관장하며, 송무와 검찰·형사 분야엔 김용직, 신건수 변호사 등이 지휘부를 이루고 있다. 이어 분야별로 전문성을 갖춘 중견 변호사들이 포진해 KCL의 허리를 떠받치고 있다.

노동법 분야가 전문인 이상덕 변호사는 사법연수원을 마친 1999년 KCL에 합류해 국내외 기업에 대한 자문을 주로 담당한다. 사조산업, 웹젠 등의 적대적 M&A에서도 성공적인 자문을 수행했다.

박우호 변호사는 각종 M&A 거래 등 종합적인 자문을 많이 수행하며, 도산절차와 기업분할, 합병 등의 구조조정 및 지배구조 개선, 경영권 분쟁 등에 특히 밝다. 최근에는 항만 등 SOC 분야와 KBO, 큐브엔터테인먼트에 대한 자문 등 스포츠·엔터테인먼트 분야에서도 두각을 나타내고 있다.

박우호 변호사와 사법시험 및 KCL 입사동기인 김종재 변호사는 국내외 증권발행과 구조화금융 등 금융 분야가 전문분야다. 금융 분야의 실무 총괄 팀장으로 활약하고 있으며, 동양증권 매각 자문과 PEF를 통한 다수의 M&A 거래를 수행했다.

공정거래 분야에선 검사 출신의 고건호 변호사와 1999년 사법연수원을 마치고 곧바로 합류한 서혜숙 변호사, 박상화, 안윤우, 정경환 변호사 등이 맹활약하고 있다. 고 변호사는 공정거래위원회 법률자문관과 송무기획단장을 역임했으며, 서울대 국제경제학과를 나온 서혜숙 변호사는 클라이언트들이 모두 인정하는 공정거래 분야의 실력파 여성 변호사로 유명하다.

IP 쪽에선 김범희, 김보성, 정종국 변호사 등 3인방의 활약이 돋보인다. 특허, 상표, 저작권 등 지식재산권 분야뿐만 아니라, 영업비밀 보호나 개인정보 분야에 대한 선제적이고 깊이 있는 자문으로 의뢰인들로부터 호평을 받고 있다. 김범희, 김보성 변호사는 서울대 공대를 나온 공학도 출신으로도 유명하다.

재미있는 것은 70여명에 이르는 KCL 변호사들의 전공과 경력, 심지어 이념적 스펙트럼이 매우 다양하다는 점이다. 신건수 변호사는 유명한 공안검사 출신이며, 방문진 이사장으로 옮긴 고영주 전 대표변호사도 검사 시절 공안 분야에서 이름을 날렸다. 반면 노동과 중재, 인권 분야 자문에 자주 나서는 유남영 변호사는 진보 성향의 변호사단체인 민변의 부회장을 역임하고, 경찰청 과거사진상규명위원회 위원, 국가인권위원회 상임위원으로 활동했다.

외국변호사 중에선 최원현 변호사와 함께 베이커앤맥켄지, 세방종합법률사무소를 거쳐 일찌감치 KCL의 일원이 된 신영준 미국변호사를 빼놓을 수 없다. 예일대를 거쳐 하버드 로스쿨을 나온 그는 M&A와 합작투자는 물론 PEF 투자, 국제중재, 엔터테인먼트 등의 분야에서 다양하게 자문하며, 사법연수원 강사, 통상산업부 고문, 한국문화콘텐츠진흥원의 문화콘텐츠 유통비전위원회 위원 등으로도 활약했다.

법무법인 KL 파트너스

KL PARTNERS

2015년 설립
대표변호사 / 김범수
klpartners.com

2015년 가을 문을 연 KL 파트너스는 국제중재와 M&A 두 분야를 전문분야로 내걸고 있다. '국제중재 부티크', 'M&A 부티크'다. 특히 국제중재 부티크는 KL 파트너스가 처음이어 출범 때부터 뜨거운 스포트라이트를 받았다.

무엇보다도 최근 들어 투자자국가중재(ISD) 등 국제중재 사건이 늘어나고, 크로스보더 기업분쟁의 해결방안으로 국제중재가 선호되는 시장환경이 KL 파트너스 출범의 배경으로 이해된다. 국제중재 부티크가 등장할 정도로 시장이 성숙했다는 것이다. 또 과점구조로 표현되는 한국 로펌 업계의 특성상 컨플릭트(conflict)를 피해 막상 사건을 맡길 수 있는 로펌이 그렇게 많지 않다는 로펌 선택의 현실적인 사정도 고려된 포석으로 받아들여지고 있다. 국제상업회의소 중재법원(ICA Court) 위원으로도 활동하고 있는 국제중재 전문가인 KL 파트너스의 김범수 대표는 "국제분쟁 사건이 늘고 있으나 전문성을 갖추고 효과적으로 자문할 수 있는 로펌이 국내에는 그렇게 많지 않다. KL 파트너스의 변호사들이 그 역할을 할 수 있을 것"이라고 KL 파트너스 출범의 변을 밝힌 바 있다.

KL 파트너스를 출범시킨 4인방이 누구인가. KL 파트너스의 출범 배경을 이해하려면 먼저 강한 자신감을 내보이는 이들의 면면부터 알아볼 필요가 있다.

첫째 국제중재 쪽은 김범수, 이은녕 변호사와 김준민 미국변호사가 포진하고 있다. 세 사람은 오랫동안 법무법인 세종에서 국제중재 업무를 수행한 이 분야의 전문가로, KL 파트너스로 독립한다고 하자 세종의 국제중재 트리오가 새로 사무소를 열었다고 화제가 됐었다. 또 한 명의 KL 파트너스 멤버인 이성훈 변호사는 M&A 분야의 스타변호사 중의 한 사람으로, 그도 15년 넘게 세종에서 활약한 세종 출신이다. 말하자면 세종의 국제중재, M&A 전문가 네 사람이 새로운 법률서비스를 지향하며 출범시킨 중소 로펌이 KL 파트너스인 셈이다.

전문성을 갖춘 이들의 시도는 빠르게 효과가 나타나기 시작했다. 우선 상당수의 클라이언트가 KL 파트너스를 따라왔다. 김범수 변호사 팀은 KL파트너스로 독립한 뒤에도, 세종 시절부터 관련 실무를 도맡아 수행한, 론스타가 한국 정부를 상대로 낸 ISD에서 론스타 측에 계속해서 자문하고 있다. 또 세계적인 보험회사를 인수한 국내의 한 사모펀드와 이 보험회사를 매각한 해외 금융그룹 사이에 진행 중인 ICC 홍콩 중재도 법무법인 세종에 있을 때인 2014년 가을 처음 맡아 KL 파트너스에서 계속해서 수행하고 있는 주요 사건 중 하나. 로펌은 바뀌었지만 업무를 수행하던 담당 변호사를 따라 클라이언트가 움직인 경우로, KL 파트너스 중재

팀은 그만큼 실력을 인정받고 있다.

새 사건의 수임도 이어지고 있다. 김 변호사 팀은 한국 건설회사가 남아시아에 발전소를 건설하는 프로젝트를 따냈으나 공사조건이 맞지 않아 본계약을 체결하지 않고 포기했음에도, 이 공사를 발주했던 해당국의 공기업이 다른 건설사에 맡기는 바람에 단가 차액 등 피해를 입었다며 손해배상을 청구한 외국 중재에서 국내 건설사를 대리하고 있으며, 독일의 한 기계 제작회사와 한국 유통업자 사이에 발생한 한국 내 독점 유통계약 해지에 따른 국제소송에선 독일 회사를 대리하고 있다. 한국 법원에 제기된 독일 회사 관련 분쟁은 특히 1심에서 다른 대형 로펌이 대리했으나 패소하자 이 독일 회사를 잘 아는 유명 외국 로펌이 KL 파트너스에 소개한 사건이어 더욱 공을 들이고 있다고 이은녕 변호사가 소개했다.

이성훈 변호사가 지휘하는 M&A 쪽에서도 동아원그룹의 한국제분을 사조그룹으로 넘기는 거래에서 매도인 측에 자문하는 등 활발하게 움직이고 있다. 2016년 2월 마무리된 한국제분 거래는 특히 워크아웃에 들어간 가운데 매각을 추진, 채권단 승인까지 받아낸 거래로 주목을 받았다. 이성훈 변호사는 "회생절차 직전까지 갔던 한국제분이 사조그룹에 조속히 매각되도록 함으로써 기업가치를 보전하는 데 일조하였다는 것에 보람을 느꼈다"고 말했다.

KL 파트너스는 변호사를 꾸준히 충원, 설립 후 1년만에 전체 변호사 8명의 규모로 커졌다. 시장의 호평 속에 사건이 늘고 변호사가 늘고 있는 것이다.

KL 파트너스의 변호사들이 국제중재, 크로스보더 M&A 등의 수행과 함께 겨냥하는 또 하나의 서비스는 미국 내 소송 등 국제분쟁에 휘말린 한국 기업 등을 위한 사내법무실 서비스. 미국 소송 등은 미국 현지에서 직접 소송에 임하고 있는 미국 로펌 등을 컨트롤하면서 잘 대응하는 게 중요한 데, 이런 역량을 갖춘 사내변호사가 부족한 국내 기업 등을 위해 KL 파트너스가 그 역할을 담당하겠다는 것이다.

김범수 대표는 "한 번 국제분쟁에 휘말리면 로펌 선정부터 소송 진행, 화해 등에 이르기까지 챙겨야 할 이슈가 너무 많다"고 지적하고, "요컨대 국제중재의 경우 KL 파트너스의 변호사들이 직접 나서 절차를 수행하고, 미국 내 현지 소송 등은 사내변호사처럼 외국 로펌과의 협업을 통해 효과적으로 대응함으로써 한국 기업의 국제분쟁 리스크를 해소하겠다는 게 KL 파트너스가 지향하는 목표"라고 힘주어 말했다.

"새로운 법률서비스 하고 싶어 독립"

KL 파트너스의 출범은 세종에서 한솥밥을 먹던 중견파트너 4명이 함께 중소 로펌을 차려 독립했다는 점에서 출범 초기 비상한 관심을 끌었다. 물론 이들이 일을 잘 못해서 밀려나거나 한 것은 절대 아니다. 김범수 대표에 따르면, 오히려 그 반대라고 한다. 그는 "새로운 형태의 법률사무소를 만들어 새로운 서비스를 하고 싶어 KL로 뭉친 것"이라며 "개인적으로는 새로운 출발을 도모할 수 있는 마지막 기회로 생각했다"고 말했다.

서울법대 재학시절 제27회 사법시험에 합격해 판사로 법조인 생활을 시작한 김 대표는 1996년 플로리다대 로스쿨로 법관장기연수를 떠난 것이 변호사로 변신하는 계기가 되었다. 지적재산권법에 관심을 가졌던 그는 1년간의 연수를 마친 후 귀국해 사표를 내고 다시 미국으로 건너가 휴스턴 로센터(Houston Law Center)에서 지적재산권법 석사과정을 마치고 뉴욕주 변호사가 되었다. 이어 휴스턴에 있는 미국 로펌에서 경험을 쌓은 후 2000년 7월 세종에 합류해 처음에 맡은 일은 M&A 등 회사법 자문. 그러나 얼마 안 가 국제중재 분야로 옮겨 세종의 국제중재팀을 국내 굴지의 수준으로 발전시켰다는 평가를 받고 있다.

공부를 더하고 싶어 법관직에 사표를 내고 집을 팔아 자비로 유학을 떠났을 만큼 결단과 도전의 주인공인 그는 로펌 운영에도 관심을 가져 2년 반 동안 세종의 운영위원으로 활약했으며, 대한변협 국제이사도 역임했다.

김 대표와 함께 KL 창립멤버로 합류한 이은녕 변호사는 세종에서 리쿠르트 업무를 담당했던 김 대표가 연수원 시절 일찌감치 점찍어 놓고 연수원을 마치자마자 영입한 것으로 유명하다. 먼저 세종에 합류한 이은녕 변호사의 서울법대 동기인 이성훈 변호사가 이은녕 변호사의 영입을 위해 김 대표와 함께 중간에서 역할을 했다는 후문. 법률자문에서 매우 정제된 결과물을 내놓는 것으로 정평이 난 이은녕 변호사는 콜럼비아 로스쿨(LLM)에서 연수한 후 클리어리 가틀립 홍콩사무소에서도 근무했으며, 국제중재와 함께 금융,

부동산 쪽에도 밝다.

이성훈 변호사는 2015년 MBK 파트너스 컨소시엄이 인수계약을 체결한 홈플러스 매각 거래에서 마지막까지 경합을 벌였던 어피니티(Affinity) 쪽에 자문하고, 금호그룹의 금호렌터카와 대한통운 매각에서 활약한 M&A 전문가로 유명하다. 파트너 비중이 높고, 파트너가 직접 자문을 제공하며 높은 전문성을 담보하는 이른바 와텔형 로펌을 꿈꿔왔다는 이 변호사는 그런 로펌을 만들어보자는 김범수 대표의 말에 공감해 KL 파트너스에 동참했다고 말했다.

김준민 뉴욕주 변호사도 2005년 세종에 합류, 중간에 AIG에서 사내변호사로 활동한 것을 포함해 세종에서만 10년 넘게 근무한 세종 출신이다. 법률전문매체에서 기업 M&A와 국제분쟁 분야의 리딩변호사, 추천변호사로 단골로 소개되며, 분석적이면서도 탁월한 커뮤니케이션 능력으로 의뢰인들로부터 높은 인기를 얻고 있다.

법무법인 태평양

bkl 법무법인(유한) 태평양

1986년 출범
대표변호사 / 김성진
www.bkl.co.kr

반세기가 넘는 한국 로펌의 역사에 몇 차례 의미 있는 대목이 있다. '한국형 로펌'이란 캐치프레이즈로 유명했던 로펌 태평양의 출범도 그중 하나라고 할 수 있다. 1980년 개인법률사무소를 시작한 김인섭 변호사가 6년 후인 86년 12월 후배들을 모아 로펌식의 법률사무소를 표방했다. 이후 태평양은 한국 로펌 업계에서 김앤장에 이어 줄곧 2위권을 유지하며 발전을 거듭하고 있다.

태평양은 우선 창업 과정부터 기존의 로펌들과 다른 모습을 보였다. 태평양이 출범할 당시만 해도 로펌하면 미국 유학을 통해 미국법과 미국 법률사무소의 서비스 형태를 접한 이른바 국제변호사들에 의해 주도되었다. 한국 최초의 로펌인 김·장·리는 물론 김·신·유, 특허 분야에 특화한 중앙국제, 김앤장, 광장, 세종의 설립자들은 모두 한국에서 고등고시 사법과 또는 사법시험에 합격한 후 미국의 로스쿨로 유학, 미국 법조계를 경험한 유학파들이었다. 특히 순서대로 김앤장, 광장, 세종을 설립한 김영무, 이태희, 신영무 변호사는 미국변호사 자격까지 갖추고 미국의 로펌에서 실무를 익힌 후 한국으로 돌아와 미국식 로펌을 시작했다.

이에 비해 태평양을 세운 김인섭 변호사는 오히려 철저한 '국내파'라고 할 수 있다. 유학은커녕 해외연수 한 번 다녀오지 않은 그는 서울민사지법 부장판사를 끝으로 개인변호사 사무실을 운영하다가 기업자문, 국제업무에 밝은 후배들을 영입해 조직을 확장하며 로펌식 법률사무소를 지향했다.

이와 관련, 김 변호사는 "변호사 생활을 시작하면서 일찌감치 합동법률사무소에 이어 여러 명의 변호사가 각기 자기 분야의 업무를 담당하며, 때로는 다른 분야의 전문변호사들과 힘을 합쳐 공동으로 사건을 처리하는 한국식 로펌을 구상했다"며 "변호사 개업 후 6년이 지나 로펌 태평양을 출범시킨 것은 재원 마련 등 준비할 시간이 필요했기 때문"이라고 설명한 적이 있다. 실제로 김 변호사의 회고에 따르면, 개인변호사 사무실을 시작한 지 얼마 안 지나 지금은 태평양의 대표변호사로 활약하고 있는 이정훈 변호사가 캘리포니아주 변호사시험에 수석합격한 후 당시 판사로서 버클리대에서 연수중이던 이종욱 변호사(나중에 태평양 합류)를 통해 합류하고 싶다는 뜻을 김 변호사에게 전해 왔다. 그러나 준비가 덜 되었던 김 변호사는 이정훈 변호사에게 곧바로 오라고 할 수가 없었다고 한다. 이 변호사는 이후 다른 로펌에 잠시 몸담았다가 86년 태평양 합동법률사무소가 공식 출범할 때 창립멤버로 참여했다.

이정훈 변호사를 포함해 86년 태평양이 출범할 당시의 창립멤버는 배

명인 전 법무부장관과 이재식, 황의인 변호사를 합쳐 모두 5명, 이어 87년 다른 로펌에 있다가 나와 독립 사무실을 준비하던 오용석 변호사가 한식구가 되고, 89년 강종구, 오양호 변호사가 합류하고 이후 서동우, 김인만, 이후동, 한이봉, 김갑유 변호사 등 우수한 법조 인재들이 합류하면서 태평양의 초고속 성장에 가속도가 붙었다.

창립 단계에서의 이런 특징은 이후의 발전과정에 그대로 이어졌다. 기업자문 사건으로 시작해 송무 쪽으로 영역을 넓혀 온 이전의 다른 로펌들과는 달리 송무를 중심으로 기업자문 쪽으로 발전하며 로펌의 형태를 갖춰가는 정반대의 과정을 밟은 것이다. 이후 법조타운이 형성된 서울 서초동을 중심으로 송무 위주로 시작해 기업자문 쪽으로 영역을 넓히며 발전하는 여러 법률사무소의 설립이 이어졌는데, 따지고 보면 태평양이 그 원조쯤에 해당하는 셈이다.

송무에서 출발한 태평양의 이러한 전통은 송무 분야의 높은 경쟁력으로 이어졌다. 한때 태평양의 준비서면을 받아 본 서울중앙지법의 판사들 사이에서 사법연수원의 교재로 써야 한다는 말이 나왔을 정도로 태평양은 송무 분야에서 높은 평가를 받았다. 태평양엔 송진훈, 고현철, 차한성 전 대법관을 위시해 법원과 검찰에서 이름을 날린 쟁쟁한 재조 출신이 많이 포진하고 있으며, 검사 출신들이 주축을 이루고 있는 검찰 형사팀을 처음 시작한 곳도 태평양으로 알려져 있다. 배명인 전 장관에서 시작된 태평양의 검찰 형사 분야는 이명재 전 검찰총장, 김영철 전 법무연수원장, 대검 중수부장을 역임한 강원일 전 검사장, 박종렬 전 검사장, 안영욱 전 법무연수원장, 문영호 전 검사장 등으로 이어지고 있다. 2011년 부산고검장을 끝으로 검사 생활을 마무리한 황교안 총리도 법무부장관으로 입각하기 전 태평양에서 활동했으며, 성영훈 국민권익위원장도 검사장을 그만 둔 후 태평양에 합류했던 태평양 출신이다.

태평양은 송무의 연장이라고 할 수 있는 회사정리사건에서도 두각을 나타냈다. 80년대 정우개발 3사와 고려개발에 대한 법정관리 신청을 시작으로 가장 많은 회사정리 신청을 대리한 로펌 중 한 곳으로 손꼽히며, 이런 전통이 이어져 기업회생과 파산 등 기업구조조정 분야에서 높은 경쟁력을 자랑하고 있다. 박현욱, 홍성준 변호사 등이 포진한 태평양 기업구조조정팀은 STX조선, 대한조선의 회생신청을 대리하고, 회생절차에 들어갔다가 MBK 파트너스로 주인이 바뀐 웅진홀딩스의 웅진코웨이 매각 때 자문했으며, 2016년 5월 대법원에서 회생계획 인가 최종 결정이 난 안성Q골프장 사건 등 경영위기에 몰린 수많은 골프장의 기업회생 신청 및 M&A에서도 활약하고 있다.

또 송무와 함께 분쟁해결(dispute resolution) 분야로 종종 함께 묶어 소개되는 국제중재 분야도 국제상업회의소 중재법원(ICC Court) 부원장 등으로 활동하는 김갑유 변호사의 활약 아래 탁월한 전문성을 발휘하고 있다. 태평양은 론스타가 한국 정부를 상대로 낸 투자자국가중재(ISD)에서 한국 정부를 대리하고 있다.

태평양은 이건희 삼성그룹 회장의 상속 관련 소송에서 대리인단의 일원으로 참여해 최종 승소하고, 2015년엔 국공립 7개대를 대리해 국공립대가 거둬온 기성회비를 돌려줄 필요가 없다는 대법원 파기환송 판결을 받아냈다. 또 횡령·배임 혐의로 기소된 이석채 전 KT 회장을 대리해 1심에서 무죄 선고를 받는 등 다양한 사건에서 활약하고 있다. 홍콩의 X사가 한국의 D사를 상대로 공급거래계약 위반을 이유로 중국국제경제무역

촉진위원회(CIETAC)에 제기한 중재 사안에서, 중국 로펌과 함께 한국 기업을 대리해 한국 기업의 CIETAC 중재 첫 완승이라는 결과를 이끌어냈으며, 2014년 초 한 시중은행을 대리해 지주회사에 대한 상표권 사용대가 지급과 관련, 과세전적부심에서 1,000억원이 넘는 법인세 과세예고 결정을 번복시킨 것도 태평양의 높은 역량이 발휘된 주요 사건 중 하나로 소개된다.

자문 분야에서도 태평양 변호사들의 활약이 이어지고 있다. M&A 거래의 경우 삼성에버랜드의 제일모직 패션 사업부분 인수, 삼성물산과 삼성에버랜드의 레이크사이드 컨트리클럽 주식 100% 인수 등의 거래에서 인수자 측 대리인으로 참여하고, MBK 파트너스 컨소시엄이 인수한 홈플러스 매각에선 매도인 홈플러스 측을 대리했다. 또 삼성-한화 빅딜, 삼성-롯데 빅딜에서 어느 한 쪽 당사자를 맡아 자문하는 등 주요 M&A 거래에 빠지지 않고 이름을 올리고 있다. 증권금융 분야에선 IBK와 한화케미칼의 GDR 발행 및 외국 증권거래소 상장, BGF 리테일 상장, 2014년 말에 이루어진 제일모직 상장, 2015년의 이노션 상장 등에서 활약했다.

태평양은 이런 실적을 평가받아 영국의 파이낸셜타임즈로부터 회사법 자문에서 합리성이 돋보이는 아시아·태평양 지역의 '혁신 로펌'으로 선정되기도 했다. 국내에서도 'M&A 법률자문상', '베스트딜 상' 수상 등 높은 평가가 이어지고 있다.

태평양의 변호사들은 얼마 전부터 국제화를 부쩍 강조한다. 태평양을 얘기하며 '한국형 로펌'이라는 수식어를 떠올리면, 태평양의 일면만 보는 것이라며 "개척정신, 도전정신으로 국제화를 선도해 온 로펌이 태평양"이라고 얼른 주의를 당부한다.

실제로 태평양은 지금은 잠정 폐쇄했지만, 국내 로펌 중 일본 사무소를 가장 먼저 열어 해외에 진출한 로펌이며, 연장선상에서 북경과 상해사무소 두 곳을 운영하며 중국 업무를 서울 본사와 연계해 3각 구도로 수행하기 시작한 것도 태평양이 처음이다. 또 국내 로펌 중 최초로 방송통신팀, 중재팀, 북한팀을 만들어 의뢰인들에게 높은 수준의 서비스를 제공하는가 하면 변호사법 개정에 따라 도입된 유한법무법인으로의 전환도 태평양이 2007년 가장 먼저 테이프를 끊었다.

태평양은 2015년 사법연수원 15기의 김성진 변호사가 새 대표를 맡은 이후 두바이, 홍콩, 호치민, 하노이, 미얀마에 잇따라 현지사무소를 개설하며 해외시장 개척에 적극 나서고 있다. 한국 기업의 중동, 동남아 등 해외진출과 외국 자본의 국내 투자를 겨냥한 포석으로, 여기에는 물론 M&A와 금융, 국제중재 등 서울 본사에 축적된 두터운 기업법무 역량을 연계시키겠다는 자신감이 깔려 있다.

2015년 김성진 대표의 선출은 파트너 변호사들의 일종의 추대 형식에 의한 것으로, 업무집행변호사 제도와 파트너십도 태평양이 가장 먼저 구축한 것으로 알려지고 있다.

명예대표 제도 만들어 김인섭 설립자 은퇴

법무법인 태평양의 설립자인 김인섭 변호사는 2002년 변호사 업무에서 손을 떼고 태평양의 명예대표로 은퇴했다. 가지고 있던 태평양의 지분도 후배들에게 모두 돌려주고 가끔 역삼동의 태평양 사무실로 출근하지만 경영에는 일체 관여하지 않는다. 태평양에선 이를 '자연스러운 세대교체'라고 표현하고, 선진적인 파트너십과 함께 태평양이 글로벌 로펌으로 발전하는 데 큰 자산이 되고 있다고 강조한다. 한국 로펌 업계에서 명예대표변호사 제도를 도입해 설립자가 은퇴한 것은 태평양이 처음이다.

김인섭 대표가 은퇴한 지 10년이 지난 2012년 김 대표의 아들인 김재승 전 부천지원 부장판사가 법복을 벗고 태평양의 변호사가 되었다. 이를 두고 혹시 설립자인 아버지가 대주주로 있는 회사에 아들이 입사한 경우와 비슷한 시각으로 색안경을 끼고 보는 사람이 있을지 모르지만 실상은 전혀 다르다고 한다. 로펌의 지분은 일반 주식회사의 주식과 달리 상속되지 않는데다 김인섭 변호사는 더 이상 태평양의 지분을 가지고 있지 않기 때문이다. 김재승 변호사도 "법원에 있을 때부터 아버지로부터 법조인의 자세에 대해 많은 가르침을 받았는데, 그런 것이 아버지로부터 물려받은 지분일 것"이라며 "변호사로서 태평양의 발전에 일조하고 싶다"고 태평양의 일원이 된 소감을 피력한 적이 있다.

오히려 업계에선 그의 태평양 합류와 관련해 "김인섭 변호사가 지분은커녕 스스로 성장하라며 (김재승 변호사에게) 일종의 벽을 쳐 주었다"는 얘기까지 들렸다. 강용현 전 대표도 "로펌이라는 곳이 원래 그런 곳"이라며 "김재승 변호사는 자격을 갖춰 태평양에 입사했을 뿐"이라고 말했다. 서울대 법대를 나온 김재승 변호사는 제32회 사법시험에 합격, 대법원 재판연구관, 부산지법 부장판사 등을 역임했으며, 그는 현재 태평양의 건설부동산 그룹에서 파트너로 활동하고 있다.

'로펌 업계의 저평가주' 법무법인 한결

한결
HANKYUL

1997년 설립
2007년 법무법인 내일과 합병
2011년 법무법인 한울과 합병
www.hklaw.co.kr

증권시장에 가 보면 원래의 기업가치보다 주가가 낮은 이른바 저평가된 주식이 적지 않다. 이런 주식을 잘 찾아내 투자하면 상당한 수익을 낼 수 있다고 하는데, 로펌 업계에도 그런 로펌이 꽤 있다. 최근 무서운 기세로 상승곡선을 그리고 있는 법무법인 한결도 실제의 경쟁력보다 외부에 덜 알려진 일종의 저평가된 로펌 중 한 곳이다.

무엇보다도 실적이 한결의 경쟁력을 잘 말해준다. 정부는 2013년 말 외형 매출액 100억원 이상을 기준으로 선정하는, 공직자가 퇴직 후 재취업할 때 심사를 받아야 하는 로펌 명단 19곳을 새로 발표했다. 종전에 비해 법무법인 한결과 또 다른 로펌 한 곳이 추가된 결과로, 한결이 로펌 업계의 불황에도 불구하고 탄탄한 성장세를 이어가고 있다는 뚜렷한 증거 중 하나다. 한결은 이후 매년 취업제한 대상 로펌으로서 선정되고 있다.

종로 1번지 교보빌딩에 위치한 한결의 전체 변호사는 외국변호사를 합처 약 70명. 규모를 따져보면 중견 로펌이라고 해야 하겠지만, 기업법무와 M&A, 금융과 증권, 건설·부동산, 노동 등 한결이 내세우는 주력 업무분야의 경쟁력은 이런 평가기준을 훨씬 뛰어넘는다.

M&A 전문매체인 머저마켓(mergermarket) 집계에 따르면, 한결은 2013년 한국 시장에서 7건, 14억 8,100만 달러(약 1조 6,000억원) 규모의 거래에 자문하며 거래건수 기준으로 김앤장, 세종, 태평양, 광장, 율촌에 뒤이은 6위, 거래규모 기준으론 7위를 차지하기도 했다.

M&A 분야를 관장하는 안식 대표변호사는 "한결이 상장법인, 비상장법인, 구조조정기업 등 각종 기업의 M&A 업무를 수행하며 경험과 역량을 축적해 왔다"고 강조하고, "거래구조의 수립과 검토 등 초기단계부터 인수금융, 실사(Legal Due Diligence), 기업결합신고, 협상 및 계약 체결, 계약 이행 과정에서의 분쟁해결에 이르기까지 M&A 과정 전반을 아우르는 종합서비스를 제공하고 있다"고 소개했다. 또 상법, 자본시장법 등의 법률 검토뿐만 아니라 각종 산업별 규제와 조세, 노무, 기업공시, 자금조달 등 M&A 관련 모든 영역에서 필요한 자문을 제공한다는 게 안 변호사를 도와 M&A 거래에 많이 참여하는 김준오 변호사의 설명.

김준오 변호사는 서울대 경제학과를 졸업한 경제학도 출신으로, 사법시험에 합격하기에 앞서 공인회계사 시험에 합격해 삼일회계법인에서 근무한 경력도 있다. 또 판사 출신의 김홍석 변호사와 금융감독원 분쟁조정위원과 기획재정부 협동조합기획단 전문가위원을 역임한 김희제 변호사 등이 한결 M&A 팀에 포진해 시너지를 높이고 있다.

한결의 기업법무 및 M&A팀에선 기업 매각 및 인수 자문, 기업구조조정과 관련한 구조 검토, 회생, 파산, 워크아웃 등의 개시신청, 경영권 분쟁,

김광중 변호사 등이 활약하는 소액주주 분쟁 및 집단소송, 준법통제, 개인정보보호 등 세부 업무분야로 나눠 다양한 유형의 사건을 처리하고 있다. 특히 성지, 우림, 청구, 아남건설과 남광토건, 경안건설 등 건설회사와 삼화, 대성, 프라임, 중부, 고려, 예한울, 대전, 신민, 오투저축은행 등 저축은행의 M&A에서 매도인 또는 매수인 측을 대리하며 수많은 거래를 수행한 곳이 한결로, 김희제 변호사는 "부실채권 인수와 자산유동화에 관련된 자문도 많이 수행한다"고 소개했다.

한결은 이런 활약상이 알려지며 크로스보더 M&A 사안에서 유명 외국 로펌의 요청으로 한국법에 관한 자문을 수행하기도 했다.

기업법무와 M&A 못지않게 한결이 내세우는 또 다른 업무분야는 건설·부동산과 노동 분야. 박사학위를 소지한 클레임 전문가와 이 분야에서만 상당한 경력을 축적한 10여 명의 변호사로 구성된 한결의 건설·부동산팀은 특히 한 번 고문계약을 맺으면 오랫동안 지속적으로 자문할 정도로 높은 경쟁력을 자랑한다. 한결은 그동안 수백 건의 아파트 하자 소송과 구상금 청구소송을 수행했으며, 기존의 판례를 변경하는 대법원 전원합의체 판결을 이끌어내기도 했다. 한결의 업무 사례 중엔 국내 최초의 골프장 회생인가 성공 등 건설 분야 법률서비스의 트렌드를 선도하는 사건이 적지 않다고 한다.

이 외에도 한결 건설·부동산팀은 공기연장 등의 사유로 인한 간접비 분쟁, 공동수급체 원가 부담금 관련 분쟁, 건설사의 도산 및 건설소음 관련 분쟁, 발전사업 관련 분쟁, 입찰 관련 분쟁 등 다양한 사건을 수행하며, 항만공사의 시공사가 지반변형 등으로 인하여 추가공사를 수행하게 된 사안에서 설계과실이 상당부분 있었다는 점을 밝혀내 추가공사비 대부분을 회수하는 대한상사중재원 중재판정을 받아내기도 했다.

한결의 건설·부동산팀에선 변호사가 된 후 서울대 환경대학원 도시·환경 고위정책과정과 서울대 공대의 건설산업최고전략과정을 수료하는 등 일찌감치 건설·부동산 분야에 특화한 김호철 변호사와 도시정비(재건축·재개발) 지역주택조합 문제를 많이 다루는 이인호 변호사, 부동산 개발 전문의 전성우 변호사 등이 활약하고 있다. 김인호 변호사는 건설클레임과 건설하자 관련 사건을 많이 다룬다.

이원재, 김장식, 이상숙 변호사 등이 포진한 한결 노동팀은 30년 변호사 생활 전부를 노동 분야에서 활동한 이경우 대표변호사가 지휘한다. 사법연수원 14기인 그는 1990년대 의사와 변호사, 노동 운동가 등으로 구성된 산업재해연구회에서 산재 개선책을 정부에 제안하기도 하고 '과로사'라는 단어를 처음 만들어 사용한 주인공으로도 알려져 있다.

무엇보다도 기업은 물론 개별 근로자의 해고와 산재 사건, 노동조합에 대한 자문을 수행하며 노사 양측에 모두 밝다는 게 한결 노동팀의 강점이다. 이경우 변호사는 "노동 분야에서 사측과 노측이 서로 신뢰하지 못하고 감정적으로 대립각을 세울 때가 많다"며, "비록 사용자든 근로자든 어느 한쪽을 대리하는 변호사이지만 늘 노사의 이익균형점을 찾으려고 고민한다"고 말했다. 김장식 변호사는 또 "한결의 변호사들은 기업이든 근로자든 상대방의 생리나 특성에 따른 조언과 대응방향을 제시할 수 있다"고 소개하고, "지형이 매우 복잡한 복수노조 하에서의 단체교섭이나 단체협약 해결에도 능하다"고 강조했다.

실제로 한결 노동팀은 금융노조 KB 국민은행지부와 KB 국민은행 노동조합간 공정대표의무 위반 시정 신청사건 등 복수노조 하에서의 노사

분쟁을 다수 대리했으며, 바이러스성 뇌염에 이환된 광고회사 직원의 사망을 산재로 인정하는 서울고법 판결을 받아내는 등 과로사 분야에서 높은 경쟁력을 이어가고 있다. 또 통상임금, 사내하도급 등 최근 이슈가 되는 다양한 소송에서 한결의 변호사들이 활약하고 있다.

기업법무와 M&A, 건설·부동산, 노동 등의 분야 외에도 한결은 헌법재판관을 역임한 송두환 대표가 후배들을 지도하는 헌법사건과 소송 및 중재, 평택경찰서장 출신의 박상융 변호사 등이 포진한 형사 분야, 최일숙, 조숙현, 이지선 변호사 등이 활약하며 이혼과 재산분할, 상속, 유언 등의 사건을 다루는 가족법 분야, IP, 미디어, 정보통신 등의 분야에서 고객 밀착의 높은 서비스를 지향하고 있다.

또 중견 로펌의 특성상 해외 현지에 직접 사무소를 열어 운영하기보다는 현지 로펌이나 First Law International, TAG Law 등 국제적인 변호사 네트워크를 통해 접근하는 것이 한결의 남다른 해외전략. 중국 시장의 경우 중국 로펌 중룬(中倫) 등과의 제휴를 통해 상당한 실적을 올리고 있다고 한다.

1997년 문을 연 한결은 당시 순 한글식 이름으로도 주목을 받았다. 발전 또는 진보를 말할 때 '한결 나아졌다'고 하고, 초지일관 늘 변함없음을 일컬을 때도 '한결 같다'라고 말하듯이 한결 같은 자세로 고객의 입지를 한결 나아지게 하겠다는 취지에서 한결이란 이름을 붙였다고 한다.

물론 이런 자세로 고객의 온갖 법률문제를 해결하며 발전해 온 것이 중견 로펌 한결의 19년이다.

'플랫폼 경영' 강조하는 법무법인 한결

"M&A가 실패하는 가장 큰 원인이 무엇이냐 하면 흔히 PMI(Post-merger Intergration)라고 부르는 합병 후의 통합관리 실패예요. 합병 후유증이 심화되면 곤란하죠."

M&A 전문인 안식 대표변호사의 이 주문은 그러나 반드시 기업만을 겨냥해 한 말이 아니다. 그는 로펌 합병의 성패를 M&A 이론을 적용해 설명했다. 규모 확대에만 급급한 나머지 진정한 통합을 이루지 못하고 합병에 따르는 후유증으로 몸살을 앓는 로펌이 없지 않기 때문이다.

1997년에 설립된 법무법인 한결도 두 차례의 합병을 성공시키며 발전의 계기를 마련한 합병 로펌으로 분류된다. 2007년 이오영, 이원재, 이인호 변호사 등이 활약한 법무법인 내일과 합친 데 이어 2011년 법무법인 한울과 한 차례 더 합병을 성사시켜 중견 로펌으로서의 위상을 공고히 했다.

한결의 공채 2기로 입사해 두 차례의 합병을 주도한 안 대표는 "구성원들의 양보와 신뢰를 통해 화학적 결합을 완성했다"며 "한결에선 더 이상 출신을 따지지 않는다"고 강조했다. 한결의 합병 로펌 이름이 변천된 과정을 따져보아도 합병 이후 한결이 어떤 식으로 통합을 완성해 왔는지 잘 알 수 있다. 2011년 한울과 합쳤을 때의 이름은 법무법인 한결한울. 그러나 1년 후인 2012년 봄 한결의 구성원들은 한울을 떼고 법무법인 한결로 이름을 축약, 고객의 보다 높은 충성도를 기대하는 간결한 브랜드를 내걸었다.

서울대 정치학과 출신으로, 로펌 경영에서도 뛰어난 역량을 발휘하는 안 대표가 제시하는 한결의 발전전략은 일종의 플랫폼(platform) 전략이다. 변호사들이 마음껏 실력을 발휘할 수 있는 활동무대를 만들어 주자는 내용으로, 최근의 잇따른 중견 변호사 합류 등 이미 간단치 않은 효과가 나타나고 있다.

2014년 7월 금융 분야가 주축이 된 구 법무법인 한빛 소속 변호사 19명이 한꺼번에 합류한 것이 대표적인 예로, 한빛 팀이 합류하면서 한결은 70명이 넘는 변호사가 포진한 규모 13위의 중견 로펌으로 위상을 높였다.

"로펌도 플랫폼 경영이 잘 들어맞는 조직이라고 생각해요. 법률 이슈가 다양하게 얽혀있는 대형 기업사건을 예로 들면 플랫폼을 잘 구축해 각 분야 전문가들의 협업을 얼마나 효과적으로 이끌어낼 수 있느냐가 그 로펌의 경쟁력을 담보한다고 할 수 있죠." 요컨대 현장에서 업무를 수행하는 개개의 변호사, 전문팀이 모듈에 해당하며, 이 모듈들이 로펌의 플랫폼을 선호하고 잘 결합해야 성과가 난다는 주문이다.

안 대표는 한결 플랫폼의 내포로 합리적 보상과 민주적 지배구조, 인간적인 조직문화, 고객의 충성도 높은 브랜드 파워를 제시했다. 로펌의 성장을 위한 금과옥조와 같은 말로, 법무법인 한결이 이들 목표를 실천하려고 노력하며 발전을 일구어왔음은 물론이다.

'집단소송 전문' 법무법인 한누리

2000년 설립
대표변호사 / 김주영
www.hannurilaw.co.kr

서울중앙지방법원이 2015년 2월 김 모씨 등 개인투자자 15명이 매출과 영업이익 등을 과대계상한 사업보고서를 믿고 GS건설 주식을 샀다가 손해를 입었다며 GS건설을 상대로 낸 청구액 수백억원 규모의 증권관련 집단소송을 허가했다. 이에 따라 GS건설의 허위 사업보고서 공시를 둘러싼 투자자들의 손배소가 집단소송 절차로 진행되게 되었으며, 소송에 직접 참여하지 않은 투자자도 제외신고를 하지 않는 한 판결의 효력이 미쳐 승소할 경우 배상을 받게 된다. 원고들을 대리한 로펌은 김주영 변호사가 이끌고 있는 법무법인 한누리. '원고 대리 전문 로펌(Plaintiffs Law Firm)'이자 집단소송 전문인 법무법인 한누리가 또 한 번 의미 있는 결과를 이끌어낸 것이다.

2000년 공식 출범한 한누리는 집단소송 대리의 원조쯤 되는 로펌으로, 특히 증권이나 금융상품 등의 투자자 피해소송에 특화한 것으로 유명하다. 그동안 분식회계와 관련된 집단소송에서 여러 건 승소했으며, 주가조작, 증권신고서 허위작성, 펀드 부당판매와 부당운용 등의 다양한 투자자 소송에서도 괄목할 만한 성과를 거두고 있다.

배상액이 총 470억원에 이르는, LG그룹 구본무 회장 등을 상대로 낸 주주대표소송과 코오롱TNS 분식회계소송, 대우전자 분식회계소송 등 한누리의 홈페이지에 접속해 보면 그동안의 승소 사례를 한눈에 확인할 수 있다. 2010년엔 이익치 전 현대증권 회장을 상대로 낸 주주대표소송에서 총 400억원대의 배상판결을 받아냈으며, 현대투자신탁증권(현 푸르덴셜투자증권)과 삼일회계법인을 상대로 낸 실권주 공모 관련 집단소송에서도 200억원대의 배상판결을 받아 집행까지 완료했다.

특히 최근엔 증권관련집단소송에서 잇따라 허가결정을 받아내며 한누리가 또 한 번 주목을 받고 있다. 2005년 증권관련집단소송법이 제정된 이래 제기된 증권관련집단소송은 모두 8건으로, 이중 5건에서 한누리가 원고 측을 맡고 있다. 한누리는 2016년 1월 제기되어 현재 재판이 진행 중인 동양네트웍스의 분식회계와 관련, 회계감사를 맡은 삼일회계법인을 상대로 낸 증권관련집단소송을 제외하고 GS건설 사건 등 나머지 4건에서 모두 허가결정을 받았다.

또 ELS(주가연계증권) 수익률 조작 사건에서의 승소도 한누리가 최근에 거둔 커다란 성과 중 하나. 2009년 5월 불거진 이른바 ELS 스캔들과 관련하여 제기된 10여건의 민사소송에서 거의 대부분 원고 측을 맡고 있는 한누리는 하급심에서 승패가 갈리던 중 2015년 5월 대법원으로부터 대우증권 195호 ELS가 관련된 2건에 관하여 원고 승소 취지의 파기환송 판결을 받아냈다.

대표를 맡고 있는 김주영 변호사는 한누리 출범 전 약 5년간 김앤장에서 근무한 회사법 전문가로, 참여연대에서 오랫동안 소액주주운동을 하기도 했다. 그런 인연들이 쌓여 2000년 본격적으로 집단소송에 뛰어들어 성공한 그이지만, 그는 아직도 집단소송은 보통의 일반 사건과는 다르고, 어려움이 적지 않다고 강조했다.

16년의 경력이 쌓인 김주영 변호사가 그동안 수행한 집단소송은 줄잡아 약 50건. 대부분이 주식이나 금융상품에 투자했다가 대주주 등의 불법행위로 손해를 본 투자자 피해소송으로, 김주영 변호사는 2004년 가을 그동안 수행한 분식회계 또는 주가조작 등에 관련된 집단소송 10건을 추려 소송경과를 분석한 단행본 《개미들의 변호사, 배짱기업과 맞장뜨다》를 펴내기도 했다. 집단소송 분야 최초의 역작인 이 책은 원고 측 대리인의 입장에서 소송의 시작부터 결말까지의 전 과정을 상세하게 기록한 게 특징이다. 1심에서 이겼다가 다시 뒤집히고, 최종심인 대법원에 가서 승소하는가 하면 1심에서 승소 판결이 내려지자 가집행을 해 당사자들에게 돈까지 쥐어주었다가 상급심에서 패소하는 바람에 돈을 되돌려주고 변호사비용까지 물어준 뼈아픈 사연까지 투자자들과 함께 한 고군분투의 법정드라마가 김 변호사의 담담한 문체로 소개되어 있다. 그런 의미에서 김 변호사는 이 책에서 소개한 10건의 소송을 '담대한 소송'이라고 불렀다.

정보통신의 발달 등에 힘입어 앞으로 집단소송이 더욱 늘어날 것으로 전망하는 사람들이 많지만 집단소송 1세대 변호사인 그는 현재의 집단소송 발전단계를 초기단계로 진단했다. "법이나 제도적 기반 등이 더 성숙되어야 한다"고 주문했다.

그는 당사자의 사회경제적 지위를 기준으로 소비자 입장에서의 집단소송과 투자자 집단소송 등으로 집단소송의 유형을 분류한다. 개인정보 유출에 따른 손배소나 가격담합 등 대기업의 불공정행위에 따른 손배소, 약화(藥禍)소송 등 제조물책임소송이 소비자의 입장에서 손해배상을 청구하는 집단소송이라면, 증권 및 금융상품 투자자 피해소송, 부동산 투자자 소송 등은 투자자의 입장에서 피해구제를 도모하는 집단소송이라는 것이다. 그는 이어 환경소송의 일종인 항공기소음 피해소송과 석회석 산지 주민의 분진 피해소송, 아파트 입주자와 건설사 사이의 입주나 하자보수 등을 둘러싼 소송은 지역주민 등 거주자 입장에서 접근할 수 있는 집단소송이라고 덧붙였다.

김 변호사는 그러나 "어떤 경우나 집단소송엔 위험 또한 도사리고 있는 게 사실"이라며 "보수적으로 접근하는 한누리에선 승소 가능성이 70~80%는 되어야 소송을 시작한다"고 신중한 접근을 강조했다.

김 변호사의 부친인 김상원 전 대법관을 포함해 모두 8명의 변호사가 포진하고 있는 한누리는 2015년 초 온라인소송닷컴(https://onlinesosong.com)을 오픈, 집단소송을 보다 체계적으로 관리하기 위한 시스템을 강화했다. 수천만원을 들여 온라인으로 소송을 위임할 수 있는 보안강화 인터넷 사이트를 개발한 것으로, 대우조선해양 분식회계소송과 동양네트웍스 분식회계소송은 이 사이트를 통해 원고를 모집했다고 한다.

"로또 사듯 집단소송 뛰어들면 위험"

이른바 불특정 다수가 관련된 불법행위, 집단적 분쟁이 빈발하면서 다수 당사자가 관련된 집단소송이 봇물 터지듯 늘어나고 있다. 여기에 사건 수임 경쟁에 내몰린 변호사들이 가세해 경쟁적으로 집단소송을 제기하는 등 과열 양상도 감지되고 있다. 집단소송의 선구라고 할 수 있는 김주영 변호사는 그러나 리걸타임즈와의 인터뷰에서 "집단소송은 변호사들에게 좋은 기회가 될 수 있지만 유혹이 뒤따르고, 위험한 측면 또한 동시에 존재한다"며 주의할 대목이 적지 않다고 당부했다. 집단소송 성공의 노하우와 집단소송 수행 시의 유의사항 등이 담긴 김 변호사와의 인터뷰 내용을 소개한다.

-집난소송이 변호사들에게 인기를 끌고 있다. 무엇이 인기 요인이라고 보나.

"먼저 집단소송이 사업적으로 큰 기회가 될 수 있다는 말을 하고 싶다. 워낙 당사자가 많다 보니 개인별 배상액이 크지 않아도 상당한 성공보수를 챙길 수 있는 매력이 있다. 변호사 사무실 입장에선 일종의 틈새시장이고, 전문화를 추구할 수 있는 블루오션이다. 또 공익성도 있다. 불특정 다수의 작은 권리를 찾아주는 역할을 하며 변호사로서 보람을 느낄 수 있는 사건이 집단소송 사건이다. 집단소송 수행의 이런 긍정적인 요소가 변호사들을 이 분야로 끌어들이는 것이다."

변호사들에 따르면, 우리나라의 집단소송은 80년대 초로 거슬러 올라간다. 1984년에 터진 망원동 유수지 수문 붕괴사고로 피해를 입은 수재민들이 낸 손해배상소송을 첫 집단소송으로 꼽는 사람도 있다. 이후 대량생산, 대량소비, 대량유통으로 표현되는 사회변화에 따라 집단적 분쟁이 갈수록 늘어나고 있다. 또 피해자들의 권리의식 제고, 집단적 피해자들이 모이는 것을 용이하게 도와주는 인터넷 카페, 소셜네트워크서비스(SNS)의 활성화로 집단소송이 앞으로 더 많이 제기되고 발전할 것이라는 게 김주영 변호사의 전망.

김 변호사는 그러나 리걸타임즈와의 인터뷰에서 집단소송의 긍정적인 면보다는 위험, 조심해야 할 사항에 대해 많은 시간을 할애했다. 그만큼 변호사로서 리스크가 적지 않은 분야라는 게 그의 의견이다. 그는 "집단소송이 좋아 보이지만 굉장히 위험한 분야"라며 변호사들에게 거듭 주의를 환기했다.

-어떤 측면을 조심해야 하나.

"집단소송 대리하다가 변호사 그만두고 싶어 한 사람들 꽤 있다. 워낙 집단소송 수행에 따른 고통이 크기 때문이다. 형사적으로 문제가 되어 감옥까지 갔다 온 변호사도 있고, 집단소송 잘못했다가 큰 재정적 어려움에 봉착한 변호사도 여러 명 봤다."

-재정적인 어려움은 집단소송을 수행했으나 만족스러운 결과가 나오지 않았기 때문인가.

"그렇다, 3심제의 속성상 1, 2심에서 이겼더라도 판결이 확정되기까지는 마음을 놓을 수 없는 게 집단소송이다. 보통의 소송도 그렇지만, 집단소송 수행엔 생각보다 많은 시간과 노력, 비용이 든다. 상당한 투자가 들어가야 하기 때문에 성공적인 결과가 나오지 않을 경우 기회비용 손실이 이만저만한 게 아니다."

김 변호사에 따르면, 요즘에는 전문가를 감정에 활용해야 하고 패소시 물어줘야 하는 변호사비용 등 소송비용도 많이 올라 예상했던 결과가 나오지 않으면 재정적인 리스크가 상당하다고 한다.

김 변호사는 "한마디로 배 띄워놓고 몇 년 기다려야 하는 게 집단소송"이라며, "그렇다고 가만 놔두면 안 되고 계속 노를 저어야 하기 때문에 고정비용도 많이 들고, 따라서 집단소송을 맡은 원고 변호사 입장에선 소송이 지연되면 지연될수록 그 기간 동안 수입 없이 버텨내야 하는 어려움이 있다"고 고충을 토로했다.

그가 맡아 100억원대의 배상판결을 받아낸 대우전자 분식회계소송은 소제기에서 확정까지 8년이 걸린 사건이다. 김 변호사는 2000년 10월 소액주주 360여명을 대리해 대우전자와 안진회계법인을 상대로 손해배상청구소송을 제기했다. 이후 대법원의 파기환송을 거쳐 2008년 9월 26일 서울고법에서 안진회계법인 등에 배상책임을 인정한 최종 승소 판결을 받아냈다. 대우

전자가 사실상 파산상태였기 때문에 거액의 배상금을 낼 수 있는 안진회계법인의 분식회계와 부실감사에 대한 책임 여부가 중요한 쟁점 중 하나였다.

이 사건의 대법원 판결은 특히 분식회계에 있어서 손해배상액을 어떻게 정할 것인가, 그리고 과실상계의 합리적인 사유 등에 관한 기준을 명확히 해 선례가 된 기념비적인 판결로, 김 변호사와 법무법인 한누리 입장에선 반전에 반전을 거듭하며 끝까지 손에 땀을 쥐게 한 드라마틱한 사건으로 유명하다.

한누리가 맡아 진행한 피해자 약 360명의 집단소송은 1, 2심에서 모두 원고 일부 승소 판결을 받았다. 그러나 한누리가 2심부터 관여한, 먼저 제기된 선행소송이 2심에서 1심 판결이 취소되고 원고 패소 판결이 내려지는 바람에 두 소송의 대법원 판결이 초미의 관심사가 됐다. 2007년 10월 25일 의뢰인들과 함께 대법원 판결 선고를 들으러 법정에 나갔던 김 변호사는 "분위기가 살벌했다"고 당시를 회고했다.

"수백 명의 방청객이 대법원 판결을 들으러 직접 출석했는데 더 이상 돌이킬 수 없는 최종 판결이 내려지는 순간이었으므로 엄숙하고 처절한 분위기가 법정 안을 가득 메웠지요. 솔직한 희망은 2심에서 우리가 진 선행사건은 파기환송이 되고 2심에서 일부 승소 판결이 내려진 후행사건은 상고기각으로 확정되는 것이었는데 후행사건이 먼저 '파기환송' 판결을 받았어요. 하늘이 무너지는 것 같았죠. '일부 승소 판결이 파기되었다면 패소 판결이 맞다는 취지란 말인가?' 절망적인 심정으로 선고법정을 나서는데 다른 법정에서 선행사건의 선고를 들었던 직원과 의뢰인이 선행사건도 '파기환송'이라며 밝은 표정으로 다가왔어요. 나중에 알아보니 선행사건은 원고 패소를 명한 것 자체가 뒤집혔고, 후속사건에서는 과실상계비율이 지나치다, 원고들이 승소를 더 했어야 한다는 취지로 파기환송된 것이었어요. 대법원 판결은 주문만 읽고 선고를 끝내기 때문에 나중에 판결문을 받아보기 전까지는 구체적인 내용을 알 수 없어요."

김 변호사는 "그동안 수십 건의 집단소송을 수행했지만 이 사건이 가장 기억에 남는 사건 중 하나"라며, "집단소송은 워낙 시간이 오래 걸리기 때문에 오래 버티는 게 중요하다"고 말했다.

또 판결이 확정되기 전에 결과를 낙관하고 섣불리 행동하는 것도 집단소송 변호사에겐 금물. 김 변호사는 주식투자와 관련된 집단소송을 맡아 2심까지는 잘 되었으나 3심에서 뒤집히는 바람에 변호사가 낭패를 본 사례라며 소개했다.

"담당 변호사가 2심까지 이겼으니까 3심은 그냥 잘 될 거라고 생각하고 상당한 액수의 성공보수를 받을 테니까 빚 얻어서 집도 사 놓고 그랬다는 얘기를 들었어요. 소송이 확정되기까지 마음을 놓을 수 없는 게 집단소송입니다."

많은 사건에서 승소한 김 변호사에게도 비슷한 기억이 있다. 2004년 5월 대법원 판결로 패소가 확정된 세종하이테크 주가조작 사건이 그랬다.

한누리에 따르면, 342명이 원고로 참여한 이 소송은 1심에서 21억원의 배상판결이 내려졌으나 그 후 2심에서 원고 승소 판결이 완전히 뒤집혀서 원고 청구가 전부 기각되고, 원고들이 대법원에 상고했지만 대법원에서도 상고가 기각됨으로써 원고 패소로 확정된 사건이다. 특히 원고들이 가집행선고가 붙은 1심 판결에 따라 피고들을 상대로 집행을 해 일부 배상을 받기도 했으나 그 후 판결이 뒤집히면서 받은 돈을 다시 되돌려주어야 했다. 더 나아가 피고들 중 일부가 변호사비용까지 청구하여 원고들을 대리했던 한누리가 원고들 대신 변호사비용까지 물어준 뼈아픈 사건이다.

김 변호사는 "피해자들을 두 번 울게 한 비운의 집단소송"이라며, "그러나 투자자소송이 반드시 승소로 이어지는 것만은 아니라는 것, 일반인의 기대와 법원의 판결은 얼마든지 다를 수 있다는 것, 재판과정에서의 설득은 상식적인 설득의 수준을 훨씬 넘어서야 한다는 것 등을 가르쳐 준 좋은 사례"라고 설명했다.

이런 집단소송을 수십 건 대리하면서 김 변호사가 집단소송 수행의 첫 번째 철칙으로 강조하는 것은 의뢰인과의 긴밀한 유대관계. 그래야 시간이 오래 걸리는 게 보통인 집단소송에서 끝까지 포기하지 않고 승리를 거머쥘 수 있고, 의뢰인과 변호사 사이의 분쟁도 방지할 수 있다는 게 그의 지론이다.

김 변호사는 "의뢰인들과 끊임없는 공감대를 형성하며 계속 커뮤니케이션을 잘 하면서 가야 소송도 잘 되고 상대방의 반격과 같은 돌발변수가 생겼을 때 효과적으로 대처할 수 있다"고 강조했다. 이어 "그렇지 않은 경우에는 의뢰인과의 유대가 취약해져 변호사가 당할 수 있고 변호사가 쓰러지면 소송 자체가 흐지부지되는 위험한 상황을 맞을 수 있다"고 경고했다.

인천에서 진행된 아파트 하자보수소송의 경우 재판에 지자 의뢰인들이 거꾸로 집단소송을 수행한 변호사들을 상대로 소송을 제기하는 결과로 이어졌다. 분양대금 지급을 미루며 분양계약 해제와 해제에 따른 원상회복을 도모했으나 소송에 지는 바람에 밀린 대금에 대한 지연이자까지 물게 된 의뢰인들이 변호사에게 화살을 돌린 것이다 김 변호사는 "집단소송을 수행하면서 변호사가 소송의 결과 등을 섣불리 장담하는 등 책임질 수 없는 말을 했다가 나중에 의뢰인들과의 사이에 복잡한 문제가 발생하는 경우를 많이 보았다"며 각별한 주의를 당부했다.

그는 또 다음과 같은 말로 집단과 집단소송의 속성을 표현했다.

"집단소송을 대리하게 되면 어떤 때는 내가 영웅이 된 것 같은 느낌이 들어요. 많은 사람이 나를 바라보고 있고 지지하기 때문이죠. 하지만 집단이라는 것은 변화무쌍해요. 변호사가 의뢰인들에게 '배상을 받을 수 있습니다' '내가 여러분을 위해 그렇게 해드리겠습니다' 이렇게 얘기할 때는 열광하죠. 그렇지만 '잘 안 되어 간다, 재판이 잘못됐다' 그러면 완전히 돌변해 변호사를 공격하는 게 집단이에요. 한두 사람한테 욕먹는 것은 그 사람하고 대화를 통해서 해결할 수 있지만, 집단으로부터 당하게 되면 엄청난 스트레스가 되죠."

김 변호사에 따르면, 집단소송의 변호사는 상대방으로부터 공격을 받는 경우도 적지 않다. 상대방이 집단의 의뢰인들보다도 변호사를 타깃으로 삼아 반격하기 때문이다.

"집단소송의 특징은 의뢰인들은 상대적으로 무관심하고 변호사가 오히려 가장 큰 이해관계를 가진 경우가 많아요. 의뢰인 개개인은 승소금액이 그리 크지 않기 때문인데, 어떻게 보면 변호사의 자기 사건인 거예요. 변호사 스스로 소송의 주체가 되는 것이나 마찬가지죠. 그러면 상대방 입장에서는 변호사만 공격하면 효과적으로 방어할 수 있다고 생각해서 변호사를 타깃 삼아 공격하는 경우를 생각할 수 있어요. 실제로 집단소송의 피고가 됐던 회사가 원고 측 변호사의 비리를 캐 형사고소하는 바람에 구속된 사례가 있는데, 집단소송 변호사는 이런 점에서도 자기관리를 철저히 할 필요가 있어요."

김 변호사는 이어 "변호사에게 1명이든 100명이든 의뢰인이 있으면, 변호사가 의뢰인을 위해 뛸 때는, 변호사로서의 특권이 있기 때문에 누구든 변호사를 건드리기 어렵지만, 의뢰인과의 관계가 단절되는 순간 위험에 처할 수 있다"고 우려하고, "군대는 저 뒤에 있는데 나 혼자 앞에서 칼싸움하게 되면 장렬하게 전사할 수 있다"고 거듭 의뢰인과의 긴밀한 관계를 강조했다.

또 하나 김 변호사가 주의를 당부하는 대목은 여러 사람이 당사자로 참여하는 집단소송의 속성상 흔히 등장할 수 있는 카페지기, 피해자모임 대표 등 중간 모집책과의 관계. 김 변호사는 "모두 그런 것은 아니지만, 이런 사람 중에 사람을 모아왔으니 얼마를 달라는 식으로 뒷돈을 요구하는 경우가 있는데 그러면 변호사법 위반 문제가 발생할 수 있다"고 지적했다. 또 "중간에 있는 사람들이 '저 사람 훌륭한 변호사다' '반드시 이긴다고 한다' 이런 식으로 소송을 부추기고 소송 결과에 대해 과장해 얘기할 수 있다"며, "이렇게 되면 나중에 의뢰인과의 사이에 분쟁이 발생할 수 있다"고 말했다.

김 변호사는 이런 사정을 감안, 한누리에선 아무리 대표가 있어도 그런 사람들하고는 계약을 하지 않고, 백 명이 됐건 천 명이 됐건 그 천 명 한 명 한 명이 다 의뢰인이기 때문에 그들로부터 개별적으로 수임계약을 체결하고 위임장을 받아 제출한다고 소개했다. 사건 초기 수임을 받는 것에 급급한 나머지 연명으로 서명을 받거나 아니면 도장 받아서 위임장을 만드는 식으로 했다간 나중에 '소송에 동의하지 않았는데 내 이름이 들어갔다'고 불만을 제기하는 등 엉망이 될 수 있다고 했다. 시작 단계에서 의뢰인 개개인으로부터 동의를 받아 위임관계를 확실하게 해야 한다는 게 김 변호사의 확고한 입장이다.

김 변호사는 "당사자가 1,500명이 넘었던 현투증권 사건에서도 당사자별로 모두 개별 위임을 받아 소송을 수행했다"며, "대표가 선정되고, 대표랑 계약을 하고 이렇게 되면 문제가 생길 수 있다"고 지적했다.

그에 따르면, 소송비용 등 돈 문제도 조심해야 한다. 예컨대 당사자 모임에서 5,000만원을 걷어 변호사에게 소송비용으로 2,000만원을 주고 3,000만원을 조합 운영비로 썼다. 하지만 나중에 소송에 쓴다고 해서 걷어줬는데 어떻게 된 것이냐고 하며 5,000만원 전체에 대해 변호사에게 문제를 제기할 수 있다는 것이다. 김 변호사는 "엄밀히 말하면 변호사하고는 상관없는 일이지만, 자칫 잘못하면 피해자들의 내부문제에까지 변호사가 끌려들어 가게 될 수 있다"고 우려했다.

법무법인 한누리의 홈페이지에 보면, 한누리는 집단소송에 임하는 자세로 진실, 정직, 최선의 세 가지 모토를 제시하고 있다. 너무 당연한 말 같지만, 김주영 대표변호사는 여기에도 깊은 뜻이 담겨 있다며 차례대로 설명을 이어갔다.

-진실을 가장 먼저 강조한 이유가 있을 것 같다.

"무엇보다도 진실에 입각한 변론이 가장 힘이 있다는 게 한누리의 생각이다. 어떤 변호사가 30~40%만 보고 소송을 한다면 우리는 70~80%까지 팩트를 찾아서 임한다. 그것이 한누리의 모토다. 탐사보도라는 얘기가 있는데, 우리는 어떻게 보면 탐사소송을 추구한다.

사건을 맡아보면 피해자들도 자기들이 어떻게 당했는지 잘 모르는 경우가 많다. 복잡한 파생상품에 투자했다가 손실을 본 경우 파생상품의 구조가 어떻고 왜 손실이 발생하는지에 대해 알아야 되는데 그걸 피고는 알려주지 않고, 원고들은 모르는 상태에서 한누리가 나서 진실을 찾아가는 식이다. 우리가 수사를 하고 있나 이런 생각이 들 때도 여러 번 있다. 한누리가 그동안 한 두 건을 제외하고 거의 승소할 수 있었던 이유는 바로 이 진실을 탐구하는 변론전략에 있었다고 해도 과언이 아니다.

소송전술도 구석명(求釋明)신청이라든지 문서목록제출명령신청, 문서제출명령신청, 전문가 증인의 활용 등 진실에 가까이 갈 수 있는 그런 방법을 중시한다."

-두 번째는 정직인데, 누가 정직하지 않고 누구에게 정직해야 한다는 말인가.

"수많은 당사자가 관련되는 원고소송, 집단소송에선 참 정직하지 않은 경우가 많을 수 있다. 물론 변호사가 의뢰인에게 정직해야 한다는 말이다. 집단소송의 변호사가 의뢰인을 대하면서 승소 전망이나 진행 상황, 보수 조건 등과 관련된 사실을 속일 수 있다는 것이다.

한 번은 이런 일이 있었다. 비유로 얘기하면, 한창 집단소송이 진행 중인데 상대방 측으로부터 원고 측을 대리하는 우리한테 70 정도에 합의하자 그러면 변호사에게 별도로 10을 주겠다며 합의를 제의해 왔다. 우리가 청구한 것은 100인데, 이렇게 되면 상대방 측은 20을 깎아 80에 합의하는 셈이 된다. 변호사로서도 밑질 게 없는 장사였다. 배상액의 10%를 성공보수로 받기로 했다고 할 경우에 청구한 100을 모두 받으면 성공보수 10을 챙길 수 있다. 하지만 70에 합의를 해주고 별도로 10을 받으면 성공보수로 17을 챙기게 되어 오히려 이득이 되는 결과였다. 상대방 측에서 슬쩍 얘기하던데, 물론 '절대로 안 된다'고 일언지하에 거절했다. 집단소송에선 원고 측 변호사가 그만큼 사건에서 주도적이다 보니 이런 유혹을 많이 받을 수 있다."

김 변호사에 따르면, 한누리는 이 사건에서 97% 선에서 합의했다. 상대방이 당초 제시한 합의안보다 17, 변호사 몫을 뺀 70을 기준으로 하면 27을 더 내놓은 것이다.

김 변호사는 "집단소송에서 제일 중요한 것은 의뢰인으로부터의 신뢰"라고 전제하고, "의뢰인으로부터 신뢰를 받고 그것을 끝까지 유지하려면 정직해야 한다"고 주문했다. 의뢰인들이 큰 관심을 보이지 않고, 유혹이 많지만 그럴수록 정직해야 한다는 게 그의 의견이다. 그는 "정직하지 않으면 금방 다 알게 된다"고 거듭 정직을 강조했다.

집단소송이 발달한 미국에선 유명한 집단소송 전문 변호사가 사건을 맡아 소송을 준비한다고 하면 피고가 될 상대방 기업에서 소 제기 전에 합의를 제의해 해결하는 경우도 적지 않다고 한다. 이렇게 되면 소송을 내지 않고도 피해자들에게 배상을 해 줄 수 있고, 변호사는 힘 안 들이고 성공보수를 챙길 수 있다.

김주영 변호사는 이와 관련, "아직 이런 제의를 받아 본 적은 없다"고 선을 긋고, "대기업으로부터 고문을 맡아 달라는 요청을 받은 적은 더러 있으나 장래 발생할지 모르는 컨플릭트(conflict)를 감안해 사양하고 있다"고 말했다.

-한누리의 모토 세 번째가 최선이다. 이것에 대해서도 부연 설명할 것이 있나.

"두 가지를 얘기하고 싶다. 우선 한누리가 좀 끈질기다는 평가를 받고 있다. 무슨 얘기냐면 처음에는 대개 최선을 다하지만, 시간이 지나면서 점점 관심이 줄어들고 지치고 또 사람들이 바뀌면서 흐지부지 될 수 있는 게 집단소송이다. 이런 점에서 끝까지 최선을 다한다는 게 매우 중요하다.

그러나 각오만으로는 부족하고, 재정적인 안정성, 인적 구성의 안정성 이런 것들이 뒷받침되어야 오래 버틸 수 있다. 로스쿨생들끼리 서로 정보를 교환하는 사이트에서 한누리를 높게 평가하고 있다는 얘기를 들은 적이 있는데, 일단 사건을 맡으면 끈질기게 최선을 다하는 그런 자세로 집단소송에 임하고 있다.

또 하나 내가 승부근성이 있다는 말을 많이 듣는데, 후배변호사들한테도 한 건을 깊이 있게 해 보라는 주문을 자주 한다. 집단소송을 해 보면 상대방 대리인으로 일류 로펌, 전관 출신 등 쟁쟁한 변호사들을 많이 만나게 된다. 포기하지 않고 끝까지 최선을 다하라는 주문이 집단소송 변호사에겐 아무리 강조해도 지나치지 않은 말이다."

김주영 변호사는 사법연수원과 서울지방변호사회 등의 강의에 자주 나서는 인기 강사로도 유명하다. 그의 단골 강의 주제는 '변호사 사무실 운영 노하우'와 '증권거래법'. 증권거래법 강의에선 분식회계나 주가조작 등에 대한 피해구제 방법, 금융상품에 투자했다가 상품 판매사나 자산운용사의 불법행위로 손실을 본 투자자 피해소송 등에 대해 많이 강의한다.

그는 강의에서도 비슷한 조언을 하다며 집단소송의 투기적 성격에 대해 다시 한 번 주의를 당부했다.

"대박에 대한 환상, 로또 사는 식으로 집단소송에 뛰어드는 변호사들이 있는데, 그러면 마치 직장생활은 충실하게 안 하면서 로또만 기다리는 사람처럼 변호사가 이상해질 수 있어요. 한방 크게 터트리고 변호사 그만둬야지 하는 그런 변호사도 여러 명 보았는데, 이런 자세는 변호사 본인을 위해서도 안 좋고 정말 위험해요. 미국에도 집단소송 하다가 파산한 변호사들이 많이 있다고 들었어요. 특정 사건에 너무 몰입해 집착하다가 그 사건이 잘 안 되면 파멸하는 거예요. 또 사건 유치를 위해 자가용 비행기 타고 다니면서 무리수를 두다가 기업들로부터 역공을 당하기도 하고, 결국 로펌이 둘로 쪼개진 경우도 있다고 해요."

그는 "작은 사건을 가지고 온 한 의뢰인을 도우려다 보니까 여러 사람을 돕게 되고 또 다른 사람이 오게 되고 이렇게 하면서 자연스럽게 집단소송으로 발전해야 하는데, 피해자가 많으니까 이만큼 돈이 되겠다 이런 식으로 접근하면 위험하다"고 거듭 힘주어 말했다.

또 하나 그가 강조하는 것은 집단소송을 추구하더라도 보통의 일반 사건을 외면하지 말라는 것. 김 변호사는 "집단소송을 수행하다 보면 성공보수 등에 있어서 집단소송과는 비교되지 않는 자잘한 사건들이 양에 안 차 보이는 유혹에 빠질 수 있다"고 지적하고, "그러나 변호사 사무실엔 이런 작은 사건들도 중요하다"고 말했다.

모두 8명의 변호사가 포진하고 있는 한누리는 이런 원칙 아래 일반 민, 형사, 가사, 행정소송 등도 폭넓게 수행하고 있다. 한마디로 사건을 차별하지 않고, 의뢰인을 차별하지 않는다고 한다. 한누리는 홈페이지에서 "진실에 반하지 아니하고 정당하고 합법적인 수단에 의존한다는 원칙을 지킬 수 있고, 합당한 보수가 지불되는 한 어떠한 사건이라 할지라도 소중하게 처리해 드릴 것을 약속드린다"고 명시하고 있다.

"행복을 추구하면 절대로 행복해질 수 없다고 하지요. 사명(使命)을 쫓으면 돈도 따라오고, 행복이 따라옵니다." 독실한 크리스천으로서 선의의 소액 투자자들을 보호해야겠다는 일종의 사명감으로 임하고 있다는 그가 보통 몇 년씩 걸리는 집단소송을 수행하며 깨달았다는 집단소송 수행의 또 다른 원칙이다.

'기업법무 전문' 법무법인 한얼

1997년 설립
대표변호사 / 백윤재
www.hanollaw.co.kr

"400원짜리 커피와 500원짜리 커피가 있는데, 400원 넣고 뽑은 커피가 500원짜리 커피와 똑같은 맛이라면 어느 커피를 선택하시겠어요. 물론 많은 사람들이 400원짜리 커피를 선택하겠죠."

법무법인 한얼의 대표를 맡고 있는 백윤재 변호사는 변호사를 자동판매기에 비유한다. 후배 변호사들에게도 자동판매기와 같은 변호사가 되라고 틈만 나면 주문한다고 했다.

변호사와 자동판매기가 무슨 연관이 있을까. 그의 설명에 따르면, 첫 번째 공통점은 신속한 서비스다. 백 변호사는 "요즘과 같은 정보화시대엔 빠른 답변만큼 클라이언트에게 중요한 것이 없다"고 주의를 환기하고, "한얼의 경쟁력 중 하나가 신속한 답변"이라고 기다렸다는 듯이 대답을 내놓았다.

또 하나는 일정 수준 이상의 질 높은 서비스. 그는 "밀크커피를 눌렀는

데 설탕이 빠진 커피가 나온다든가, 우유가 안 들어간 커피가 나와선 곤란하다"며, "궁극적으로 일정 수준 이상의 퀄리티(quality)가 보장되어야 자동판매기든 변호사든 고객의 선택을 받을 수 있다"고 강조했다.

서울 강남의 도심공항센터에 위치한 법무법인 한얼이 기업 M&A 시장에서 두각을 나타내고 있다. 한얼은 전체 변호사가 외국변호사까지 포함해도 11명에 불과한 중소 로펌이다. 그러나 단순한 중소 로펌이 아니라 회사법, M&A, 국제중재 등의 분야에서 높은 경쟁력을 자랑하는 기업법무 전문 부티크로 이름을 날리고 있다.

경쟁력의 바탕은 백 대표의 표현대로 자동판매기의 인기를 생각하면 된다. 그는 "퀄리티가 보장된 신속한 대응과 이를 통한 합리적인 보수가 한얼의 매력"이라며, "이런 점을 알아 본 대기업 등 국내외 클라이언트들이 다양하게 자문을 의뢰해 오고 있다"고 소개했다. 실제로 한얼의 업무 파일을 들춰 보면, 그의 말이 결코 과장이 아님을 알 수 있다. 법률 전문 매체인 '에커지션 인터내셔널(Acquisition International)'도 한얼의 이런 활약을 평가해 한얼을 '2012년 한국 최고의 부티크 펌'으로 선정하기도 했다.

대표적인 자문 사례가 화장지, 기저귀 등 위생용지 제조회사로 유명한 모나리자의 지분 매각. 한얼이 모나리자를 대리해 김광호 회장 등이 보유한 지분 66%를 913억원을 받고 모건스탠리 사모펀드(PE)에 팔았다.

또 STX, 셀트리온, 심팩, 포스코, 효성, 신세계, 금호아시아나 등 내로라 하는 국내 기업들이 한얼에 꾸준히 일을 맡기고 있다. 백 대표는 자문을 제공하며 한 번 인연을 맺으면 오랫동안 자문관계가 이어진다고 덧붙였다. 그만큼 한얼의 변호사들이 클라이언트로부터 인정받고 있다는 것이다.

STX그룹은 강덕수 전 회장이 2001년 쌍용중공업을 인수해 STX로 이름을 바꿔 설립할 당시부터 M&A 거래 등에 자문한 주요 클라이언트 중 한 곳이며, 한얼은 STX에너지가 따 낸 국내 최초의 민자발전소 사업인 동해민자발전사업에 자문하고, 2015년 10월 항소심에서 집행유예를 선고받고 풀려낸 강덕수 전 회장의 횡령·배임 형사사건에서도 변호인단의 일원으로 활약했다.

또 쌍용정공을 인수해 출범한 심팩과 아시아나항공 등이 한얼의 변호사들이 수시로 자문에 응하는 대표적인 클라이언트로 소개되며, 종합생명공학 기업인 셀트리온도 KT&G와 미국의 Vaxgen사가 합작계약을 맺어 셀트리온을 설립할 당시부터 한얼이 자문하고 있다.

한얼은 신세계가 경기도 여주와 파주, 부산에 설치한 프리미엄 아울렛 매장의 운영과 관련, 미국 Simon사와의 합작계약 체결에서부터 부지매입과 공사계약, 관련 인·허가, 업체 선정, 임대차계약 등에 관련된 일체의 자문을 제공하고, 코데코에너지를 대리해 인도네시아의 마두라 유전개발 사업권 연장계약과 폴랭광구의 가스전 개발사업 계약을 체결하는 등 해외자원 개발 분야에서도 두각을 나타내고 있다.

특히 세림제지가 2005년 추진한 카자흐스탄 유전개발사업은 한 대형 로펌이 자문을 맡아 추진하다가 진척이 잘 안 돼 한얼의 변호사들이 나서 현지의 유전개발회사를 성공적으로 인수한 케이스. 백 변호사는 당시 비자도 받지 않은 채 카자흐스탄에 들어가 상대방 측 대리인과 하나하나 협상을 통해 타결지은 일화를 소개하며, "이런 경험 등을 살려 그 후 국내 1호 유전펀드가 출범할 때에도 한얼이 자문을 맡았다"고 말했다.

이 외에 프랑스 Celline사를 대리한 국내 S사와의 합작회사 설립, 이태리 Aspesi사에 대한 국내 배급계약(distributorship agreement) 자문, 싱가폴 Teledata사의 한국 내 콜센터 설치를 위한 외국인투자 및 국내 자회사 설립 및 운영 자문 등 한얼의 변호사들이 다양한 거래에서 활약하고 있다. 한국 기업이 세계지적재산권기구(WIPO)에 제소해 처음으로 되찾아 온 도메인으로 유명한 'hyosung.com'도 한얼의 변호사들이 나서 성사시킨 대표적인 사례로 잘 알려져 있다. 요컨대 M&A는 물론 기업일반과 브랜드 계약, 지적재산권 등 기업이 필요로 하는 자문이라면 무엇이든 해결사를 자처하는 곳이 한얼이라고 할 수 있는데, 백윤재 대표는 회사법 자문을 중심으로 한 부티크 펌의 자세를 거듭 강조했다. 대형 로펌 못지 않게 잘 할 수 있는 분야만 파고 들겠다는 것이다.

아남반도체, 아남전자, 영창악기 등의 기업회생 및 회사정리절차를 수행하기도 한 한얼은 국제중재 등 분쟁해결 분야에서도 여러 사건에 이름을 올리고 있다. 포스코를 대리해 베네수엘라 HBI 합작프로젝트와 관련된 미국 레이시온사와의 4억 달러에 달하는 분쟁을 1년 6개월만에 협상으로 종결했으며, 2012년엔 한국수력원자력에 설비를 납품하는 미 D-R사와 한수원과의 다툼에서 D-R사를 대리해 원만하게 해결했다. 또 이스라엘의 미사일 조기경보 레이다시스템 도입과 관련된 국제중재 사건에서 방위사업청을 대리하여 좋은 결과를 얻어내는 등 한얼이 국제중재 분야에서도 활약하고 있다. 백윤재 대표는 국제중재 세미나 등에 자주 연사로 초청받는 국제중재 분야의 주요 실무가(leading practitioner) 중 한 명이다.

한얼은 두바이 알루미늄사와 국내 대리점간의 분쟁해결에 자문하고, 카타르 알루미늄을 대리해 국내 D중공업을 상대로 알루미늄 제조 과정 및 발전설비 건설계약과 관련된 300만 달러의 이행본드(Performance Bond) 및 1억 달러 상당의 클레임을 처리하는 등 한얼이 외국 기업들로부터도 단골로 선택을 받고 있다.

백 대표는 "국내 기업을 대리해 협상장에 나갔다가 나중에 당시 상대방이었던 회사로부터 자문을 의뢰받은 경우도 없지 않다"며, "이행보증보험증권 발행 세계 1, 2위를 다투는 미국의 Liberty Mutual사가 대표적인 경우"라고 소개했다. 한얼은 Liberty Mutual을 대리해 포스코, 현대중공업, 삼성중공업 등의 해외 계약을 위한 이행본드 발행 업무를 여러 차례 수행했다. 백 대표에 따르면, 한얼을 추천받았다며 이메일로 사건 의뢰를 타진해 오는 외국 기업이 적지 않다고 한다.

한얼은 이런 경쟁력을 인정받아 2011년 전 세계 중소형 로펌들의 연합체인 프라이머러스(Primerus) 그룹에 회원으로 가입했다. 전 세계 125개 도시에 약 190개 로펌을 회원으로 두고 있는 프라이머러스 그룹은 회원 가입 전에 다양한 경로를 통해 해당 로펌의 경쟁력을 평가하는 엄격한 선정기준을 적용하는 것으로 알려져 있다. 프라이머러스 그룹은 미국 등 일부 나라를 제외하고 한 나라에 하나의 로펌만 회원으로 받아들이고 있으며, 한국에선 한얼이 유일한 회원이다. 한얼 관계자는 프라이머러스 측에서 먼저 가입을 권유했다고 말했다.

1997년 8월에 설립돼 19년의 역사가 쌓인 법무법인 한얼엔 걸프 오일사 사내변호사와 미 국방성 변호사를 역임한 이기창 미국변호사, 대한변협 회장을 역임한 천기흥 변호사, 신동열 변호사 등이 포진해 백 대표를 돕고 있다. 이 변호사는 국내에서 활동하는 가장 오래된 외국변호사 중 한 사람으로 알려져 있으며, 천 전 회장은 내부 구성원들의 멘토로서의 역할을 수행한다고 백 대표가 소개했다. 또 서울대 법대 재학 때인 1991년 제33회 사법시험에 합격한 신동열 변호사는 구(舊) 광장 시절부터 백 대표와 손발을 맞춘 한얼의 주요 파트너로, 위생지 제조회사 모나리자의 지분 매각도 신 변호사가 주도적으로 관여했다. 이와 함께 2012년 3월 합류한 이모나 미국변호사가 외국 상표 등 지적재산권 분야에서 활약하고 있으며, 김태완 변호사는 이마트 등 일반 기업과 관련된 자문을 많이 처리한다.

17년째 기업자문 한우물, 백윤재 변호사

"미국엔 합리적인 비용에 신속한 답변을 제공하면서도 서비스의 품질이 대형 로펌 못지않은 부티크 펌들이 많이 발달해 있다고 해요. 한얼은 말하자면 한국에서 이런 부티크 펌의 선구가 되자는 것입니다."

한얼의 백윤재 변호사는 육군 법무관을 제대한 1988년 당시 서울 광화문에 사무소가 있던 동서종합법률사무소에서 변호사 업무를 시작한 25년 경력의 기업변호사다. 그 후 하버드 로스쿨로 연수를 떠나 LLM 과정을 마치고 뉴욕주 변호사가 되었으며, 뉴욕의 Bryan Cave에서 정식 어소시엣으로 경력을 쌓기도 했다.

백 변호사는 "Bryan Cave에서 미국변호사들과 똑같이 일했다"고 소개하고, "입사 다음 날 변호사들이 격무로 쓰러질 것에 대비해 구급카드(emergency card)를 지급하는 것을 보고 미국 로펌이 얼마나 일을 시키는지 실감할 수 있었다"고 회고했다.

이름이 법무법인 광장으로 바뀐 동서에서 기업자문 분야의 파트너로 활약하다가 한얼로 독립한 것은 1997년 8월. 당시는 광장과 한미가 합병해 지금의 법무법인 광장이 탄생하기 전으로 정확하게 말하면 구 광장이라고 할 수 있다. 이후 그는 여러 대형 로펌의 러브콜에도 아랑곳하지 않고 17년째 기업자문 전문의 한우물을 파고 있다.

"지적재산권이나 해상, 보험과 같은 분야는 영역이 뚜렷하기 때문에 오히려 전문 로펌을 표방하기가 보다 수월할 수 있지만, M&A 등을 다루는 기업자문 부티크는 상대적으로 특색이 엷어 부티크 펌으로 발전하기가 더욱 어려운 점이 있어요."

그는 그러나 "한얼과 같은 기업자문 부티크도 기업들로부터 수요가 적지 않다"고 거듭 의욕을 나타냈다. 실제로 지적재산권이나 해상 등의 분야에서 여러 부티크 펌이 활발하게 자문에 나서고 있는 가운데 M&A 등 기업자문 쪽에서도 한얼 등 성공한 부티크들이 늘어나고 있다.

백 변호사는 "대형 로펌들로부터 함께 하자는 요청을 많이 받아 왔지만, 한국 로펌 업계의 발전을 위해선 한얼과 같은 부티크가 더욱 많이 시도되고 발전해야 한다는 생각"이라며, "19년 전 부티크를 시작하며 한얼이란 이름을 붙인 것도 이런 이유 때문"이라고 말했다. 그에 따르면, 한얼은 우주라는 의미의 순우리말로, 한얼의 구성원 모두가 한 가족처럼 돈독하게 발전해나가자는 의미가 들어있다고 한다.

법무법인 현

HYUN

2009년 설립
대표변호사 / 김동철, 이성우
www.hyunlaw.co.kr

2009년 3월 지금의 이름으로 간판을 바꿔 단 법무법인 현은 금융과 IP, M&A 등 기업자문, 소송을 중심으로 빠르게 성장하는 중소 로펌 중 한 곳이다. 특히 그중에서도 두각을 나타내고 있는 분야는 김동철, 이성우 공동대표가 순서대로 팀을 이끌고 있는 금융과 IP 분야.

금융 분야만 따지면 메이저 로펌을 포함해 다섯 손가락 안에 들 정도로 높은 실적을 올리고 있는 곳이 중소 로펌 현으로, 현은 금융 분야에서의 이러한 성과에 힘입어 2016년 들어 연매출 100억원 이상인 로펌만 적용되는 고위공직자 취업제한 대상 25개 로펌에 진입했다.

서울대 경영학과를 졸업한 김동철 대표의 비상한 능력이 현의 이러한 발전을 견인하고 있다. 그는 일찌감치 금융 분야를 전문분야로 정해 성공한 변호사 중 한 사람으로, 사법연수원 시절부터 경영학 전공을 살려 금융 전문을 꿈꾸었다고 한다. 그러나 아무리 실력이 출중하더라도 사법연수원을 마치고 곧바로 개업한 새내기 변호사가 사건을 따내기는 쉽지 않다고 해야 한다.

2006년 한 중소 법률사무소에서 변호사 일을 시작했다는 김 변호사는 "개업 초기 고객으로부터 사건을 하나 의뢰받으면 그야말로 무릎 꿇고 받아 왔다"고 지난 10년을 회고하고, "이렇게 맡은 사건을 한 건 한 건 충실히 처리한 결과 지금은 국내 어느 로펌 못지않게 많은 사건을 처리하고 있다"고 뿌듯해했다. 한마디로 고객을 하늘같이 떠받들며 한치의 오차 없는 완성도 높은 자문으로 높은 고객만족을 추구했다는 게 그의 성공비결이라면 비결이다.

은행, 신협과 농협, 캐피탈 등 여신전문금융사, 저축은행, 증권사, 자산운용사, 신탁사 등이 현 금융팀의 주된 클라이언트로 소개되며, 지자체의 도시개발사업 등에도 활발하게 자문한다. 현은 인천경제자유구역 송도국제도시 재미동포타운 조성사업, 부산신항만 하역장비 담보대출을 비롯한 굵직한 딜을 성사시킨 바 있으며, 부산진해경제자유구역 명지국제신도시 복합개발사업을 맡아 법령 검토, 파이낸싱과 관련된 제반 계약서 작성 등 관련 업무를 진행하고 금호타이어와 ㈜포스코에이앤씨건축사사무소에도 자문했다.

이성우 변호사가 이끌고 있는 IP팀은 무엇보다도 변리사 출신 변호사들이 주축이 되어 팀을 이끄는 게 특징이다. 변리사 시절 김앤장 법률사무소에서 근무하기도 한 이 변호사는 변리사를 그만두고 사법시험에 도전해 변호사가 된 주인공으로 카이스트 전기 및 전자공학과를 나와 전자 분야에 특히 밝다. 또 서울대 기계항공공학부 재학 중 변리사시험에 최연소 합격하고, 특허법인과 메이저 로펌 등을 거쳐 현에 합류한 박종률 변호사는 기계, IT 분야가 전문. 이 외에도 다년간 특허소송 분야에 경험을 축적한 이준영 변리사와 서울대 화공과 석사 출신으로 해외업무에 능통한 김윤보 변리사, 10년간의 특허청 심사관 경력을 갖춘 컴퓨터 공학박사 출신의 이수철 변리사 등이 함께 포진해 IP 소송 외에도 국내외 출원, 조사 업무 등에서 높은 시너지를 내고 있다.

현의 IP팀에선 쉘(Shell)과 사이언티픽 디자인(Scientific Design)과의 에틸렌옥사이드 제조 촉매를 둘러싼 특허분쟁에서 사이언티픽 디자인과 롯데케미칼을 대리하고, 한국 대리점이 일본의 전자회사 본사를 상대로 공정거래위원회에 제소한 불공정거래행위 신고 사건에서 일본 본사를 대리해 성공적으로 방어했다. 또 미국 거대 특허회사와 국내 코스닥 기업간 라이선스 계약에 따른 로열티 분쟁에서 국내 기업을 변호해 거액의 로열티를 절감 받았으며, 한국이 낳은 세계적인 톱가수의 공연 콘텐츠를 국제적으로 유통시키는 사업에 자문하는 등 다양한 영역에서 클라이언트를 돕고 있다.

현 IP팀이 최근 수행한 사례 중에선 전자파 차폐 장치를 무단 생산하여 100억원대의 손해를 끼친 경쟁업체를 상대로 특허권자를 대리하여 20여건의 소송을 동시 다발적으로 진행해 단 한 건의 예외 없이 모두 승소한 사건이 우선 소개된다. 또 전열장비 시장을 석권하며 연간 1,000억원대 매출을 기록하는 중견기업의 직원이 도면을 하청업체에 빼돌려 하청업체 명의로 특허를 내놓고 퇴사한 후 오히려 하청업체가 중견기업에 대해 적반하장 식의 시비를 걸며, 공정위에 악의적인 제소를 한 사안을 맡아 도면의 최초 작성자가 하청업체가 아니며, 퇴사한 직원에 의해 중견업체로부터 유출된 것임을 입증하여 중견기업의 억울함을 해결하고, 광섬유 자동화 장비 관련 영업비밀 침해소송에서 대법원까지 연이은 무죄판결을 받아내는 등 현의 변호사와 변리사들이 다방면으로 활약하고 있다. 이성우 대표는 "현의 IP팀은 캐릭터, 게임과 같은 저작권, 퍼블리시티권 업무에도 능통하여 구름빵, 뿌까 등 우리 고유의 저작권 자문에 앞장서고 있으며, 한국 기업들이 상대적으로 취약한 영업비밀 문제에 대해서도 매년 수십 업체를 상대로 컨설팅하고 있다"고 소개했다.

현은 김동철 대표가 지휘봉을 잡은 2014년 가을 이후 특히 송무 분야를 중심으로 중견 변호사를 잇따라 영입, 팀을 보강하고 있다. 경찰대를 졸업한 경찰관 출신으로 국내 메이저 로펌의 기업형사팀에서 경력을 쌓은 손병호 변호사와 대형 로펌에서 4년간 근무한 검사 출신의 정영진 변호사, 경영권 분쟁에 경험이 많은 류영형 변호사, 상장사를 포함한 기업자문과 민, 형사 분야에서 활발하게 업무를 수행하는 허종선 변호사 등이 최근에 합류한 현의 새 멤버로, 대형 로펌 출신의 합류가 많은 것이 현의 인적 구성상의 특징 중 하나다. 류 변호사는 신일산업 경영권 분쟁에서 활약하는 등 M&A와 경영권 분쟁, 해외투자 등의 업무에 경험이 많다.

2016년 현재 현은 국내외 변호사 26명에 회계사, 변리사를 합쳐 30명이 넘는 전문가가 포진한 탄탄한 진용을 갖추고 있다. 현은 2015년 4월 유한 법무법인으로 조직을 전환, 로펌 운영에 있어서도 불필요한 무게를 덜었다.

"성적보다 변호사로서의 근성 중시합니다"

"사법연수원 50등 이내의 학생들이 함께 모여 로펌을 만들고 연수원 성적표를 사무실 앞에 붙여놓고 고객을 맞으면 김앤장을 능가할 수 있을 텐데 요즈음 후배들은 그런 용기가 없는 것 같아요."

중소 법률사무소에서 사실상 창업 비슷한 과정을 거쳐 스스로 입지를 구축한 김동철 대표는 후배 변호사들에게 헝그리 정신과 함께 도전하는 자세를 강조하는 것으로 유명하다.

또 변호사를 뽑을 때 사법연수원 성적을 보지 않는 것도 그의 독특한 인사방침. 아예 이력서에 연수원 성적은 쓰지 말라고, 자랑하고 싶은 사람만 써 내라고 미리 안내한다고 한다. 그는 "기본적인 실력은 갖추어져 있다고 보고 변호사로서의 근성, 나와 함께 같이 갈 수 있는 사람인가 하는 인성적인 면을 중점적으로 본다"고 설명했다.

법무법인 현은 업무 전문성에서도 높은 평가를 받고 있지만, 파트너들이 아직 30대 후반~40대 초반인 젊은 로펌으로도 주목받고 있다. 그만큼 향후 성장 가능성이 크다는 것이다.

김동철 대표는 "클라이언트에게 전력을 다해 남다른 서비스를 제공하겠다는 열정이 없었다면 지금의 현으로 발전할 수 없었을 것"이라며, "로펌 이름 현(炫)도 그런 의미"라고 강조했다.

이어 "고객 회사에서 우리가 만나는 사람들이 대부분 중견 간부들"이라며, "그렇기 때문에 젊은 변호사들로 이루어진 현의 미래가 더욱 밝은 것 아니냐"고 말했다.

법무법인 화우

법무법인㈜ 화우

2003년 법무법인 화백-우방 합병
2006년 법무법인 김·신·유와 합병
대표변호사 / 임승순
www.hwawoo.com

한국의 메이저 로펌 중 하나인 법무법인 화우가 지향하는 비전은 '한국에 기반을 둔 세계적인 수준의 로펌(World-Class Law Firm based in Korea)'이다. 화우는 홈페이지에서 세계적 수준의 법률서비스를 제공하는 것을 목표로 하되, 이에 그치지 않고 윤리규범의 솔선수범과 민주적 인간관계를 실현하겠다고 화우가 추구하는 비전의 구체적인 내용을 안내하고 있다. 화우의 비전은 과연 어디쯤 와 있을까. 우선 화우가 탄생하기까지의 연혁을 살펴보는 것이 두 차례의 로펌 합병을 거친 화우의 경쟁력과 발전 가능성을 가늠하는 손쉬운 방법일 것이다.

법무법인 화우가 출범한 것은 2003년 2월. 송무가 발달했던 법무법인 화백과 기업자문 분야에서 탄탄한 경쟁력을 자랑하던 법무법인 우방이 합쳐 탄생한 합병 로펌이 2016년 현재 국내외 변호사 약 300명이 포진한 화우의 출발이다. 그러나 화우는 여기서 멈추지 않고 한 차례 더 의미 있는 합병을 진행했다. 3년 뒤인 2006년 한국 로펌 사상 김·장·리에 이어 두 번째로 오래된 로펌이라고 할 수 있는, 1967년까지 역사가 거슬러 올라가는 법무법인 김·신·유와 또 한 차례 성공적인 합병을 성사시켰다. 국내 로펌사상 유례가 없는 경우로, 시차를 두고 업계에서 뚜렷한 입지를 구축해 온 주요 로펌 셋이 합쳐 하나가 된 것이 오늘의 화우인 셈이다.

화백과 우방이 합친 1차 합병은 송무와 자문의 결합이라고 할 수 있다. 민, 형사소송 등으로 대표되는 송무업무가 발달했던 법무법인 화백과 기업법무의 경쟁력으로 이름이 높았던 법무법인 우방이 합쳐 화우란 간판을 내걸었다. 당시 상금을 내걸고 대내외 공모를 통해 합병 법인의 이름을 정했다는 화우 관계자에 따르면, 화백과 우방의 첫 글자를 따 지은 '화우'란 이름에 '화목한 집안', '화목한 벗'의 의미가 들어있다고 한다.

화백은 1993년 지금은 고인이 된 서울지법 부장판사 출신의 노경래 변호사와 서울고법 판사를 끝으로 법복을 벗은 강보현 변호사 등 여섯 명의 재조 출신 변호사가 설립한 중소 법률사무소로 출발했다. 이어 윤관 전 대법원장, 천경송 전 대법관, 양삼승 전 대법원장 비서실장 등이 합류하며 송무 분야에서 맹위를 떨치는 송무 전문 로펌으로 발전했다.

이에 비해 우방은 화백이 탄생하기 4년 전인 89년 미국에서 귀국한 윤호일 변호사가 주춧돌을 놓았다. 제4회 사법시험에 합격해 잠시 서울민사지법 판사로 근무하기도 한 윤 변호사는 미국의 유명 로펌인 '베이커앤맥켄지(Baker & McKenzie)'에서 16년간 미국변호사로 활동한 국제통으로, 한국인으로 미국 로펌의 파트너가 된 것도 그가 처음으로 알려져 있다. 그는 노틀담(Notre Dame) 로스쿨(JD)을 졸업하고 일리노이주, 워싱턴

DC, 뉴욕주에서 변호사 자격을 취득했으며, B&M의 뉴욕과 시카고사무소에서 근무했다. 공정거래 등 기업법무의 전문가인 그가 주도한 우방은 서울에서 문을 열자마자 뜨거운 주목을 받았다. 많은 사람들은 기업법무 특히 국제기업법무에서 이름을 날렸던 로펌 업계의 다크호스로 우방을 기억하고 있다.

이런 배경의 두 로펌이 합친 만큼 합병은 성공적이었다. 나머지 반쪽을 찾아 나선 짝짓기가 제대로 맞아 떨어진 셈. 대표를 맡았던 화우의 노경래 변호사는 우방과의 합병 이후 "시너지가 대단하다. 두 로펌의 합병 전 매출액을 합친 것보다 더 많은 매출을 올리고 있다"고 합병 후의 고무적인 분위기를 전한 적이 있다. 합병 첫 해부터 '1+1=2'를 뛰어넘는 합병효과가 나타났다는 게 화우 관계자들의 전언이다. 화백과 우방의 합병이 성공적으로 자리를 잡아가자 일부 로펌에선 두 로펌의 합병 직후 자신들이 합병 파트너로 나서지 못한 데 대해 아쉬워했다는 얘기도 나돌았다.

합병 당시의 에피소드 하나. 서울 삼성동의 아셈타워 22층을 쓰고 있던 화백은 이 건물의 23층이 비게 되자 이를 임대해 전대차(轉貸借)를 놓고 있었다. 앞으로의 확장을 염두에 두고 미리 사무실을 확보해 놓았던 것인데, 나중에 우방의 변호사들이 그 임자가 되었다. 화백으로서는 전대차 기간이 끝나게 되어 전대차 갱신 등 적잖은 고민이 있었으나, 우방과의 합병으로 이 문제가 자연스럽게 해결되었다. 서울 남대문의 상공회의소 빌딩에 세 들어 있던 우방도 상공회의소 빌딩이 리모델링에 들어가면서 사무실 확보가 적잖이 신경 쓰였다고 한다. 그러나 화백과 합쳐 강남으로 옮겨오게 되면서 이 문제도 말끔히 해결됐다. 화우는 현재 아셈타워의 18, 19, 22, 23, 34층의 5개 층을 사무실로 쓰고 있다. 로펌의 사무실

중 뷰(view)가 가장 좋다는 평을 듣고 있다.

1차 합병이 송무와 기업자문의 결합이라면 2차 합병은 기업법무의 확장으로 표현할 수 있다. 67년 문을 연 김·신·유는 국내 로펌 업계의 원로인 김진억 변호사가 주도해 설립한 로펌으로, 유럽계 고객이 많은 게 강점이었다. 또 지적재산권과 해상·보험 등의 분야도 뛰어나 이러한 장점이 화우의 경쟁력으로 이어지게 되었다.

실제로 화우에선 두 차례의 합병을 거치며 자문 쪽 매출 비율이 꾸준히 늘고 있다는 고무적인 얘기가 나왔다. 또 김·신·유와 합치면서 김·신·유의 변리사 15명이 가세해 2006년 초 특허법인 화우를 출범시킨 것도 또 하나의 발전으로, 화우는 지적재산권 분야에서도 굵직한 사건을 많이 처리한다.

1차 합병 후 13년, 2차 합병 후 10년이 흐른 화우는 송무와 기업자문 양쪽에서 메이저 로펌으로서의 경쟁력을 한층 높여가고 있다. 송무와 공정거래 분야가 특히 유명하며, 노동, 조세, 지적재산권팀 등도 높은 전문성을 자랑한다.

화우는 2005년 말 국내 14개 금융기관이 삼성그룹 이건희 회장과 28개 계열사를 상대로 낸 이른바 삼성차 채권단 소송에서 법무법인 태평양과 함께 채권단을 대리해 위약금 6,200여억원을 지급하라는 승소 판결을 받아냈으며, 한화 김승연 회장, CJ 이재현 회장, 강덕수 전 STX 회장 등 굵직한 대형 형사사건의 변호인단에도 빠지지 않고 이름을 올리고 있다. 또 항공기 회항사건에서 조현아 전 대한항공 부사장을 변론하여 항로변경으로 인한 항공보안법 위반 혐의에 대해 2심에서 무죄판결을 받아내고, 선거법 위반 등의 혐의로 기소된 김용판 서울지방경찰청장을 변호해 1, 2심 무죄판결에 이어 대법원에서도 무죄판결을 받는 등 다양한 사건에서 활약하고 있다.

아시아경쟁연합(ACA)의 출범에 주도적으로 관여해 초대 회장을 역임한 윤호일 변호사가 좌장을 맡고 있는 공정거래팀도 마이크로소프트가 노키아의 휴대폰 단말기사업을 인수하는 M&A에서 마이크로소프트를 대리해 공정거래법에 동의의결 제도가 도입된 이후 첫 동의의결을 받아내고, 일본의 도시바와 미국의 샌디스크가 낸드플래시메모리 영업비밀을 침해당했다며 SK하이닉스를 상대로 낸 1조원대의 손해배상청구소송에 관여해 적절한 선에서 마무리하는 등 승소 사례가 이어지고 있다.

임승순 변호사가 이끄는 조세팀은 또 KT가 말레이시아 법인에게 주식매매대금을 지급하면서 한국 정부와 말레이시아 정부 간에 체결된 조세협약에 따라 원천징수를 하지 않은 것과 관련해 법인세 532억원을 부과받은 사건을 맡아 532억원 전액을 취소하라는 판결을 받아내고, 과세관청이 부동산집합투자기구가 취득한 부동산이 조세특례제한법상 취득세 감면대상에 해당하지 않는다는 이유로 다수의 부동산집합투자기구에 대하여 취득세를 추징한 사안에서 부동산집합투자기구를 대리하여 804억원의 세금을 취소하라는 항소심 승소 판결을 받아낸 데 이어 상고심을 수행하는 등 조세소송에서 특히 강하다는 평을 듣고 있다. 노동은 서울행정법원 부장판사 출신의 박상훈 변호사가, IP팀은 김원일 변호사가 팀장을 맡아 여러 의미 있는 사건을 수행하고 있다. 이준상 전 부장판사 등이 포진한 국제중재팀도 얼마 전부터 부쩍 활발하게 움직이고 있다.

화우는 특히 전통적인 업무팀 외에 헬스케어, 국방, 핀테크, 법제컨설팅, 방송정보통신 등 산업별·기업별·이슈별로 전문화된 기동팀을 운영하며 고객의 수요에 발빠르게 대응하고 있다. 약사 출신 변호사와 이희성 전 식약청장 등이 포진한 헬스케어팀은 동아쏘시오홀딩스와 일본 메이지 간의 합작법인인 DM 바이오 설립과 관련해 자문하고, 국내 메이저 제약사를 대리해 의약품 품목허가 취소소송에서 승소하는 성과를 올렸다. 또 2014년에 출범한 화우 국제무역통상팀에선 2016년 3월 미국과의 WTO 세탁기 분쟁에서 미국의 조치가 WTO 협정에 위반된다는 승소 판정을 받아내 안팎에 화제가 되었다. WTO는 판정에서 미국이 삼성전자와 LG전자의 블랙프라이데이 세일 판매를 표적 덤핑으로 판단한 것도 잘못이고, 수출가격이 내수가격보다 높은 경우 마이너스로 반영하지 않고 이를 '0'으로 계산해 마진을 높이는 제로잉(Zeroing) 개념을 적용한 것 모두 WTO 협정에 위반된다고 밝혔다.

2009년 아셈타워 내에 전담 교육장을 확보하고 화우연수원을 개원한 화우는 정기적으로 기업체 변호사 등을 상대로 세미나 등을 진행, 높은 호응을 얻고 있다. 얼마 전엔 한국 기업 등의 늘어나는 국제중재·소송 수요를 감안해 디스커버리 전문팀을 발족하고, 아셈타워 34층에 '화우 디스커버리센터'를 개원했다.

화우는 중앙아 지역에 진출하는 한국 기업을 지원하기 위해 2008년 1월부터 타쉬겐트사무소를 운영하고 있다. 2003년 사내봉사동아리 '나누는 사람들'까지 역사가 거슬러 올라가는 공익활동도 2014년 화우공익재단으로 조직을 일신한 가운데 갈수록 활동을 확대하고 있다.

Foreign Law Firms in Korea

외국 로펌

시장개방 5년, 영미 로펌들이 경쟁적으로 서울 상주 변호사를 늘리며
한국에서의 활동을 강화하고 있다.

왼쪽 위부터 시계방향으로 2012년 가장 먼저 서울사무소를 열고 한국에서 업무를 수행하기 시작, '얼리버드(early bird)' 로펌으로 불리는 롭스앤그레이, 쉐퍼드멀린, 클리포드 챈스의 김용균, 김병수, 김현석 미국변호사와 폴 헤이스팅스의 김종한 서울사무소 대표. 클리포드 챈스를 제외한 세 곳 모두 미국 로펌이며, 클리포드 챈스는 대표변호사에게 요구되는 영국 본토 근무를 포함한 영국변호사로서의 근무경력 요건 충족이 쉽지 않아 영국변호사인 토머스 월시가 서울사무소 대표를 맡고 있다.

왼쪽 위부터 시계방향으로 스캐든, 커빙턴, 심슨 대처, 링크레이터스 서울사무소를 이끌고 있는 신현영, 박하용, 손영진, 안형중 변호사. 신현영 변호사는 1970년대 후반 한국 건설회사의 중동 진출을 뒷바라지한 것으로 유명한 법무법인 세종의 신웅식 변호사의 차남이며, 박하용 변호사는 한국 로펌에서 근무한 경력도 있다. 서울대 경영학과 출신의 손영진 변호사는 UCLA에서 MBA를 취득하고 삼성전자에 근무하다가 미 로스쿨에 진학해 미국변호사가 된 한국통이다. 안 변호사는 하버드대, 버지니아 로스쿨을 나왔다.

사진 위는 서울사무소에서 클리어리의 한국 업무를 지휘하는 한진덕(좌), 이용국 변호사. 두 사람은 하버드 로스쿨 선후배 사이로, 하버드 시절부터 이어진 30년 우정이 클리어리의 한국 업무 발전에 큰 힘이 되었다는 평가를 듣고 있다. 사진 아래는 OMM의 서울사무소 대표인 박진원(우) 변호사와 화이트 앤케이스 서울사무소를 이끌고 있는 제임스 리. 박 변호사는 스포츠 중재에도 일가견이 있으며, 제임스 리는 로스쿨 시절부터 송무에 관심을 갖고 송무 한우물을 파 온 미국 소송 전문 변호사로 유명하다.

왼쪽 위부터 시계방향으로 스티븐슨 하우드의 김경화, 디엘에이 파이퍼의 이원조, HSF의 맥도날드, 코헨앤그레서의 손승철 변호사. 해상 전문의 김경화 변호사는 한국해양대를 나와 영국변호사가 된 첫 주인공이며, 이원조 변호사는 한국 IBM 등의 사내변호사로 활약하며 인하우스카운슬포럼 초대 회장을 역임하고, 현재 외국법자문법률사무소협회 회장을 맡고 있다. 손승철 변호사도 코헨앤그레서에 합류하기 전 삼성전자, 삼보컴퓨터 사내변호사로 활약했다. 호주변호사이자 영국변호사인 맥도날드는 HSF 서울사무소의 운영을 총괄하고 있다.

사진 위는 한국계 변호사로 미국 로펌인 '리앤홍'과 '코브레앤김'의 설립을 주도한 사이먼 홍(좌)과 미 연방검사 경력의 김상윤 변호사. 사이먼 홍은 '리앤홍'을 '코리안 아메리칸 로펌'이라고 불렀다. 사진 아래는 밀뱅크에서만 34년째 근무하고 있는 프로젝트 파이낸스 전문의 김영준(우) 변호사와 덴튼스의 박정근 서울사무소 대표. 김앤장에서 외국변호사로 근무하기도 했던 박 변호사는 2001년 맥케나로 옮겼다가 2015년 7월 맥케나가 덴튼스와 합치며 덴튼스의 일원이 되었다.

베이커앤맥켄지(Baker & McKenzie)

BAKER & MCKENZIE

서울사무소 대표 / 이원
www.bakermckenzie.com

전체 변호사가 4,300명이 넘는 베이커앤맥켄지(Baker & McKenzie)는 세계에서 가장 큰 로펌 중 한 곳이다. 모두 47개 나라에 77개의 사무소를 두고 있으며, 6월 30일로 끝난 2015-2016 회계연도에 전년 대비 8% 성장한 26억 2,000만 달러의 매출을 올려 세계 2위를 차지했다. 순이익은 전년 대비 14% 증가한 9억 400만 달러, 지분파트너 1명당 순이익(Profits per Equity Partner, PEP)은 130만 달러를 기록, 전년 대비 13% 증가했다. 베이커앤맥켄지는 금융, 자본시장, M&A, 공정거래, 노동, IP, 무역거래(Trade & Commerce)에서 모두 실적이 증가했다고 소개하고, 특히 정보통신(Information, Technology & Communication) 그룹이 가장 빠르게 성장하고 있다고 강조했다. 또 지역적으로는 아시아·태평양 지역 26%, 유럽과 중동 및 아프리카(EMEA) 37%, 미국 37%의 비율로 고르게 매출을 올리고 있다고 덧붙였다.

스위스 verein 방식으로 운영되는 베이커앤맥켄지는 2013년 5월 서울사무소를 개설했다. 전 세계의 77개 사무소 중 73번째 사무소로, 개설 당시 백선엽 전 육군참모총장의 아들인 백남홍 일리노이주 변호사가 서울사무소 대표로 부임했으나, 2015년 가을 그동안 홍콩사무소에서 활약해오던 이원 뉴욕주 변호사가 새 대표로 부임하고, 백 변호사는 미국으로 돌아갔다.

서울대 경제학과를 다니다가 미 브라운대로 유학, 예일대 로스쿨(JD)을 졸업한 이 변호사는 한국 로펌에서도 근무한 적이 있는 한국통으로, 홍콩에 있을 때도 사실상 베이커앤맥켄지의 한국 관련 일을 주도적으로 처리했다. 특히 에너지와 인프라 개발, 투자 관련 대형 프로젝트가 그가 활발하게 자문하는 분야로, 한전과 한국서부발전을 대리한 해외에서의 수많은 독립발전소 건설 및 금융과 관련해 자문하고, 포스코가 인도네시아에 추진 중인 일관제철소 건설, 포스코가 동국제강, 브라질 회사와 함께 브라질 동북부지방에 짓고 있는 일관제철소 프로젝트에도 자문했다.

또 SK를 대리한 광양 가스발전소 건설 및 금융, 운영과 관련한 자문, 보령 LNG터미널 자문, 삼성전자를 대리한 여러 나라에서의 고기술 통신 (high-technology telecommunications) 프로젝트 자문 등이 그가 수행한 대표적인 자문 사례로 소개된다.

이원 대표와 함께 베이컨앤맥켄지 서울사무소에서 자문하는 또 한 명의 파트너는 김경태(Winton Kim) 캘리포니아주 변호사로, 그도 에너지와 광산, 인프라 프로젝트와 함께 크로스보더 투자, M&A, 합작투자 등에 주로 자문한다. 이원 변호사와 함께 포스코의 Thainox Stainless 지배주 취득, 인도네시아 일관제철소 건설 등의 프로젝트에 관여했다.

베이커앤맥켄지는 홈페이지에서 서울사무소 팀의 주된 자문 분야로 에너지, 광산, 인프라, 제조업, 전자, 통신 분야 등을 제시하고 있다. 또 아태 지역의 다른 전문가들과 협력해 M&A, 노동법 이슈, 컴플라이언스, 지적재산권에 대해서도 자문한다고 덧붙였다. 베이커앤맥켄지는 영국의 아크리타스(Acritas)가 조사해 분석한 아태 지역 로펌 브랜드 인지도에서 2015년 1위, 2016년 2위를 차지했다.

클리어리 가틀립(Cleary Gottlieb Steen & Hamilton)

CLEARY GOTTLIEB

서울사무소 대표 / 한진덕
www.clearygottlieb.com

2016년 2월 홍콩에 남아 있던 한진덕 변호사가 서울로 옮기면서 클리어리 가틀립(Cleary Gottlieb Steen & Hamilton) 서울사무소의 진용이 사실상 완성됐다. 클리어리의 서울사무소가 문을 연 것은 3년여 전인 2012년 가을. 그동안 이용국 변호사가 초대 대표를 맡아 서울사무소를 이끌어 왔으나 한진덕 변호사가 합류해 이 변호사로부터 바톤을 이어받았다.

클리어리는 가장 활발하게 한국 관련 업무를 수행하는 영미 로펌 중 한 곳이다. 한국 기업이 관련된 IPO(주식상장)와 채권발행 등 자본시장 업무와 M&A 거래에서 높은 경쟁력을 자랑하며, 서울사무소 인력도 변호사 13명의 가장 큰 규모를 유지하고 있다. 한국의 법률시장 개방 이전부터 두 분야에서 탁월한 역량을 발휘해 온 클리어리는 수많은 영미 로펌이 서울에 진출하고 있는, 시장개방 이후에도 높은 실적을 이어가는 것을 목표로 하고 있다.

2015년만 해도 클리어리는 한국 시장에서 한국의 기업과 정부기관 등을 상대로 채권발행과 IPO 등 120억 달러가 넘는 규모의 자본시장 거래에 자문하며 외국 로펌 중 이 분야에서 가장 많은 실적을 올렸다. 미래에셋생명보험과 이노션 IPO에서 발행사 측 해외법률자문사로 활약하고, 한국 기업의 첫 홍콩증시 상장 사례인 코웰이홀딩스(Cowell e Holdings)의 IPO에서도 코웰이홀딩스를 대리해 성공적으로 거래를 마무리했다. 또 롯데그룹에 대한 수사로 잠정 보류된 호텔롯데 IPO에서도 해외법률자문사를 맡아 호텔롯데에 자문했었다.

2015년 말 한국 정부의 30억 위안(약 5,445억원) 규모의 판다본드 발행에 자문한 클리어리는 해외시장에서 이루어지는 다양한 종류의 채권발행에서도 단연 주목을 받고 있다. 앞에 소개한 판다본드 발행은 중국에서 다른 나라의 국채가 발행된 첫 케이스로, 이후 한국수출입은행 등 한국의 금융기관들도 판다본드 발행을 추진하고 있다.

M&A 분야에선, 한국 M&A 역사상 가장 큰 규모의 거래였다는 홈플러스 매각 거래가 클리어리 변호사들이 활약한 대표적인 거래로 꼽힌다. 클리어리는 이 거래에서 한상진 변호사 등이 주도하며 매수인인 MBK 파트너스 컨소시엄에 자문을 제공했다. 또 사우디아라비아의 국부펀드인 PIF가 포스코건설의 구주와 신주 유상증자분을 인수하는 11억 달러(1조 2,400억원 상당) 규모의 거래에서 포스코에 자문하는 등 2015년만 해도 의미 있는 여러 건의 M&A 딜에 참여했다. PIF에 자문한 로펌은 클리포드 챈스.

클리어리 한국팀의 변호사들은 1997년 외환위기 때 한국 정부의 외평채 발행에 자문하고, 한국의 은행 등이 빌린 외채의 만기를 연장하는 이른바 외채협상을 성공적으로 수행했다. 당시 한진덕, 이용국, 강성관 변호사 등이 국가채무 조정의 전문가로 유명한 마크 워커(Mark Walker) 변호사를 도와 활약했으며, 나중에 클리어리의 매니징 파트너를 역임한 마크 워커는 외환위기 극복에 기여한 공로로 한국 정부로부터 훈장을 받기도 했다.

당시 클리어리 자문단의 일원으로 활약했던 한진덕 변호사가 전하는 이 때 잘 알려지지 않은 이야기 중 하나. 한국 정부를 대리해 외채협상에 나섰던 마크 워커는 사실은 한국 정부에 앞서 채권단으로부터 한국의 은행 등이 빌린 외채의 만기연장 협상에 관한 자문을 맡아달라는 요청을 받았다고 한다. 그러나 워커 변호사는 외평채 발행과 관련, 이미 한국 정부를 대리하고 있어 곤란하다고 거절하고, 외평채 일 때문에 서울에 출장 나와 있던 한 변호사에게 전화를 걸어 소식을 전했다.

채권단이 변호사에게 외채협상에 관한 자문을 의뢰한다면 채무자에 해당하는 한국 정부와 금융기관들도 마땅히 변호사가 필요한 상황. 한 변호사가 워커 변호사로부터 들은 내용을 다시 한국 정부에 전달해 클리어리가 외채 만기연장 협상도 자문하게 되었고, 워커 변호사가 2주 후 서울로 날아왔다. 이후 한국 로펌의 전문가와 워커, 한 변호사 등을 중심으로 팀을 꾸려 해외 로드쇼 등을 열며 적극 대응에 나선 한국 정부는 채권단과의 협상에서 성공적으로 만기연장을 이끌어낼 수 있었다는 것이다. 그 후 클리어리를 떠나 채무 조정 전문 회사인 밀스타인(Millstein)에서 활동하고 있는 워커 변호사는 2016년 봄 재무적 위기에 빠진 현대상선의 용선료 협상을 타결 지어 또 한 번 주목을 받았다.

한진덕, 이용국, 강성관 변호사는 서울사무소의 한상진 변호사와 함께 클리어리에서 활약하는 4명의 한국계 파트너로 소개된다. 4명 모두 하버드 로스쿨(JD) 출신이란 공통점도 있다. 강성관 변호사는 홍콩사무소에서 동남아 관련 일을 많이 하다가 지금은 뉴욕사무소로 옮겨 활동하고 있다.

서울사무소 인력 구성에선 한상진 변호사가 M&A 전문이라면, 한진덕 변호사는 자본시장 분야에서 독보적인 경험을 축적하고 있으며, 이용국 변호사는 M&A와 자본시장 양 쪽의 일을 다 수행한다. 이 변호사는 2015년 미국계 헤지펀드인 엘리엇 매니지먼트가 문제를 제기해 시작된 삼성물산-제일모직 M&A 분쟁에서 삼성 측에 자문하기도 했다.

또 자본시장 분야에 밝은 최재훈 변호사와 채권 쪽에 높은 전문성을 갖춘 문홍기 변호사 등이 서울사무소에 포진하고 있으며, 8명의 어소시엣 변호사도 M&A와 자본시장 분야에서 업무를 거들고 있다. 전문가 층이 두터운 클리어리는 최재훈 변호사의 경우 증시 상장, 즉 IPO를 통한 자금조달에 집중할 만큼 자본시장 업무 내에서도 분야를 나눠 전문성을 제고하고 있다.

2017년 3월부터 미국 로펌들도 한국 로펌과의 합작법무법인 설립이 가능한 3단계 시장개방이 시작되지만 클리어리는 한국 로펌과의 제휴나 합작에는 관심이 없다는 분명한 입장을 견지하고 있다. 서울사무소를 중심으로 지금처럼 한국 기업이 관련된 M&A와 자본시장 분야에서 최고 수준의 경쟁력을 이어가겠다는 것이다. 이와 함께 뉴욕사무소 등 전 세계 사무소에 포진하고 있는 클리어리의 전문가들과 연계해 높은 경쟁력을 갖추었다는 평가를 받고 있는 공정거래와 소송, 중재, 정부조사, 화이트칼라 범죄 변호 등의 분야로 자문영역을 확대하는 것을 클리어리 한국팀의 발전방향으로 제시하고 있으나 아직 가시적인 성과는 나오지 않고 있다.

클리어리 한국팀 발전 이끄는,
한진덕-이용국 변호사의 30년 우정

변호사 경력 28년째인 한진덕 변호사는 가장 성공한 한국계 미국변호사 중 한 사람으로, 기업공개(IPO)와 채권발행 등을 통한 자본조달 시장에서 다른 어느 변호사보다도 한국 기업을 많이 대리하는 것으로 유명하다. 중학교 2학년 때인 1977년 부모님을 따라 미국으로 건너간 그는 콜럼비아대 경제학과를 거쳐 88년 하버드 로스쿨(JD)을 졸업하고, 이듬해인 89년 곧바로 클리어리에 입사해 변호사 생활을 시작했다. 1946년 뉴욕에서 문을 연 클리어리는 70년의 역사를 자랑하지만 한 변호사가 입사할 때만 해도 일종의 신흥강호로 분류되며, 특히 국제 분야가 발달한 로펌으로 로스쿨 학생들 사이에 인기가 높았다고 한다.

클리어리에서 한국 관련 업무를 개척, 발전시킨 주역 중 한 사람인 한 변호사는 입사 8년만인 97년 파트너가 되었다. 그는 클리어리에서 파트너가 된 최초의 한국계 변호사이며, 두 번째 파트너가 한 변호사의 하버드 로스쿨 1년 후배인 이용국 변호사다. 한 변호사는 특히 이 변호사의 활약과 협력이 클리어리의 한국 업무를 발전시키는 데 큰 도움이 되었다며 하버드에서 클리어리로 이어진 이용국 변호사와의 30년 우정을 여러 차례 강조했다.

두 사람이 처음 만난 것은 한 변호사가 하버드 로스쿨 1학년 때인 1985년. 당시 프린스턴대 4학년생으로 이미 하버드 로스쿨 입학허가를 받아 놓았던 이용국 변호사가 하버드 인근의 웰즐리여대에서 열린 한인학생회 모임에 참석해 서로 알게 된 두 사람은 이후 평생의 친구가 되었다.

하버드 로스쿨은 1년밖에 차이가 나지 않지만, 이 변호사가 졸업 후 한국에서 군법무관으로 근무하는 바람에 클리어리 입사는 한 변호사보다 3년이 늦었다. 한 변호사는 내가 바빠서 처리할 수 없는 일을 이 변호사가 맡아서 도와주고, 반대로 이 변호사가 바쁠 땐 내가 도우면서 서로 끌어주고 밀어주며 함께 성장해 왔다고 말했다. 전문분야도 비슷하다. 이용국 변호사는 자본시장 업무와 M&A 관련 일을 함께 처리하고, 한 변호사도 처음엔 M&A 관련 업무도 수행했지만 지금은 자본시장 업무에 특화하고 있다.

이용국 변호사는 외교관인 아버지를 따라 외국에서 공부하고 로스쿨을 나와 변호사가 된 경우로 한 변호사와는 성장과정이 다르다. 또 한 변호사가 치밀하면서도 전체적인 시야를 갖추고 있다면 이 변호사는 뛰어난 실력과 함께 조용한 리더십이 강점이라는 평가를 받고 있다.

한진덕 변호사가 20년 전의 사연을 소개했다.

"96년 말인데 홍콩에서 파트너 승진심사를 통과했다는 이야기를 듣고, 홍콩사무소에서 함께 근무하던 이용국 변호사와 다짐했던 일이 생각납니다. '시장은 더 커질 텐데, 한국 프랙티스를 같이 잘 해보자' 이렇게 둘이 약속했어요. 물론 파트너가 되기 전에도 한국 일을 함께 수행하며 이 변호사와 비슷한 얘기를 여러 차례 했었는데, 파트너가 되면서 다시 한 번 의욕에 차 다짐한 것이죠."

한 변호사는 2016년 초 서울로 옮기면서 이 변호사와 또 한 번 비슷한 얘기를 나눴다. 3년 먼저 서울에 와 서울사무소의 기틀을 닦아 놓은 이 변호사에게 "이제 나도 서울에 오게 되었으니 한국 업무를 한층 더 발전시켜 보자"고 의욕에 차 얘기했다.

한 변호사가 선배로서 줄곧 클리어리의 한국팀을 이끌었지만 서울사무소 대표는 이 변호사가 3년 먼저 부임했다. 한 변호사의 경우 홍콩에서 태어나 국제학교를 다니며 대학 진학을 준비해 온 자녀들 교육문제로 홍콩을 떠나는게 여의치 않았기 때문. 그는 2015년 가을 둘째 딸이 미국에 있는 대학에 진학하면서 서울행 티켓을 끊을 수 있었다.

한진덕 변호사가 제시하는, 한국계 변호사가 외국 로펌에서 성공하기 위한 조건은 법률 실력 플러스 완벽한 언어 구사와 문화적 이해(perfect bilingual, perfect bicultural).

중학교 때 미국으로 건너간 그는 한국어를 잊지 않기 위해 미국에서 발행되는 한국신문을 열심히 찾아 읽었고, 실제로 잊어버리지 않았다.

클리포드 챈스(Clifford Chance)

CLIFFORD CHANCE

서울사무소 대표 / 토머스 월시
www.cliffordchance.com

'총매출 20억 7,800만 달러, 지분파트너들의 평균 순수익(PEP)은 전년 대비 10% 늘어난 184만 달러.'

영국의 매직서클(Magic Circle) 펌 중 한 곳인 클리포드 챈스(Clifford Chance)가 2015-2016년도 결산 결과, 사상 최대의 매출을 올리는 등 최근 신장세를 나타내고 있다. 전체적인 매출 증가율은 지난해 대비 3%. 그러나 미국 시장은 13%, 아시아·태평양 지역에선 9%의 높은 증가세를 보였다고 클리포드 챈스가 공식 발표했다. 클리포드 챈스는 4월 말로 회계연도가 끝난다.

세계 25개 나라에 35개 사무소를 운영하며 3,300명의 변호사가 자문에 나서고 있는 클리포드 챈스는 한국 시장에서도 오래전부터 업무를 수행하고 있다. 홍콩사무소를 중심으로 약 30년 넘게 한국의 기업과 금융기관 또는 한국 시장에 진출하는 외국 기업 등을 상대로 자문을 제공해 왔으며, 다른 어느 로펌 못지않게 한국 법률시장의 개방을 기다려 온 곳이 클리포드 챈스다.

　서울사무소 인가를 받은 것은 2012년 7월 19일. 그날 함께 설립인가를 받은 미국 로펌 롭스앤그레이(Ropes & Gray), 쉐퍼드멀린(Sheppard, Mullin, Richter & Hampton)과 함께 가장 먼저 서울사무소를 열었다. 서울사무소 대표가 되려면 3년 이상 영국 본토에서의 근무를 포함해 7년 이상 영국변호사로 활동한 경력이 있어야 한다는 외국법자문사법의 요건에 따라 초대 브라이언 캐시디(Brian Cassidy)에 이어 토머스 월시(Thomas Walsh)가 서울사무소 대표를 맡고 있는 가운데 서울사무소의 총괄 운영은 김현석 미국변호사가 지휘하고 있다.

　주된 업무분야는 김현석 변호사의 전공 분야이기도 한 자본시장 업무와 M&A, 그리고 클리포드 챈스가 높은 경쟁력을 자랑한다는 프로젝트 파이낸스 등 금융 분야를 내세우고 있다. 또 ICC(국제상업회의소) 국제중재법원 사무총장을 역임한 파리사무소의 제이슨 프라이(Jason Fry)와 에너지와 건설 분야에 경험이 많은 월시 서울사무소 대표 등을 내세워 국제중재 분야도 강조하고 있으나 아직은 "한국 대기업들의 다양한 국제중재 자문을 성공적으로 수행한다"는 총론적인 소개에 그치고 있다.

　서울사무소 오픈 이후 수행한 거래 중 가장 주목할 거래는 칼라일(Carlyle)그룹을 대리해 세계 1위 소방·보안 전문기업인 미국의 타이코(Tyco)로부터 '타이코 파이어 앤 시큐리티 서비스' 코리아와 한국 내 보안 사업 부문을 담당하는 자회사들인 (주)ADT캡스, (주)캡스텍, (주)ADT시큐리티(이하 ADT코리아)를 19억 3,000만 달러에 인수한 거래가 꼽힌다. 2014년에 이루어진 이 거래는 2008년 이후 성사된 PE 바이아웃(private equity buyout) 거래 즉, 사모펀드가 관련된 경영권이 바뀐 거래로는 달러

금액 기준으로 최대 규모로 알려졌으며, 서울사무소를 포함해 클리포드 챈스 내 PE와 파이낸스 그룹의 여러 명의 변호사가 참여했다. 상대방인 타이코 대리인은 심슨 대처(Simpson Thacher & Bartlett). 한국법 자문은 김앤장과 법무법인 광장이 순서대로 매도인과 매수인 측을 나눠 대리했다.

ADT코리아 인수 거래 등에 자문하며 상당한 매출을 올린 클리포드 챈스는 2015년 말 한국에 진출한 영미 로펌 중 처음으로 퇴직공직자 취업 제한 로펌으로 선정되기도 했다. 2014년 결산 기준으로 연매출 100억원 이상을 달성했다는 얘기로, 공직자윤리법에 따르면, 한국의 퇴직공직자가 클리포드 챈스에 취업하려면 미리 관할 공직자윤리위원회의 취업승인을 받아야 한다.

클리포드 챈스는 또 2015년 사우디 국부펀드인 PIF가 포스코건설의 구주와 신주 유상증자분 1조 2,400억원 상당을 인수하고 합작 건설회사를 설립하는 거래에 자문하고, 삼천리자산운용이 미국의 자원개발회사인 프리포트 맥머란(Freeport-McMoRan) 소유 뉴멕시코 지역의 가스 화력발전소 지분 33%를 인수하는 거래도 자문했다.

자본시장 분야에서도 현대중공업의 2.2억 달러 규모 교환사채 발행과 한국수출입은행이 지급보증한 대한항공의 항공기 도입 자금용 1억 5,000만 달러 규모의 사모사채 발행, CJ제일제당의 자회사인 제일제당 인도네시아가 KDB 지급보증을 통해 발행한 2억 달러 규모의 유로 본드 발행 거래에 자문하는 등 여러 거래에 참여하고 있으나 이 분야의 업무를 많이 수행하는 클리어리 가틀립이나 심슨 대처 등에 비해 실적은 많지 않은 편이다.

클리포드 챈스 서울사무소엔 월시 대표와 김현석 변호사 외에 카운셀(Counsel)인 김치관 뉴욕주 변호사가 포진하고 있으며, 홍콩사무소의 이석준 미국변호사, 싱가포르사무소의 조봉상 영국변호사도 한국 관련 업무에 자주 참여하는 클리포드 챈스의 한국계 변호사들이다.

김치관 변호사는 김현석 변호사의 연세대 후배로, 서울에서 연세대를 졸업한 후 캐나다의 토론토 로스쿨(LLM), 콜럼비아 로스쿨(JD)을 거쳐 뉴욕주 변호사가 되었다. 데이비스 포크(Davis Polk & Wardwell)와 심슨 대처에서도 근무했으며, 2013년 클리포드 챈스에 합류하기 전엔 김앤장에서 외국변호사로 활동했다.

또 김현석 변호사는 연세대 상대를 졸업하고 토론토의 요크(York)대 Osgoode Hall 로스쿨(LLB)을 3년 다녀 변호사가 되었으며, 뉴욕주와 캐나다의 온타리오주 변호사 자격을 갖추고 있다.

뉴욕주와 캘리포니아주에서 변호사 자격을 딴 이석준 변호사는 서울대 경제학과를 나와 한국은행에 다니다가 미국변호사에 도전한 케이스로, 밴더빌트대 로스쿨을 나왔다. 노태우 대통령 시절 청와대 공보수석과 문화부장관을 역임한 이수정 전 장관의 차남으로, 같은 미국변호사이면서 다음카카오의 대표를 역임한 이석우 조인스 대표가 형이다. 이석준 변호사는 미 증권거래위원회(SEC)에서 근무한 경력도 있다.

코헨앤그레서(Cohen & Gresser)

COHEN & GRESSER

서울사무소 대표 / 손승철
www.cohengresser.com

　코헨앤그레서(Cohen & Gresser)는 전체 변호사가 60명 조금 넘는 중소 미국 로펌이다. 2002년 미 연방 검사 출신의 코헨 변호사와 클리어리 가틀립에서 경험을 쌓은 회사법 전문의 그레서 변호사가 주축이 되어 설립한 일종의 부티크 펌으로, 사무소도 뉴욕 본사에 이은 두 번째 사무소인 서울사무소와 파리, 워싱턴사무소를 포함 모두 4개밖에 안 된다.
　무엇보다도 역사가 짧은 신흥 부티크 펌이 두 번째 사무소로 서울사무소를 연 것만 보아도 이 로펌이 한국 시장에 얼마나 관심이 큰 지 짐작할 수 있다. 파리사무소는 서울사무소보다 2년 늦은 2014년, 워싱턴사무소는 파리사무소 개설 2년 후인 2016년 3월 문을 열었다. 2012년 9월 인가를 받은 코헨앤그레서의 서울사무소 설립은 전체 미국 로펌 중 세 번째로, 이 점에서도 한국 시장에 대한 코헨앤그레서의 열의를 확인할 수 있다.
　서울사무소 대표인 손승철 미국변호사의 설명을 들어보면 이유를 금방 알게 된다. 서울사무소 개설 이전부터 이미 수많은 한국 기업 등에 자문해 온 미국 로펌으로서 한국 시장이 개방되자 클라이언트에 대한 서비스 강화를 위해 일찌감치 서울사무소 개설을 결정했다는 것이다.

코헨앤그레서는 서울사무소 개설 이전부터 손승철 변호사 등의 활약에 힘입어 삼성전자, LG전자, SK, SK이노베이션, LG디스플레이 등을 대리해 미국 내 소송이나 국제중재 등 다양한 사건을 수행했다. 또 SK종합화학, KCC, 한라그룹 등에도 자문했다.

미국에서 제기된 제조물책임과 관련된 여러 건의 집단소송에서 LG전자에 자문하고, 뉴저지 연방법원에서 소비자들이 다시는 소송을 제기해선 안 된다는 승소 판결을 받아내기도 했으며, 핵심 개발인력의 이동을 놓고 벌어진 게임업체 엔씨소프트와 블루홀 스튜디오 사이의 미국 내 소송에선 블루홀 측을 맡아 화해를 이끌어냈다. 당시 엔씨소프트를 대리한 미국 로펌은 코헨앤그레서보다 두 달 먼저 서울사무소를 오픈한 롭스앤그레이(Ropes & Gray).

손 변호사는 또 서울사무소 개설 이후엔 매년 80% 이상씩 매출이 늘어날 정도로 성장을 계속하고 있다고 고무적으로 이야기했다.

코헨앤그레서는 미국에서 판매한 노트북 컴퓨터의 내장 USB의 데이터 전송속도가 제품 안내서에 나온 것보다 다소 느리다고 주장하며 제기된 집단소송과 스마트워치의 배터리 수명이 광고 내용보다 짧아 소비자들이 불이익을 받았다고 주장하는 집단소송에서 한국의 유명 전자회사를 대리하고, 미국에서 판매하는 TV에 대한 제품 설명 중 'refresh rate(재생률)' 표현이 소비자의 이해를 호도, 소비자의 권익을 해쳤다고 주장하며 제기된 집단소송에선 또 다른 전자회사를 대리해 방어했다. 이 외에도 범(凡) 현대가 회사 중 한 곳을 대리해 미국 회사와의 ICC 국제중재를 싱가포르에서 진행하고, 미국의 바이오 회사가 DNA 분석 및 포렌식 분야의 기술이 유명한 한국의 바이오 회사를 인수하는 거래에서 한국 회사를 맡아 성공적으로 거래를 마무리했다.

미국 내 소송, 국제중재와 함께 코헨앤그레서가 활발하게 자문하는 크로스보더 M&A 거래 중엔 SK종합화학을 대리해 기술촉매제를 만드는 미 벤처회사에 대한 지분투자 및 기술 공동개발 거래를 수행한 것도 있다. 또 삼성전자의 공정거래 관련 미국 내 소송을 대리하고, 교원을 맡아 미국에서의 경영권 분쟁 관련 소송도 수행했다.

도대체 한국계 변호사 3명을 포함 전체 변호사가 60명 조금 넘는 이 로펌의 경쟁력이 어디에서 나오는 걸까. 다시 2010년 9월 코헨앤그레서에 합류한 손 변호사의 얘기를 들어보자. 얘기는 손 변호사가 코헨앤그레서에 합류하기 전부터 시작된다.

손 변호사가 삼성전자 법무팀을 거쳐 삼보컴퓨터 법무실장으로 있을 때인 2003년. 삼보컴퓨터가 뉴욕에서 국제중재 재판을 해야 하는 사건이 생겼다. 손 변호사는 수임료가 엄청 비싼 미국의 대형 로펌 대신 적정한 수임료에 대형 로펌 못지않은 서비스를 제공하는 중소 로펌을 찾아 사건을 맡기기로 방향을 잡았다. 변호사비 지출을 최대한 줄이기로 한 것이다.

손 변호사는 삼보가 당시 일을 맡기고 있던 미국의 대형 로펌 5곳에 중소 규모의 로펌 중 실력 있고 비용이 합리적인 로펌을 한 곳씩 추천해 달라고 부탁했다. 이어 직접 뉴욕으로 날아가 추천받은 5개의 로펌을 차례로 인터뷰 한 그는 당시 설립 1년밖에 안 된 코헨앤그레서를 선택해 중재사건을 맡겼다.

결과는 성공적이었다. 예상을 훨씬 뛰어넘는 중재판정 결과에 회사에선 다른 일도 코헨앤그레서에 맡기라며 크게 만족해했다. 코헨앤그레서는 이 사건을 계기로 미국 내 특허침해소송, 제조물책임 집단소송, 금융거래 등 삼보 일을 여러 건 수행했고, 그 중간에서 손 변호사가 많은 역할을 담당했다.

손 변호사는 "코헨앤그레서는 클리어리 가틀립 등 미국의 일류 로펌에서 근무하던 변호사들이 다시 뭉쳐 2002년 12월 설립된 로펌"이라며, "역사도 짧고, 변호사도 많지 않지만 서비스 수준은 미국 내 어느 대형 로펌 못지않고, 상대적으로 저렴한 수임료를 청구해 국내외 기업이 선호한다"고 강조했다.

서울사무소 개설 이후엔 또 손 변호사 등이 서울에 상주하며 밀착 서비스를 제공, 높은 인기를 이어가고 있다. 손 변호사가 삼보컴퓨터에 근무할 때 미국의 대형 로펌 대신 코헨앤그레서를 선택한 것과 똑같은 이유로 여러 한국 기업이 합리적인 비용으로 일을 맡길 수 있는 코헨앤그레서를 찾고 있다는 것이다.

"꼭 미국의 대형 로펌을 선임해야 할 경우가 아니라면 코헨앤그레서와 같은 중견 로펌을 선택하는 경우가 더욱 늘어날 것이라고 봐요. 미국 대형 로펌의 변호사비용은 상상을 초월하기 때문이죠. 더군다나 이런 엄청난 비용에도 불구하고 기대했던 결과가 나오지 않아 의뢰인들이 낭패를 보는 경우가 적지 않습니다."

손 변호사는 "미국 내 소송이나 중재 등과 관련, 김앤장, 법무법인 태평양, KCL 등 한국의 유명 로펌이 소개하는 사건도 적지 않다"며, "한국의 주요 로펌들도 코헨앤그레서의 능력을 잘 알고 있다"고 힘주어 말했다.

코헨앤그레서가 역점을 두어 수행하는 주요 업무분야는 ▲소송과 중재(Litigation and Arbitration) ▲지적재산권과 기술(Intellectual Property and Technology) ▲화이트칼라 범죄(White Collar Defense) ▲기업법무(Corporate) ▲조세(Tax) ▲노동법(Employment Law) 등 6개 분야.

서울 을지로의 파인애비뉴 빌딩에 위치하고 있는 코헨앤그레서 서울사무소는 손 변호사가 총괄하는 가운데 미 본토에서 수시로 여러 명의 변호사가 한국으로 출장을 나와 상당기간 머물다 돌아가는 방식으로 한국에서의 업무수요에 대처하고 있다.

이 또한 전체 변호사가 많지 않은 코헨앤그레서가 효율적으로 인력을 활용하는 방법 중 하나로, 요컨대 이 로펌은 대형 로펌 못지않은 전문성과 부티크 펌의 장점이라고 할 수 있는 효율 및 합리적인 보수로 클라이언트의 선택을 담보하고 있다.

코헨앤그레서엔 손 변호사 외에도 이화여대, 콜럼비아 로스쿨(JD) 출신의 김수정 뉴욕주 변호사와 하버드 로스쿨(JD) 출신의 이상민 뉴욕주 변호사 등이 뉴욕사무소에 상주하며 함께 활약하고 있다.

삼성전자, 삼보컴퓨터 사내변호사,
한국 로펌 거쳐 코헨앤그레서 합류

코헨앤그레서의 손승철 변호사는 국내외 로펌은 물론 다년간 기업체에서 사내변호사로 활약한 보기 드문 경력의 소유자다. 변호사 경력 23년째.

서강대에 입학해 세 학기를 다니고 미 캔자스대 신문방송학과로 유학을 떠난 그는 처음엔 영화와 미디어 관련 일을 하려고 했다고 한다. 국내 유력 일간지의 LA지사와 KBS LA방송국에서 신문기자와 방송기자로 일하기도 한 그는 그러나 법에 관심을 갖고 로스쿨에 진학해 변호사가 되었다.

1994년 시라큐스대 로스쿨(JD)을 우등으로 마친 그는 뉴욕의 조그마한 로펌에서 변호사 생활을 시작했다. 그러나 얼마 안 있어 한국에 IMF 외환위기가 터지면서 기회가 찾아왔다. 외국변호사에 대한 수요가 급증한 한국의 여러 로펌과 기업체들로부터 함께 일하자는 잇따른 제의를 받은 것이다.

그는 삼성전자 법무팀을 선택했다. 지금은 수백 명의 변호사가 포진하고 있는 삼성전자이지만, 손 변호사가 합류한 98년만 해도 본사 법무팀의 변호사가 14명에 불과했다. 손 변호사는 정보통신 분야에서 삼성전자가 CDMA와 모바일 기술 등을 오지에 수출하는 여러 프로젝트에 참가했다. 연구소의 기술인력, 마케팅 담당 직원 등과 함께 호주, 폴란드, 스리랑카, 브라질 등을 오가며 관련 기술을 턴키(turnkey)로 수출하는 업무를 수행했다.

손 변호사는 "이때의 경험이 이후 많은 도움이 되었다"며, "로펌에서도 회사법 분야를 맡아 정보기술과 관련된 일을 많이 하고 있다"고 소개했다.

2년간 삼성전자에서 경력을 쌓은 손 변호사는 삼보컴퓨터로 옮겨 2005년 3월 지금은 법무법인 양헌이 된 법무법인 김·장·리로 옮길 때까지 삼보의 수석변호사, 법무실장(General Counsel)을 맡아 수많은 거래와 법적 분쟁의 해결을 뒷바라지했다. 코헨앤그레서를 알게 된 것도 삼보에 근무하던 시절로, 전체 변호사 경력 22년 중 7년을 기업체 변호사로 활동한 셈이다.

김·장·리를 거쳐 2006년 6월 법무법인 바른으로 옮긴 그는 다시 미국행 비행기에 몸을 실었다. 2010년 9월 1일자로 코헨앤그레서에 합류한 것. 이어 한국의 법률시장이 개방되면서 코헨앤그레서의 서울사무소 대표를 맡아 서울을 떠난 지 2년만에 다시 한국땅을 밟았다.

코헨앤그레서의 파트너이자 다양성 위원회(Diversity Committee) 멤버인 그는 기술이전, 라이선싱과 관련해 자문한 많은 경험이 있으며, 국제중재, 국제소송, 국경을 넘나드는 국제거래에 관련된 일을 많이 한다.

커빙턴앤벌링(Covington & Burling)

COVINGTON
COVINGTON & BURLING LLP

서울사무소 대표 / 박하용
www.cov.com

    박하용 캘리포니아주 변호사가 지휘하는 커빙턴앤벌링(Covington & Burling) 서울사무소가 서울 상주 인력을 꾸준히 늘리며 착실하게 발전하고 있다. 설립 초기 미국의 주 제네바 유엔대사를 역임한 통상문제 전문의 대니엘 슈피겔(Daniel Spiegel)이 박 변호사와 함께 일종의 투톱으로 포진했던 커빙턴은 지금은 대니엘이 워싱턴으로 돌아가고, 박 변호사와 함께 20년 이상 경력의 IP 소송 전문인 스콧 슈레더(Scott Schrader) 미국변호사와 변문삼 영국변호사, 로리앤-그르리에(Laurie-Anne Grelier) 프랑스 변호사 겸 뉴욕주 변호사 등 모두 6명의 변호사로 팀을 운영하고 있다. 이중 4명이 FLC 승인을 받았다.

    주요 업무분야는 M&A 등 회사법과 프로젝트 파이낸스, 국제중재, IP 소송, 반덤핑 등 경쟁법 이슈와 규제, 정부조사 등에 대한 자문으로, 다른 영미 로펌들의 그것과 크게 다르지 않다. 또 소송과 정부의 특별조사에 대비한 디스커버리, 다큐먼트 리뷰(document reviews), 인터뷰 등의 지원

서비스를 제공한다고 소개했다.

그러나 미 정부의 규제나 정책, 정부조사에 대한 대응이 커빙턴이 특히 뛰어난 경쟁력을 발휘하는 분야로, 서울에 사무소를 열 때부터 주목을 받았다. 박하용 변호사도 "뉴욕의 대형 로펌들도 미 정부 관련 사안을 처리하다가 잘 안 풀리면 커빙턴 워싱턴사무소에 자문을 의뢰할 정도"라고 커빙턴의 대 미국 정부 자문역량을 강조했다. 1919년 워싱턴에서 출발한 커빙턴은 워싱턴에 있는 로펌 중 사무소의 규모가 가장 큰 것으로 유명하며, 서울사무소 개설 계획을 발표했을 때도 워싱턴에서 가장 큰 로펌이 서울에 진출한다고 화제가 됐었다. 커빙턴은 미국과 유럽, 아시아에 위치한 10개의 사무소에 850명 이상의 변호사가 포진하고 있으나, 워싱턴에서만 500명 이상의 변호사가 활동할 정도로 워싱턴사무소의 비중이 크다.

2014년 삼성전자가 캐나다의 클라우드 프린팅(cloud-printing) 회사인 PrinterOn을 인수할 때 삼성전자를 대리하는 등 커빙턴은 IP, 경쟁법 이슈 등과 관련, 삼성전자 일을 많이 하는 것으로 알려져 있다. 서울사무소도 삼성전자와 가까운 강남역 인근의 메리츠타워 22층에 위치하고 있다.

이와 관련, 박하용 변호사는 "금융기관보다는 일반 제조업체 등을 대상으로 미국 정부의 규제와 통상, 투자자국가중재(ISD) 등 국제중재, IP 분쟁, 경쟁법 등 산업현장의 이슈를 많이 다루는 곳이 커빙턴"이라며 "기업이 있는 곳에서 사무소를 운영한다고 하면 틀리지 않을 것"이라고 말했다.

2012년 문을 연 서울사무소는 2008년에 개설된 북경사무소에 이은 아시아의 두 번째 사무소로, 일본이나 홍콩엔 사무소를 두고 있지 않다. 그만큼 서울사무소의 비중이 높다고 할 수 있으며, 상하이사무소도 서울사무소 개설 몇 달 뒤 문을 열었다.

직접 법률사무소 차려 운영했던 박하용 변호사

커빙턴의 서울사무소 대표를 맡고 있는 박하용 변호사는 한국 로펌에서도 오랫동안 외국변호사로 활동한, 변호사 경력 약 30년의 중량급 변호사로, 그는 한국계 미국변호사로 한국과 미국에서 다양한 경력을 쌓았다.

MIT에서 화학공학을 전공한 후 스탠퍼드 로스쿨에서 JD를 한 그는 1988년 미국의 일류 로펌인 Latham & Watkins LA사무소에서 변호사 생활을 시작했다. 주된 업무분야는 M&A와 금융, 부동산 거래 등. 특히 한국 기업 관련 일을 많이 처리하며 자연스럽게 한국 전문가로 자리매김이 이루어졌으나, 이때만 해도 Latham의 변호사 수임료는 한국 기업들이 감당하기에는 부담이 적지 않을 만큼 고가였다고 한다.

그에게 첫 번째 변화의 계기가 찾아왔다. 일을 맡겨 오던 한국 기업 관계자들이 어차피 박 변호사가 일을 다 하는데 차라리 독립해서 수임료도 깎아 주고 적정가격으로 일을 해주면 어떻겠느냐고 독립을 권유한 것. 박 변호사는 92년 LA에서 김앤박(Kim & Park)이란 이름으로 파트너십을 구성, 중소 법률사무소를 차리고 독립했다. 이후 그는 미국에 진출한 수많은 한국 기업과 금융기관 등을 대리하며 미국 내 소송, 회사 운영, 금융과 노동법 이슈 등 다양한 사안에 자문했다.

그러나 한국에 IMF 위기가 불어닥치며 LA에 있는 그에게 또 한 번의 변화가 찾아왔다. 미국에 진출한 한국 기업들이 한국으로 철수하면서 오히려 한국에 있는 기업들에 자문하는 일이 많아진 것. LA에서 태평양을 건너 한국으로 출장을 다니며 업무를 수행하던 박 변호사는 한국에 상주하는 게 오히려 낫다고 생각하고, 함께 일할 한국의 로펌을 알아보았다.

그는 2001년 한국으로 건너와 IP 업무 등이 발달했던 제일국제특허법률사무소에 합류했다. 김앤장 법률사무소에서 애플 대 삼성의 스마트폰 소송을 지휘했던 장덕순 변호사와 광장 지적재산권팀의 권영모 변호사, 에이펙스의 대표변호사 중 한 명인 박기웅 변호사 등이 그때 박하용 변호사와 함께 일한 한국변호사들로, 이들은 이후 제일국제가 광장과 합치며 서로 길이 갈리게 된다. 박 변호사는 박기웅 변호사와 함께 법무법인 우현지산으로 옮겼다가 2009년 가을 우현지산이 에이펙스로 합칠 때 함께 합류해 에이펙스에서 활약했다. 이후 한국의 법률시장이 열려 커빙턴이 서울사무소를 열기로 하고 적임자를 물색하면서 박 변호사를 스카우트, 잠시 커빙턴의 샌프란시스코사무소로 적을 옮겼다가 서울사무소 대표로 부임하게 된 것이다.

그는 "커빙턴 합류가 개인적으로도 의미가 작지 않다"며 "한국과 미국 로펌에서도 근무해 보았고, 직접 사무실을 차려 운영해 보기도 했는데, 미국 로펌의 서울사무소 대표를 맡게 되어 매우 의욕적으로 임하고 있다"고 말했다.

박 변호사는 M&A, 금융, 부동산 거래, 기업구조조정, EPC 계약, 에너지 프로젝트, 미국과 유럽에서의 반덤핑 조사 등에 관한 업무를 다양하게 수행한다. 또 미국 등 외국 정부의 특별한 조사, 미국 등에서의 소송과 중재 등 다양한 형태의 분쟁해결과 관련해서도 고객들에게 자문한다. 그동안 자문한 한국의 고객 기업 중에는 한국석유공사, SK이노베이션, SK하이닉스, 현대중공업, 금호그룹, 삼성전자, 삼성엔지니어링, 현대차, 현대모비스, 우리은행, 하나은행과 합친 외환은행 등이 있다.

덴튼스(Dentons)

大成 DENTONS

서울사무소 대표 / 박정근
www.dentons.com

덴튼스(Dentons)는 세계 최대의 로펌이다. 50개 이상의 나라에 140개가 넘는 오피스를 가동하고 있으며, 전체 변호사 수도 7,000명이 넘는다. 특히 스위스 verein 형태로 세계 각지의 로펌과 합병해 영토를 넓혀나가는 것이 덴튼스의 특징. 스위스 verein 형태의 결속에 의문을 제기할 사람이 있을지 모르지만, 덴튼스는 독자성(identity)과 함께 국제성(globalization)을 동시에 추구하는 '덴튼스식 합병'의 강점을 내세우며 무서운 속도로 네트워크를 확장하고 있다. 덴튼스에선 덴튼스의 합병구조를 '보다 강화된 verein(more unified verein)'이란 표현으로 설명한다.

2015년 11월 중국 로펌 대성(大成)과 합쳐 세계 최대 로펌이 된 덴튼스는 싱가포르에선 Rodyk & Davidson과 합쳤으며, 한국에도 사무소를 두고 있다. 2015년 7월 미국 로펌 맥케나(McKenna Long & Aldridge)와 합병하며 2013년 봄부터 운영하던 맥케나의 서울사무소를 덴튼스 서울사무소로 이름을 바꿔 박정근(미국명 앤드류 박) 미국변호사가 상주하고 있다.

그러나 서울사무소 수준이 아니라 한국의 토종 로펌과 합쳐 한국 기업의 해외진출 등에 관련된 업무(outbound)와 덴튼스의 글로벌 고객들로부터 제기되는 한국법에 관한 자문(inbound) 수요를 커버하겠다는 게 덴튼스의 새로운 한국 전략으로, 2016년 4월 서울을 방문한 조셉 앤드류(Joseph Andrew) 덴튼스 글로벌 회장이 리걸타임즈에 직접 밝힌 내용이다.

4월 18일 아침 서울 강남의 JW 메리어트 호텔에서 진행된 인터뷰에서 앤드류 회장은 방한 목적을 묻는 필자의 질문에 "한국 로펌과의 합병 추진 때문에 온 것"이라며, 왜 한국 로펌과 합병하려고 하는지, 합병 후의 업무방식과 기대효과에 대해 소상하게 이야기했다.

"한국 경제는 매우 중요합니다. 세계에 대해서뿐만 아니라 우리 로펌 덴튼스에도 매우 중요해요. 한국은 또 경제가 강할 뿐만 아니라 로펌들이 훌륭해서 특별하게 생각합니다. 한국에는 글로벌 수준에서 보아도 매우 좋은 로펌들이 있고, 몇몇 로펌은 세계 최고 수준입니다(Korea is also special not just because of the strength of the economy, but the strength of the law firms. There are very good law firms here in Korea that by any standards, by global standards, are some of the best in the world)."

그는 한국과 한국 로펌에 대한 고무적인 평가로 인터뷰를 시작했다. 그러면서 한국 로펌과 가장 먼저 합병하는 글로벌 로펌이 되겠다고 '세계 최초'를 거듭 강조했다.

앤드류는 지난해 중국 로펌 대성, 국제중재 분야가 유명한 싱가포르 로펌 Rodyk & Davidson과 합친 것도 모두 중국과 싱가포르에서 이루어진 글로벌 로펌과의 첫 합병이라고 설명했다. 덴튼스와 대성의 합병 이전에 중국의 King & Wood와 호주의 Mallesons가 합쳐 King & Wood Mallesons가 되었지만 그것은 글로벌 로펌과의 합병이 아닌 중국 로펌과 호주 로펌의 합병이었다는 게 앤드류의 의견. 그만큼 현지 로펌과의 첫 합병을 통해 크로스보더 업무 등 그 나라의 시장에서 우위를 차지하겠다는 강한 의지가 엿보였다.

앤드류는 3단계 시장개방의 시점을 미국 로펌 기준으로 2017년 3월로 잡고 이야기했다. 미국 로펌인 맥케나와 합쳐 맥케나 서울사무소를 덴튼스 서울사무소로 이름을 바꿔 운영하고 있는 점도 고려된 것으로 보인다. 맥케나가 미국 로펌의 서울사무소로 설립인가를 받은 만큼 미국 로펌들에게 3단계 시장개방이 허용되는 2017년 3월을 목표로 한국 로펌과의 합병을 추진하겠다는 것이다.

물론 덴튼스는 유럽이나 영국에도 거점을 확보하고 있다. 2010년 영국의 Denton Wilde Sapte와 미국의 SNR이 합병해 탄생한 SNR Denton은 2013년 캐나다의 FMC, 프랑스의 Salans와 합쳐 덴튼스(Dentons)를 출범시켰다.

덴튼스와 한국 로펌이 합병한다면 3단계 시장개방에서 허용되는 JV(합작법인)를 만들겠다는 것일까? 중국 로펌 대성이나 싱가포르의 Rodyk & Davidson과의 합병은 JV가 아니라 합병에 참여하는 각 로펌의 독립성이 인정되는 일종의 스위스 verein 형태의 결합이어 물어보았다.

앤드류는 이에 대해 명확하게 말하지 않았지만, 인터뷰에 배석한 정성기 미국변호사가 "우리는 JV는 하지 않는다. 한국 로펌과의 합병은 대성이나 Rodyk & Davidson과의 합병에서처럼, 별도의 법인격을 만들지 않고 각자의 독립성이 존중되는 덴튼스식 합병이 될 것"이라고 분명하게 확인했다. 정 변호사는 "JV는 각자 지분을 갖는 것 아니냐, 이것은 우리 방식과 맞지 않는다. 한국 로펌과의 합병 후 우리 지분은 0%다. 합병하면 우리는 한국 로펌이 되는 것"이라고 덴튼스식 합병에 대해 상세하게 설명했다.

다만 스위스 verein 형태의 합병이 3단계 시장개방 전 법적으로 허용되는지 여부가 명확하지 않기 때문에 JV가 허용되는 내년 3월 이후 가장 먼저 한국 로펌과 덴튼스식으로 합병하겠다는 의미로 이해되었다. 맥케나에서 활동하다가 덴튼스와 합치며 덴튼스의 일원이 된 정 변호사는 덴튼스의 IP&T(Technology) 그룹 공동의장(Co-Chair)이자 덴튼스의 유일한 한국계 글로벌 이사회 멤버로, 덴튼스에서 활동하는 한국계 변호사 중 가장 시니어이기도 하다.

다시 앤드류 회장과의 인터뷰 내용.

-합병할 한국 로펌은 정했나, 어떤 한국 로펌과 합병하길 원하나.

"우리와 합칠 한국의 가장 좋은 로펌을 찾고 있다. 합병을 추진하는 초기단계이기 때문에 어떤 로펌도 배제하지 않으려고 한다. 우리는 소송 전문 로펌과 합칠 수도 있고, 기업거래 전문 로펌과도 합칠 수 있다. 또 한국에 새로운 로펌을 하나 만들어 합칠 수도 있다.

그러나 어느 경우든 그 로펌이 종합적인 실무체계를 구축하도록 지원할 것이다. 우리가 합병한 대다수의 지역에서, 우리는 광범위한 기반의 종합적인 업무체계를 갖춘 엘리트 로펌과 합쳤다. 반면 몇몇 지역에선 특별한 전문성을 갖춘 로펌과 합친 후 그 로펌이 종합적으로 업무를 수행하는 로펌이 되도록 도왔다. 덴튼스엔 전 세계에 7,300명이 넘는 변호사가 포진하고 있다. 이들 변호사들로부터 개발되는 업무가 매우 많기 때문에 덴튼스와 합치는 로펌은 보다 종합적인 업무체계를 갖출 필요가 있다."

앤드류 회장은 그러나 중국 대성과의 합병을 예로 들며, 한국 로펌과의 합병에서도 한국 기업의 활발한 해외진출과 관련된 새로운 수요가 창출되길 기대했다. 한국의 대기업 클라이언트를 많이 확보하고 있어 아웃바운드 분야가 활발한 로펌과 손을 잡고 싶다는 표현이다. 그는 "우리가 이미 능력을 갖추고 있기 때문에 이곳 한국에서 단지 해외에서 유입되는 외국 업무만 할 수 있는 로펌을 찾을 유인은 없다(There's no motivation to find a law firm that can only do foreign work here in Korea because we already have that ability)"는 말도 했다.

앤드류에 따르면, 중국의 국유기업 117개 중 97개가 대성의 클라이언트로, 덴튼스는 대성과 손을 잡은 후 세계로 진출하는, 빠르게 성장하는 중국 기업들을 많이 대리하고 있다. 한국 시장에서도 한국의 대기업을 클라이언트로 많이 확보하고 있는 한국 로펌과 합쳐 이들 한국 기업의 해외진출이나 해외 분쟁 등과 관련된 업무에서 시너지를 내고 싶다는 것이다. 그는 "한국 로펌과 합쳐 삼성, LG, 현대 등 한국의 전자와 자동차, 건설회사 등이 해외에서 부닥치게 되는 분쟁, 거래와 관련된 업무를 한국 로펌과 함께 수행하면 좋겠다"고 솔직하게 말했다.

"현재 덴튼스가 수행하고 있는 가장 큰 몇몇 사건이 모두 중국에서 온 사건들입니다. 미국에서 진행 중인 가장 큰 소송 중 하나, 파리사무소의 가장 큰 회사법 문제 중 하나, 아프리카의 가장 큰 사건 중 하나, 중동에서 진행 중인 두 번째로 큰 사건이 모두 중국에서 나온 사건들이에요. 앞으로 이들 나라에서의 가장 큰 사건이 한국에서 유래되어 덴튼스의 변호사들이 활약하게 되길 바랍니다."

그러면 덴튼스와 합병하는 한국 로펌의 메리트는 무엇일까. 앤드류 회장은 "한국 로펌이 덴튼스와 같은 글로벌 로펌과 합쳐 전 세계에 변호사를 확보하게 되면 한국 기업의 해외업무 등을 도와줄 수 있고, 한국 로펌도 많은 돈을 벌 수 있다"고 대답했다.

"지금 삼성, 현대, LG 등 한국 기업들이 전 세계로 진출하고 있지만 한국 로펌들은 그렇지 못해요. 하지만 합병을 통해 한국 로펌들이 그들의 클라이언트를 따라 파리, 러시아, 중동, 중국에 나갈 수 있다면 그것은 기회죠. 그리고 덴튼스는 한국의 파트너들에게 경제적으로 유리한 합병구조를 구축할 텐데 그것이 우리의 접근방식이 다른 글로벌 로펌의 합병과 다른 점이에요."

-어차피 파리, 러시아, 중동 등 해외에서 필요한 자문은 현지 변호사들, 덴튼스의 해당 지역 사무소에서 수행할 일 아닌가? 한국 로펌의 역할은 무엇인가?

"덴튼스의 독특한 업무구조를 보아야 한다. 덴튼스에선 비록 구체적인 솔루션은 다른 나라의 특정사무소, 특정팀에서 찾아 제공하더라도 사건을 의뢰받은 이른바 'relationship partner'가 끝까지 관여하고 관리하며 질 높은 자문이 이루어지도록 서비스를 담보한다. 대(對)고객 서비스를 높여야 하기 때문이다. 이를 통해 클라이언트로부터 높은 만족을 이끌어내고 있다. 이런 점에서 우리는 '보다 강화된 verein(more unified verein)'이라고 할 수 있는데, 사건을 의뢰받은 파트너가 그 일을 한국에서 수행하든 뉴욕으로 보내든 그것은 중요하지 않다. 그 파트너는 'relationship partner'로서 어디서든 똑같이 보상받게 된다."

-덴튼스는 얘기한대로 일종의 스위스 verein 형태이다. 그리고 verein

방식으로 합친 글로벌 로펌도 여럿 있다. 덴튼스가 이들과 다른 점은 무엇인가.

"우리는 덴튼스와의 합병을 '제3의 길(The Third Way)'이라고 부른다. 독립된 개별 로펌으로 남거나 독자성(identity)을 잃어버리는 대형 로펌과의 합병과는 또 다른 방식이다."

앤드류 회장은 그러면서 덴튼스의 특징으로 인터뷰 내내 반복해서 강조한 'polycentric'과 'in and of the community'의 개념을 소개했다. 둘은 사실상 같은 의미로, 뉴욕이나 런던 등에 따로 본사가 있는 것이 아니라 덴튼스를 구성하는 141개 오피스가 모두 본사라고 할 수 있고, 그 나라, 그 지역에 존재하는 그 지역 로펌으로서의 독자성과 경쟁력을 추구하며 덴튼스의 다른 사무소와 협력해 시너지를 극대화한다는 뜻으로 풀이된다.

"우리는 우리와 합친 로펌들에게 이름을 바꾸라고 하지 않아요. 그들 고유의 조직구조를 바꾸라고 하지 않아요. 그들이 변호사를 훈련시키는 방법, 그들의 리더를 그대로 유지하게 해요. 그게 다른 글로벌 로펌의 합병과 다른 점입니다. 이를 통해 덴튼스의 합병이 다른 로펌들의 합병과 달리 성공하고, 덴튼스가 빠르게 성장하고 있다고 봐요."

연장선상에서 덴튼스는 두 달에 한 번꼴로 지역을 옮겨 다니며 글로벌 이사회를 진행하고 있다. 각각의 사무소가 본사가 될 수 있는 'polycentric'의 단면이자, 세계에 무려 141개 사무소를 운영하는 덴튼스의 변호사들로서는 서로 얼굴을 마주대고 의논하는 이런 회의가 자주 열릴 필요가 있기 때문이다. 4월 중순 서울을 방문하기 전 난징에서 열린 이사회에 참석했던 앤드류 회장이 'polycentric'과 'in and of the community'의 내용에 대해 좀 더 구체적인 설명을 이어갔다.

"클라이언트가 로펌을 찾는 핵심은 그들이 자문하는 모든 면에서 그 지역에 있는 그 지역의 로펌(law firms that are in and of the community in every way they practice)이에요. 어디서든 전문가는 찾을 수 있어요, 어디서든 클라이언트의 비즈니스를 이해하는 변호사도 찾을 수 있어요. 하지만 그 지역의 특별한 문화를 이해하는, 그래서 딜이 이루어지게 하고, 분쟁이 해결되게 할 수 있는 변호사는 어디서든 찾을 수 있는 게 아니에요.

덴튼스의 변호사들을 볼까요. 그들은 그곳에서 나서, 자라고, 그곳에서 관계를 맺고 있기 때문에 딜이 이루어지고 분쟁이 해결되게 하는 그 장소의 문화와 전통을 잘 알고 있습니다. 그런 점에서 우리 변호사들은 진정 그 지역에 있는 그 지역의 변호사들(lawyers that truly are in and of the community)이고, 덴튼스는 글로벌 로펌이자 지역 로펌(local law firm)인 것입니다."

앤드류의 말을 종합하면, 모두 57개 나라에 사무소를 갖고 있는 덴튼스의 로펌들은 그 지역에서 고유의 독자성과 문화, 조직구조를 유지한 채 덴튼스의 일원으로 글로벌 서비스에 나서고 있다. 앤드류가 덴튼스를 가리켜 글로벌 로펌이자 로컬 로펌이라고 얘기하는 것은 이런 의미인 것이다. 연장선상에서 서로 지분을 나눠 갖으며 새로운 법인격을 보유한 JV를 만드는 것은 덴튼스의 합병구조에선 잘 어울리는 개념이 아니라고 할 수 있다.

물론 덴튼스는 하나의 로펌(one law firm)이고, 다른 글로벌 로펌에서와 마찬가지로 글로벌 예산을 편성해 사용하며, 글로벌 회장 외에 글로벌 마케팅 임원(CMO, global chief marketing officer), 글로벌 법무담당자

(CLO, global chief legal officer) 등을 두고 있다.

앤드류가 글로벌 로펌이자 로컬 로펌인 덴튼스의 구조가 유리한 이유를 다시 한 번 부연해 설명했다.

"어느 나라에서든 CEO나 법무담당자(GC)들은 도심의 거리를 걸어가다가 자신들이 오랫동안 믿고 알고 지내온 변호사들을 만나 사건을 맡기고 이런 변호사들이 세계 어디서든 그들의 소송이나 거래에 관련된 자문을 맡아 처리해 주기를 희망해요. 하지만 지금 한국에서 그들은 해외로 나가서 한국인이 아닌 변호사를 선임해야 해요. 한국 로펌들이 해외에 진출해 있지 않으니까요. 그들이 무엇을 선호할까요? 우리는 한국 기업들이 한국변호사들을 선임하고 한국변호사들이 전 세계에서 그들의 문제를 처리해주기를 선호할 거라고 알고 있어요. 덴튼스와 합치면 그것이 가능하죠. 내가 이야기한 제3의 길이란 그런 의미예요, 독립된 로펌(an independent firm)이나 국제 로펌(an international firm)이 아니라 한국 로펌이면서 동시에 국제 로펌이 되자는 것이죠."

앤드류는 "우리는 하나의 로펌이지만 본사도 없고, 하나의 문화, 하나의 나라를 가지고 있지 않다"며 "여기에 한국 로펌을 추가하고 싶다"고 재차 힘주어 말했다.

덴튼스 관계자에 따르면, 앤드류가 이번 방한 중에 만난 여러 명의 한국 로펌 관계자 중엔 이른바 한국의 '빅5'가 아닌, 순위가 이보다 뒤인 로펌 관계자도 포함되어 있다고 한다. 덴튼스가 폭넓게 한국 측 파트너를 물색하고 있는 것으로 보인다. 정성기 변호사는 또 한국 로펌 관계자들이 공통적으로 "(덴튼스가) 이런 로펌인 줄 몰랐다"고 고무적인 반응을 나타냈다고 전했다.

박정근, 정성기, 최용석, 김영규 변호사 등 활약

덴튼스는 2015년 한 해 동안만 미국 로펌인 맥케나 외에 중국 로펌인 대성, 싱가포르 로펌인 Rodyk & Davidson 등 모두 8개의 로펌과 합쳤다. 그만큼 로컬 로펌의 독립성을 보존하며 글로벌 네트워크를 구성하는 덴튼스 방식에 많은 로펌이 공감하고 있다는 얘기로, 앤드류 회장은 덴튼스가 굉장히 빠른 속도로 성장하고 있다고 말했다. 2015년 합병한 로펌 중엔 호주 로펌, 콜럼비아 로펌, 멕시코 로펌도 포함되어 있다.

합병 숫자만 늘어나는 게 아니다. 덴튼스엔 개인 자격으로 팀 단위로 합류하는 변호사들도 많다고 한다. 물론 전 세계에 흩어져 있는 덴튼스 로펌에의 입사를 통해 이루어진다. 합병이 아니라 한 명, 두 명 또는 팀 단위로 덴튼스의 일원이 된 변호사가 2015년에만 모두 714명. 앤드류 회장은 "2016년 들어 한 달에 평균 100명씩 변호사가 늘어나고 있다"며 "이것이 우리의 전략이 성공하고 있다는 증거 아니겠느냐"고 강조했다.

덴튼스엔 아직 덴튼슨의 일원이 된 한국 로펌은 없지만 서울사무소의 박정근 변호사 등 여러 명의 한국계 파트너가 활약하고 있다.

박 변호사와 함께 IP&T 그룹의 공동의장인 워싱턴사무소의 정성기 변호사가 유명하며, IP 쪽엔 호주에서 전자공학을 공부한 최용석 미국변호사와 카이스트에서 석사까지 마치고 미국변호사가 되어 올해 파트너가 된 김영규 변호사도 함께 포진하고 있다.

정 변호사와 박 변호사 모두 IP 분야의 전문가로, 함께 맥케나에서 활동하다가 맥케나가 2015년 7월 덴튼스와 합병하며 덴튼스의 일원이 되었다. 두 사람 모두 맥케나 시절부터 LG그룹 일을 많이 해 왔다고 한다.

변호사 경력 25년의 정 변호사는 6·25 때 미 8군 사령관으로 부임했던 밴플리트 장군의 제안으로 창립된 코리아 소사이어티 보드 멤버로도 활약하고 있으며, 현재 덴튼스 워싱턴사무소에서 고문으로 활동하고 있는 월터 샤프 전 주한미군사령관도 그가 다리를 놓아 덴튼스에 합류했다.

덴튼스의 한국 업무를 총괄하는 위치에 있지만 그는 한국팀을 별도로 두고 있지는 않다고 말했다. 글로벌 로펌이자 로컬 로펌으로서의 위상을 동시에 추구하는 덴튼스의 철학과도 관련이 있어 보인다.

상표와 저작권, 특허 등에 밝은 박 변호사는 2001년 맥케나로 옮기기 전 오랫동안 김앤장에서 외국변호사로 근무한 경력도 있다. 또 주한미상공회의소(AMCHAM)의 지적재산권 위원회 위원장으로서도 활약했다.

2013년 맥케나 서울사무소 대표로 부임해 2015년 7월부터 덴튼스 서울사무소 대표를 맡고 있는 박 변호사는 덴튼스의 전 세계 사무소에서 한국으로 들어오는 자문수요가 엄청나다고 소개했다. 그는 "덴튼스의 해외 클라이언트로부터 한국 로펌들을 상대로 한국법 자문을 맡아달라는 RFP(제안요청)가 매주 여러 건씩 들어오고 있다"며 "한국 로펌이 덴튼스와 합치게 되면 인바운드 자문수요도 굉장할 것"이라고 말했다.

서울사무소 상주 변호사는 박 대표 1명이지만 미 본토 등에서 평균 3~4명의 변호사가 교대로 출장을 나와 함께 한국에서 업무를 커버한다는 게 그의 설명. 정성기 변호사도 자주 서울로 출장을 나와 한국 고객 등에 자문하는 단골 방문객 중 한 사람이다.

디엘에이 파이퍼(DLA Piper)

서울사무소 대표 / 이원조
www.dlapiper.com

디엘에이 파이퍼(DLA Piper)도 세계에서 가장 규모가 큰 로펌 중 한 곳이다. 변호사 약 4,000명. 30개 이상의 나라에 위치하고 있는 80개 이상의 사무소가 홈페이지에서 소개하는 글로벌 로펌 디엘에이 파이퍼의 모습이다. 아메리칸 로이어가 집계한 2015년 총매출은 25억 4,300만 달러로 전 세계 로펌 중 세 번째로 많은 매출을 기록했다.

2013년 1월 문을 연 서울사무소도 디엘에이 파이퍼의 방대한 글로벌 네트워크를 활용하며 한국에서의 업무를 개척하고 있다. 한국 유수의 반도체 회사에 미국, 중국, 독일, 인도 등 여러 나라의 본사와 계열사에 모두 적용되는 글로벌 컴플라이언스 매뉴얼을 만들어 제공하고, 한국 최대의 재벌그룹 중 한 곳에 대해서도 글로벌 컴플라이언스 매뉴얼을 구축하고 컴플라이언스 교육프로그램을 수행하는 등 전 세계의 전문가를 동원한 글로벌 차원의 접근과 자문이 디엘에이 파이퍼의 강점이다. 서울사무소 대표를 맡고 있는 이원조 미국변호사는 "수많은 나라의 서로 다른 법률체계를 원스톱으로 제공할 수 있는 글로벌 역량은 디엘에이가 단연 선두"라며 "한국의 유명 건설사를 위해 영국, 중국, 인도, 호주, 터키 등 전 세계 17개 나라의 법규와 라이선스, 인사노무, 분쟁해결, 안전보건 등 건설 관련 법제 조사를 수행한 곳도 디엘에이"라고 소개했다.

구체적인 사안에선 건설 관련 국제중재와 소송, IP, 집단소송 등이 서울사무소에서 중점적으로 취급하는 주요 업무로 주목을 받고 있다. 한국의 유명 건설사를 대리한, 미국 내 플랜트 건설 관련 약 1억 6,000만 달러 상당의 국제중재, 또 다른 건설사를 대리한 사우디아라비아 플랜트 건설 관련 약 6억 달러 상당의 클레임에 대한 법률자문 등이 디엘에이 파이퍼 서울사무소의 업무수행 사례로 소개되며, 한국 최대의 빈도체 제조사와 자동차 회사를 대리해 특허괴물 등이 미국에서 제기한 여러 건의 특허소송을 진행하고, 한국의 식품 대기업을 상대해 캐나다에서 제기된 집단소송도 방어하고 있다.

지역적으로는 중동과 아프리카가 디엘에이 파이퍼가 특히 글로벌 네트워크를 강조하며 중시하는 지역이다. 2015년 가을엔 알제리와 이집트 등 아프리카 9개국에 대한 투자 및 진출에 관한 세미나를 서울에서 열어 기업체 관계자 등으로부터 호평을 받기도 했다.

서울사무소 대표인 이원조 변호사는 한국에 나와 있는 영미 로펌들의 모임인 외국법자문법률사무소협회 회장으로 활약하고 있다. 그는 한국 IBM 법무담당으로 8년, 김앤장 법률사무소에서 4년간 근무한 한국통으로 유명하며, IBM 시절 한국 최초의 사내변호사단체인 인하우스카운슬포럼(IHCF)을 창설, 초대 회장을 역임하기도 했다.

허버트 스미스 프리힐즈(Herbert Smith Freehills)

서울사무소 대표 / 마이크 맥클루어
www.hsf.com

    2016년 5월 19일 저녁 광화문의 포시즌스 호텔. 허버트 스미스 프리힐즈(Herbert Smith Freehills) 서울사무소의 매니징 파트너인 루이스 맥도날드(Lewis McDonald)가 행사장을 찾은 손님들에게 우리말로 연신 "감사합니다"를 연발했다. 2013년 봄 서울사무소를 오픈한 HSF가 서울사무소 3주년 기념파티를 연 것으로, 서울에 진출한 26개의 영미 로펌 중 3주년 기념행사를 열기는 HSF가 처음이다. 그만큼 HSF는 서울사무소 운영에 자신감을 내보이고 있다.

    영국 로펌과 호주 로펌이 합병해 탄생한 HSF는 한국 시장에서 가장 성공한 영미 로펌 중 한 곳으로 평가된다. 3년 전인 2013년 봄 서울사무소를 오픈한 이후 서울사무소의 살림을 총괄하고 있는 루이스는 서울사무소 3주년 리셉션에서 "한국에 HSF 브랜드를 성공적으로 정착시켰다"고 나름의 평가를 내렸다.

    또 서울사무소 3주년 행사를 위해 런던에서 날아온 HSF의 공동 CEO

중 한 명인 마크 리고티(Mark Rigotti)도 필자와의 인터뷰에서 서울사무소의 성공적인 론칭에 기쁜 표정을 감추지 못했다. 마크의 표현에 따르면, 서울사무소의 성과는 두 가지 측면에서 접근할 수 있다. 그는 "하나는 한국에서 여러 클라이언트를 알게 되고 그들과 관계를 맺어 HSF가 한국의 비즈니스 사회(business community)의 일원이 되었다는 것이고, 또 하나는 서울과 HSF의 전 세계에 흩어져 있는 다른 사무소를 연결하는 네트워크가 잘 작동되고 있다는 것"이라고 만족감을 표시했다.

그는 서울사무소와 HSF의 다른 사무소를 연결하는 네트워크 구축을 '복도(corridors)'라는 표현으로 설명했다. 아시아와 중동, 아프리카, 호주, 유럽과 미국에 모두 25개의 사무소를 가동하고 있는 HSF의 네트워크가 잘 가동될 때 쓰는 표현이라고 한다.

"HSF의 서울과 중동, 서울과 런던, 서울과 호주 사이에, 각각의 끝에 전문가들이 위치하는 하나의 복도가 형성되어 있어요. 우리는 서로 전화를 걸고, 시장에서의 리드(leads)와 발전을 따라가며 자문에 임합니다. 서울사무소와 함께 다른 오피스의 네트워크 주위에 또 다른 전문가들이 포진해 지혜를 모으는 시스템이 작동하고 있습니다."

마크는 "이것이 서울사무소 3년이 이룩한 성과"라며 "이런 시스템이 클라이언트를 도우면서 서울사무소의 성공스토리를 만들어낸 것"이라고 거듭 강조했다.

또 하나 루이스가 강조하는 서울사무소의 성공비결은 에너지, 천연자원, 인프라스트럭처(Energy, Natural Resources and Infrastructure)로 압축되는 전문분야 특화전략.

그는 "HSF는 물론 전 세계에서 다양한 분야에 걸쳐 자문하지만 한국에선 한국의 회사들이 해외로 나가 에너지, 천연자원, 인프라 분야에 투자하는 것을 돕는 일에 집중하고 있다"며 "그 결과 이 분야에서 매우 전문적인 서비스를 제공하고 있고, 투자에 수반되는 금융, 이러한 투자에서 유발되는 다양한 문제, 분쟁해결도 우리가 높은 전문성을 갖고 있다"고 소개했다.

HSF 서울사무소엔 파트너 3명을 포함 모두 6명의 외국법자문사(FLC)가 포진하고 있다. 에너지, 자원, 인프라 등 특별한 분야에 집중해 업무를 수행하는데도 상대적으로 많은 수의 변호사가 현장에서 자문에 임하고 있다는 얘기로, 비록 분야는 한정되어 있지만 HSF에 그만큼 일감이 적지 않다는 반증으로 이해된다.

얼마 전 런던으로 돌아간 서울사무소 전 대표 제임스 도(James Doe)의 후임으로 국제중재 전문의 마이크 맥클루어(Mike McClure)가 서울사무소 대표로 부임했으며, 매니징 파트너인 루이스는 에너지와 천연자원, 인프라에 관련된 국제거래에서 활약하고 있다. 또 2016년 5월 1일자로 파트너가 된 이동호 미국변호사는 M&A 등 회사법 분야와 금융이 전문분야. 그는 코스닥 등록 엔터테인먼트 회사인 YG엔터테인먼트가 중국의 텐센트그룹과 중국의 온라인·모바일 티켓팅 1위 회사인 웨잉으로부터 8,500만 달러(약 1,000억원)의 투자를 받는 거래에서 주도적으로 활약했다.

HSF가 소개하는 서울사무소의 자문내역을 보면 특히 가스전 개발, LNG 프로젝트, 전력 프로젝트 등 프로젝트 자문과 대규모의 프로젝트 파이낸싱, 합작투자, 풍력발전소 매각, 오일필드 자산 매각 등에 관한 자문이 많다. 지역적으로도 호주와 중동, 인도네시아, 카자흐스탄 등 대규모 프로젝트가 많은 지역에 집중되어 있으며, 서울사무소와 해당 지역 사무소 또는 관련 전문가와의 네트워크를 통해 자문에 나서고 있다.

HSF는 서울사무소를 열기 얼마 전인 2012년 10월 영국의 허버트 스미스와 호주의 프리힐즈가 합쳐 출범한 합병 로펌으로, 합병 후 약 4개월 지나 받아낸 서울사무소 설립인가가 두 로펌이 합친 합병 동기 내지 이익 중 하나라는 얘기도 나돌았다.

무슨 얘기냐 하면, 합병 전부터 서울사무소 개설을 희망했던 호주 로펌 프리힐즈의 경우 유럽 지역의 로펌이 아니러 허버트 스미스와의 합병이 한국 시장에 직접 진출하는 통로로 작용했다는 것이다. 당시만 해도 한국과 호주 사이엔 법률시장이 개방되어 있지 않아 호주 로펌들은 유럽 로펌과 달리 서울에 사무소를 열 수 없었다. 또 서울사무소를 열어 한국 기업의 호주 진출 등에 대한 자문을 강화하려던 허버트 스미스 입장에선 프리힐즈와 손을 잡음으로써 호주 지역, 호주법 등에 대한 높은 자문역량을 확보하게 되었다는 것이 3년 전 한국 진출 때부터 강조되고 있는 HSF 서울사무소의 개설 배경 중 하나다.

HSF는 실제로 삼성물산-제일모직 합병 때 삼성물산을 대리해 영국법과 호주법에 대해 자문했으며, 한국가스공사를 대리해 쉘(Shell)로부터 7억 달러 상당의 서호주 프릴루드 부유식 LNG 프로젝트(Prelude Floating LNG Project)의 지분 10% 인수와 LNG 장기구매 계약과 관련해 자문했다. 또 한국수출입은행과 한국무역보험공사를 대리해 인펙스(INPEX)가 서호주에서 추진하는 익티스(Ichthys) LNG 프로젝트 파이낸싱과 관련해 호주법에 대해 자문하는 등 호주 쪽 자문에 두각을 나타내고 있다.

HSF는 리걸타임즈가 2013년 말부터 매년 실시하고 있는 사내변호사 상대 외국 로펌 평가에서 3년 연속 '톱 10'에 들 정도로 사내변호사들에게 인기가 높다. 특히 EPC 계약과 인프라, 에너지, 건설 분야 등의 자문에서 사내변호사들의 많은 선택을 받았으며, 다른 외국 법률매체들로부터도 신속한 대응(responsiveness)이 돋보인다는 평가를 받고 있다.

HSF는 3단계 개방까지 시작된 한국 시장에서 앞으로 어떤 전략으로 발전을 도모하려고 할까. HSF는 2013년 7월 한국 법률시장의 2단계 개방이 시작되자 3개월쯤 지난 9월 25일 가장 먼저 그리고 유일하게 한국 로펌과의 사건별 제휴를 대한변협에 신고한 로펌이어 늘 주목을 받고 있다. HSF는 일단 현재의 서울사무소 시스템을 유지하며 더 큰 발전을 추구하겠다는 입장이다. 2016년 7월부터 허용되고 있는 한국 로펌과의 합작법인(JV) 설립엔 어떤 의향도 가지고 있지 않다고 선을 그었다.

CEO인 마크는 "한국 시장에서 한국법이 아니라 한국 기업의 해외진출, 분쟁해결 등과 관련해 자문하며 잘 하고 있고, 한국 고객들도 HSF를 좋아하고 있는데, 현재의 모델을 바꿀 필요가 있다고 보지 않는다"고 분명하게 말했다. 또 "우리는 한국 시장에 진출한 지 단지 3년밖에 안 되었다. 우리 로펌의 발전단계에서 3년은 너무 짧고, 지금 단계는 JV를 생각할 때가 아니다"고 시간상으로도 지금은 그런 검토를 할 때가 아니라고 했다.

HSF는 에너지, 천연자원, 인프라에 특화하고, 호주와 중동, 동남아, 아프리카, 러시아 등에도 풍부한 네트워크를 갖춘 로펌이다. 서울사무소의 성공도 이러한 특장점이 구현된 결과로, 무엇보다도 에너지, 천연자원 등에 특화한 '선택과 집중'의 전략이 주효했다. HSF 사람들의 표현대로 '집중이 성과를 낳은 셈(Focus gets results)'이다.

코브레앤김(Kobre & Kim)

KOBRE & KIM
국제 소송/중재 전문 로펌

서울사무소 대표 / 김상윤
www.kobrekim.com

'코브레앤김은 100% 송무와 내부조사만을 수행합니다.'

2015년 8월 13일 서울사무소 설립인가를 받은 미국 로펌 코브레앤김(Kobre & Kim)의 소개는 이런 표현으로 시작한다. '국제 소송/중재 전문 로펌', 이것이 홈페이지(www.kobrekim.com)에 소개된, 코브레앤김이 지향하는 키워드다.

그러나 코브레앤김을 소송에 특화한 소송 전문 로펌 정도로 생각한다면 정확하게 이해한 것이 아닐 수 있다. 소송 전문 로펌 중에서도 복잡한 금융 상품 관련 분쟁, 미 정부조사 대응, 국제 판결 집행과 채권회수 등 강제집행 서비스에 특화해 매우 특이하게 실무를 운영하는, 소송 전문 중의 전문 로펌이라고 해야 코브레앤김의 실체에 보다 접근하게 된다. 물론 새로운 법률서비스를 표방하고 13년 전 뉴욕에서 시작한 코브레앤김의 시도는 영미의 대형 로펌들도 코브레앤김에 사건을 소개할 만큼 대단한 성공으로 나타났다.

하나 더 코브레앤김은 미 연방검사 출신의 김상윤(Michael S. Kim) 미국변호사가 공동 창립자이자 매니징 파트너 중 한 사람인, 한국계 변호사가 주도하는 로펌이라는 점도 한국 법조계와 기업체 관계자들에겐 눈길이 가는 대목. 대우에서 근무하던 아버지를 따라 두바이, 유럽, 코스타리카 등에서 어린 시절을 보낸 김 변호사는 열세 살 때 미국에 정착, 하버드대와 하버드 로스쿨을 나와 변호사가 되었다.

리걸타임즈와의 인터뷰에서 김 대표는 송무 전문 코브레앤김을 시작하게 된 배경을 다음과 같이 설명했다.

"2003년 5월 우리가 코브레앤김을 설립할 당시만 해도 미국의 연방검사를 그만두면 투자은행 등의 법무부서로 들어가거나 거의가 다 큰 로펌에 입사해 파트너를 하려고 했어요. 로펌을 새로 셋업 하는 경우는 거의 없었고요. 하지만 스티븐 코브레(Steven G. Kobre)와 저는 둘 다 사업에 관심이 많았습니다. 우리가 법률시장을 보기에 개발할 게 많고 기회가 많다고 느꼈지요. 자문은 잘 몰랐지만 소송은 자신 있었는데, 그래서 송무 전문 코브레앤김을 시작한 것입니다."

김 대표에 따르면, 스티븐과 김 변호사는 뉴욕에서 연방검사로 일하면서 가까워졌다고 한다. 특히 1년을 끌며 아주 오랫동안 진행된 어떤 사건의 재판에 함께 참여하면서 친해졌는데, 그런 인연이 송무 전문 코브레앤김의 설립으로 이어지게 된 것이다. 김 대표는 하버드 졸업 후 미국의 유명 로펌인 데이비스 포크(Davis Polk)에서 3년간 변호사로 일한 후 연방검사가 되었다. 스티븐은 로스쿨 졸업 후 로클럭(law clerk)과 뉴욕 카운티의 주(州)검사를 거쳐 연방검사에 합류했다. 로스쿨은 스티븐이 2년 먼저 졸업했지만, 연방검사는 김 변호사가 1년 빨랐다.

4년, 5년간 뉴욕 연방검찰청에서의 근무를 뒤로 하고 변호사 사무실을 열기로 한 두 사람은 '송무 전문'을 코브레앤김의 캐치프레이즈로 내걸었다. 월가의 투자은행 등에 연방검사 출신으로 법무실 등에서 활동하는, 스티븐과 김 변호사가 잘 아는 변호사들이 많아 사무실 운영에 큰 어려움은 없었다고 한다. 그들이 의뢰하는 소송사건 등을 수행하며 코브레앤김은 성장을 거듭했다. 변호사 수도 15명 정도로 늘어났다. 이때가 2007년 세계 금융위기가 터지기 얼마 전으로, 이런 속도로 계속 발전한다면 얼마 안 가 변호사 20~30명의 규모로 커질 수 있는 순조로운 운영이 이어졌다.

그러나 스티븐과 김 변호사는 중대한 결정을 내렸다. 김 대표가 일종의 '자살선언'을 한 셈이라며 저간의 사정을 소개했다. 코브레앤김에 제법 사건을 맡기고 있던 맨해튼의 클라이언트들을 찾아가 '더 이상 귀 회사의 사건을 맡지 않겠다'고 선언한 것이다. 변호사가, 로펌이 사건을 맡지 않겠다니 이게 무슨 소리일까.

결론부터 얘기하면 코브레앤김은 클라이언트가 아니라 업무에 집중했다. 자신들이 잘 할 수 있는 복잡한 금융상품 소송 등 특별한 소송과 FCPA(해외부패방지법) 등에 관련된 정부조사, 강제집행 서비스에 업무를 특화하기로 하고, 이러한 사건을 당사자에 관계없이, 원고가 되었든 피고가 되었든 자유롭게 대리하기 위해 투자은행 등 클라이언트와의 끈끈한 고객관계에 선을 긋고 나선 것이다. 김 대표는 코브레앤김의 이러한 정책을 '컨플릭트 프리(Conflict-Free)' 정책이라고 불렀다. 특정 클라이언트를 계속해서 대리하는 것(repeat client relationships)을 피함으로써 거기에서 촉발될 수 있는 이해관계 충돌(Conflict of Interests)을 차단하고, 어떠한 기업이나 기관에 대해서도 소송을 제기할 수 있는 변호사, 로펌으로서의 독립성을 유지하겠다는 전략이다.

실제로 미국의 대형 로펌들은 투자은행 등 거대 클라이언트를 상대로 워낙 많은 것을 자문하다 보니 이들 클라이언트를 상대로 소송을 제기한다든가 하는 일은 맡지 못하는 것으로 알려져 있다. 그러나 코브레앤김은 이런 위험이 없어 아무 제한 없이 소송을 수행할 수 있고, 미국의 대형 로펌들도 컨플릭트 때문에 맡을 수 없는 사건을 코브레앤김에 소개한다고 코브레앤김 서울사무소의 백재형(Robin J. Baik) 뉴욕주 변호사가 거들었다.

자유롭게 사건을 맡기 위해 특정 클라이언트의 일을 계속해서 맡는 것을 지양(止揚)한 것인데, 이런 사정을 잘 알고 있는 기존의 대형 로펌들이 코브레앤김에 사건을 소개하면서 이 정책이 또 다른 측면에서 사건 유치에 도움이 되고 있다는 것이다. 물론 여기서도 코브레앤김이 주시하는 것은 당사자가 아니라 자신들이 높은 경쟁력을 발휘할 수 있는 사건, 사안의 내용이라고 한다.

그러나 컨플릭트 문제가 없다고 코브레앤김에 당연히 사건이 오는 것은 아니다. 코브레앤김이 금융상품이나, IP 관련 소송, 증권, 반독점 분야 등에서의 집단소송, FCPA 등 미 정부조사, 파산, 강제집행 등 특화된 분야에 관한 한 미국의 대형 로펌 뺨치는 경쟁력을 갖추고 있기 때문에 가능한 일이다.

이후 수많은 사건을 대리하고, 잇따라 성공적인 결과를 거둔 뒤의 평가이지만 코브레앤김은 유명 법률매체로부터 FCPA와 국제 부패 관련 사건에서 돋보이는 '올해의 소송 로펌(Trial Firm of the Year)', '톱 10 소송 전문 부티크(Best Litigation Boutique Law Firms)', '뉴욕과 플로리다 지역의 화이트칼라 범죄 및 정부조사 1등급' 등 최고 수준의 평가를 받고 있다.

스티븐과 김 변호사가 월가를 돌며 자살선언을 한 후 얼마 지나지 않아 세계 금융위기가 터졌다. 투자은행들이 잇따라 문을 닫고, 일감이 줄어든 미국 로펌들이 오랫동안 어려움을 겪었지만 코브레앤김엔 시쳇말로 대박이 터졌다. 투자은행 등을 상대로 갖가지 소송이 제기되며 컨플릭트 문제를 고민할 필요가 없는 코브레앤김이 이들 사건을 많이 대리하며 금융위기 이후 호황을 누리게 된 것이다.

코브레앤김은 2007년 금융위기 이후 주택건설업체가 사모 저당대출 담보부증권(MBS)과 관련하여 JP모건 체이스(JPMorgan Chase)를 상대로 미국 금융 및 증권산업규제기구(FINRA)에 미화 1억 2,000만 달러 상당의 중재를 신청한 사건에서 주택건설업체를 대리하고, 특히 미국의 연방주택금융공사(FHFA)를 대리해 MBS 관련 수많은 소송과 중재를 수행했다.

또 미국의 유명 항공사를 대리해 경매 방식 채권인 ARS(Auction Rate Securities) 등 구조화 금융상품과 관련하여 메릴린치(Merrill Lynch), 오펜하이머(Oppenheimer), 리만브러더스(Lehman Brothers)를 상대로 FINRA에 4억 달러 규모의 중재를 신청해 승소했다. 이 사건은 현금이 많이 필요한 항공사에서 맡긴 돈을 현금계좌보다 이자율이 조금 높은 경매 방식의 금융상품에 집어넣어 운영하다가 금융위기로 경매가 중단되며 손실이 나고 맡긴 돈을 빼낼 수 없게 된 사안으로, 코브레앤김은 US Airways가 오펜하이머를 상대로 낸 사건에서 상대방의 증권법 위반 및 브로커-딜러 의무 위반을 입증함으로써 3,000만 달러의 배상결정을 받아냈다.

설립 후 13년이 흐른 코브레앤김은 최근에 문을 연 서울사무소를 포함 뉴욕과 런던, 워싱턴 DC, 홍콩, 마이애미, IP 사건을 많이 수행하는 샌프란시스코 등 전 세계 9곳에 사무소를 두고 있다. 소속 변호사는 100명에 육박하는 수준. 사무소와 변호사 수도 적지 않은 규모로 커졌지만, 금융 등에 특화한 소송과 정부조사, 강제집행 서비스에 관한 한 영미의 어느 대형 로펌 못지않은 높은 경쟁력의 로펌으로 성장한 것이 특히 주목할 대목이다.

김 대표는 "기존 로펌들처럼 투자은행 등의 사건을 계속 받아가며 성장하는 전략을 취했다면 또 하나의 그만그만한 기업소송 로펌으로 남아, 지금의 성공을 담보할 수 없었을 것"이라며 "우리는 남들이 하지 않는 도전에 나서 남들이 하지 않는 분야를 개발하고, 소송에 이겨 이익이 나면 다시 그 분야에 재투자하는 방식으로 우리만의 전문분야를 키워왔다"고 강조했다.

'컨플릭트 프리' 정책도 탁월한 선택이었지만 소송과 함께 정부조사, 강제집행 서비스에 특화한 것도 높은 성과를 내고 있다. 특히 코브레앤김의 정부조사 대응 등의 업무는 해외 클라이언트를 집중 공략하며 국제적으로 전개되는 게 특징. 김 대표는 "미국 내 기업에 대한 조사는 더 이상 자문수요를 찾기 어려울 만큼 워낙 여러 법을 통해 많이 이루어져 온 반면 중국, 한국 기업 등 해외 기업에 대한 조사와 규제가 갈수록 늘고 있다"며 "서울사무소를 낸 것도 이처럼 늘어나는 자문수요에 대비하려는 것"이라고 말했다.

코브레앤김의 런던사무소나 홍콩사무소엔 미국의 전직 검사 출신들이 포진, 유럽과 중국 기업을 상대로 전개되는 FCPA나 국제긴급경제권한법(IEEPA), 독점금지법, 국제무기거래규정(ITAR) 등과 관련된 국제 형사사건에서 깊이 있는 자문을 제공하고 있다. 미 검사 출신의 변호사가 해외사무소에 상주하는 것은 드문 일로, 현지에서의 자문을 뉴욕 본사의 소송팀과 연계해 배심원 재판 등에서 궁극적인 승리를 도모하는 것이 코브레앤김의 전략이다.

코브레앤김은 'FCPA 함정수사 재판'으로 언론에도 크게 보도된 판케시 파텔(Pankesh Patel) 사건에서 판케시 파텔을 맡아 FCPA 법규의 실질적 위반 혐의에 대해 무죄판결을 받아냈으며, 나머지 두 혐의에 대해서도 법원이 심리를 중단하도록 이끄는 데 성공했다. 김 대표는 "정부조사와 관련, 여러 산업 중에서도 금융서비스, 의약품, 에너지 및 방위산업 등에 중점을 두고 있으며 이들 분야의 실질적인 이슈들에 대하여 방대한 경험을 쌓아 왔다"고 소개했다.

또 하나 많은 로펌에서 부러워하는 코브레앤김의 전문서비스는 채권회수 등 강제집행 서비스. 이 분야에 관한 한 최고 수준의 경쟁력을 구축했다는 명성을 듣고 있는 코브레앤김은 한국예금보험공사를 대리해 청해진해운의 실소유주였던 유병언 일가의 해외 은닉 자산을 추적해 가집행을 성공적으로 완수했다. 또 2015년 5월 합의로 종결되었지만, 2011년 11월 코오롱에 대해 9억 2,000만 달러의 배상판결이 내려졌던 '듀폰 vs 코오롱' 아라미드 분쟁에서 듀폰을 대리해 미국, 유럽, 아시아에서 코오롱을 상대로 재산압류 등의 집행사건을 대리한 곳도 코브레앤김이었다. 백재형 변호사는 코브레앤김이 수행하는 강제집행 사건의 규모가 보통 1조원대, 최소 500억원 이상이라고 소개했다.

코브레앤김은 다른 로펌들과 달리 케이먼 제도(Cayman Islands)와 영국령 버진아일랜드(British Virgin Islands)에도 사무소를 두고 있다. 채권

회수 등에 효과적으로 대응하기 위한 것으로, 코브레앤김의 역외금융지역(offshore) 소송팀은 다양한 역외 신탁 및 자산은닉 사건에서의 변론 경험과 함께 자산을 은닉할 때 이용 가능한 복합적인 자산 보호 문제의 해결에도 경험이 풍부하다. 코브레앤김의 역외금융 사무소엔 해당 지역에서 판사와 중재인 등을 역임한 변호사들이 상주하고 있으며, 이들 관할에서 소송 경험이 풍부한 영국의 칙선 변호사(English Queen's Counsel)를 포함하여 영국의 송무변호사(barrister), 자문변호사(solicitor) 등이 코브레앤김의 국제 판결 집행 및 채권회수 팀에서 활동하고 있다.

백 변호사는 "꼭 자산을 도피, 은닉했다기보다 세금 등에서 유리하기 때문에 케이먼 아일랜드 등 역외금융지역에 자산을 갖고 있는 사람도 많이 있다"며 "코브레앤김은 역외금융지역 자산의 보호를 위한 다양한 서비스를 제공한다"고 소개했다.

소송이나 중재에서 이기더라도 돈을 받아야 궁극적으로 목적을 달성했다고 할 수 있을 것이다. 대형 로펌에선 왜 이처럼 중요한 채권회수, 강제집행 서비스를 직접 수행하지 않고 코브레앤김에 부탁할까.

백 변호사는 두 가지를 얘기했다. 하나는 이 분야가 대형 로펌에서 별도의 팀을 꾸려 상시적으로 서비스하며 전문성을 키우기엔 시장 규모가 그렇게 크지 않다는 것이다. 백 변호사는 이어 수임료 측면에서 코브레앤김이 의뢰인의 높은 선택을 받고 있다며 강제집행은 코브레앤김 같은 전문 부티크에 알맞은 서비스라고 말했다. 그에 따르면, 코브레앤김은 경우에 따라 해외 출장비와 현지 자문료를 포함한, 추심에 관련된 비용 일체를 선납하고 소송 상대방으로부터 추심한 액수를 한도로 회수에 성공한 돈의 일정 비율을 수임료로 충당하는 다양한 방식의 수임료 지급 방식을 제시하고 있다. 이에 비해 대형 로펌 등에선 본안소송에서 이겼더라도 다시 강제집행 등 채권회수에 나서려면 별도의 수임료 약정을 해야 해 코브레앤김 등 이 분야의 전문 로펌에 넘기는 경우가 많다는 것이다.

채권회수 자문에서 한 걸음 더 발전한 코브레앤김의 서비스는 이른바 '판결 및 중재판정 브로커-딜러 서비스'. 승소했지만 아직 집행하지 않은 판결 또는 중재판정의 거래를 알선하는 서비스로, 코브레앤김은 추심 위험 등을 조정해 현재가치를 분석하고, 판결이나 중재판정을 양수할 적합한 거래 상대방의 파악, 입찰 또는 거래 당사자를 위한 거래 준비 및 매매 협상 등의 업무를 수행한다. 물론 코브레앤김이 주선해 권리가 이전된 판결의 집행은 코브레앤김이 맡는 경우가 많다.

코브레앤김은 아홉 번째 사무소로 서울사무소를 열었다. 아시아만 치면 홍콩에 이은 두 번째 사무소로 그만큼 한국 시장을 중시한다는 의미가 들어있다. 코브레앤김은 특히 연방검사 경력의 김 대표가 직접 서울에서 자문하는 점을 강점으로 내세운다.

"서울사무소를 연 기존의 미국 로펌들은 서울에 한국어를 구사하는 미국변호사가 나와 있지만 미국 내 소송을 수행하거나 정부조사 등과 관련해 자문하는 변호사는 대개 미국에 있어 서울과 미국을 연계해 자문하는 게 보통인데, 우리는 한국말이 되는 소송 전문 변호사가 직접 서울에서 원스톱으로 자문하고 솔루션을 제공하고 있습니다. 그 점이 다른 점입니다."

김상윤 대표에 따르면, 서울사무소엔 김 대표 외에도 한국법에 대해서도 해박한 서울법대 출신의 백재형 변호사가 상주하고 있다. 미시간 로스쿨(JD)을 우등으로 졸업하고 뉴욕주 변호사가 된 백 변호사의 주요 담당

업무는 국제 사건에서의 채권회수 등 강제집행 업무와 파산사건. 3년 전 코브레앤김으로 옮긴 그는 로스쿨 졸업 후 클리어리 가틀립 뉴욕사무소에서 변호사 생활을 시작, 5년간 파산소송, 조세 등의 분야에서 경험을 쌓았다.

코브레앤김엔 또 김 대표와 백 변호사 외에 듀폰을 대리한 코오롱 상대 가집행사건에서 주도적으로 활약한 박상윤(S. Nathan Park) 미국변호사가 워싱턴사무소에서 크로스보더 상업소송, 국제중재, 파산 등 다양한 업무를 처리하고 있으며, 또 다른 한국변호사 2명은 미국 로펌에선 한국법에 관한 자문이 허용되지 않기 때문에 애널리스트로 활약하고 있다.

김상윤 대표는 "한국 기업이 관련된 소송이나 미 정부조사가 늘어나고 있는 가운데 특히 한국 기업들이 소송에 임하는 자세가 적극적으로 변하고 있어 주목하고 있다"고 강조했다. 소송을 당한 한국 기업이 적극적으로 반소를 제기해 대응전략으로 활용하는가 하면 먼저 미국 등의 경쟁기업을 상대로 소송을 내 공세적으로 나가는 경우도 차츰 확산되고 있다고 말했다.

'땅콩회항' 손배소 등 수행

코브레앤김의 사건 철엔 한국과 관련된 다양한 사건이 들어있다.

우선 이른바 '땅콩회항' 사건의 미국 내 손해배상청구소송을 빼놓을 수 없다. 비록 '불편한 법정의 원칙'이 적용되어 2015년 12월 각하되었지만, 조현아 전 대한항공 부사장으로부터 기내에서 폭언과 폭행을 당한 여승무원을 대리해 대한항공과 조 전 부사장을 상대로 뉴욕주 퀸즈 카운티 법원에서 소송을 수행한 곳이 코브레앤김이다.

코브레앤김은 또 한 개인이 한국 정부와 미 육군이 부적절하게 한강 주변 땅을 수용했다고 주장하며 제기한 미 연방법원에서의 소송에서 한국 정부를 대리해 1심에서 각하 결정을 얻어냈으며, 이동식 선박 도킹 기술의 개발을 둘러싼 파트너십 분쟁에서도 한국과학기술원(KAIST)을 대리해 각하 결정을 받았다.

이 외에 한국의 유명 치킨 프랜차이즈 업체인 교촌치킨의 미국 법인인 교촌치킨 USA를 대리하여 체임점주가 계약위반 및 과실을 이유로 제기한 뉴욕소송을 수행하는 등 한국 기업이 관련된 다양한 소송에서 활약하고, 미 정부조사 사건도 여러 건 수행한다고 서울사무소 관계자가 소개했다.

국제중재도 활발하게 수행하는 코브레앤김은 복합적인 가스 재판매 계약과 관련하여 한국 기업이 미국 상장기업을 상대로 싱가포르 국제중재센터(SIAC)에 미화 1억 달러 이상의 손해배상을 청구한 사건에서 한국 기업에 자문을 제공했다. 또 한국 금융감독원과 검찰의 조사와 관련하여 외국계 회사에 자문한 것이 있다.

리, 홍, 데거만, 강앤웨이미(Lee, Hong, Degerman, Kang & Waimey)

서울사무소 대표 / 사이먼 홍
lhlaw.com

"한국 법률시장이 열려 영미 로펌 여러 곳이 한국에 진출했는데, 저희는 한국계 미국 로펌 즉, 코리안 아메리칸 로펌(Korean American Law Firm)이라고 보시면 돼요."

2014년 11월 서울사무소 인가를 받은 '리, 홍, 데거만, 강앤웨이미(Lee, Hong, Degerman, Kang & Waimey, 이하 리앤홍)'의 사이먼 홍(한국명 홍성진) 대표변호사는 '리앤홍'을 이렇게 표현했다. 그의 설명을 좀 더 들어보면 코리안 아메리칸 로펌의 의미가 분명해진다. 한국계 변호사들이 주축이 된 미국 로펌이라는 뜻이다.

LA에 본사가 있는 리앤홍은 본점 소재지 기준 미국계 로펌으로 분류된다. 홍 대표는 그러나 리앤홍을 가리켜 '한국계 미국 로펌'이라고 강조했다. 고국의 법률시장이 열려 서울사무소를 연 것으로, 서울사무소 개설은 한국 사건을 주로 취급하는 리앤홍의 입장에선 너무나 당연하고, 자연스러운 결과라고 역설했다. 그는 서울사무소의 운영과 관련, 사업을 확장한

다기보다도 한국 고객에 대한 일종의 팔로업서비스, 애프터서비스를 강화한 것이라는 말도 했다.

리앤홍이 도대체 어떤 로펌이기에 '코리안 아메리칸 로펌'이라는 수식어를 앞세울까. 금융 분야가 전문인 홍 대표가 공동대표인 회사법 전문의 앤드류 리와 함께 LA에서 리앤홍을 설립한 것은 지금부터 25년 전인 1991년 3월 1일. 그러나 리앤홍의 태동은 이보다 10년 정도 더 거슬러 올라간다.

당시 UC버클리 3, 4학년이었던 두 사람은 기숙사 같은 동의 2층과 7층에 있는 방을 쓰는 기숙사 친구였다. 나이는 사이먼이 한 살 위였으나 대학 진학은 여섯 살 때부터 LA에서 산 앤드류가 빨랐다. 한국에서 초등학교를 다니다가 아홉 살 때 브라질로 이민을 간 사이먼이 브라질에서 고교 2학년까지 마치고 다시 LA로 이민, 1년 반 정도 고교과정을 다시 다니고 대학에 진학했기 때문. 사이먼은 정치학, 앤드류는 경영학을 전공했다.

그러나 교포사회에서 촉망받는 젊은이로 두각을 나타내고 있었던 두 사람은 대학을 마치면 로스쿨에 들어가 변호사가 되겠다는, 똑같은 꿈을 꾸고 있었다. 사이먼과 앤드류는 여기서 한 걸음 더 나아가 변호사가 되면 함께 한국 기업들에게 자문하는 한국계 로펌을 만들자고 약속했다.

"코리안 아메리칸 로펌이 뭔지도 모르고 막연하게 한국 기업들을 상대로 국제무역법을 해보자, 이렇게 미래의 청사진을 그려나갔지요. 또 그때 생각에 미국의 대형 로펌에서 월급쟁이로 일하는 것보다 한국계 로펌을 설립하는 것이 훨씬 성공할 것 같다고 느꼈어요."

사이먼과 앤드류는 로스쿨을 나와 미국 로펌에서 3년 정도 경험을 쌓은 후 곧바로 로펌을 설립하자고 구체적인 시간표까지 짰다. 사이먼은 버클리를 나와 동부로 갔다. 조지타운 로센터(JD)을 졸업하고 캘리포니아주 변호사가 되어 LA에 있는 한국계 로펌에서 근무했다. 같은 캘리포니아주 변호사인 앤드류는 USC 로스쿨을 졸업하고 회사법 분야에 특화하며 또 다른 미국 로펌에서 경험을 쌓았다. 막 30대에 접어든 두 사람은 9년 전 버클리 기숙사에서 다짐했던 약속을 떠올렸다. 그리고 약속대로 근무하던 로펌을 나와 1991년 3월 '리앤홍'을 출범시켰다.

"내일 비서가 출근한다고 해서 코스트코에 가서 책상을 사다가 앤드류와 함께 맞춰 놓았는데 나중에 보니까 거꾸로 맞춘 거예요. 그때가 서른한 살이었는데, 돌이켜보면 용기가 참 대단했다는 생각이 들어요. 그러한 도전이 오늘의 리앤홍을 있게 한 셈이죠."

사이먼과 앤드류가 20대 초반 대학 기숙사에서 다듬은 사업구상은 예상이 크게 빗나가지 않았다. 처음엔 어려움도 없지 않았지만, 법률 실력과 함께 유창한 한국어와 한국의 기업 문화에 대한 이해가 뒷받침된 리앤홍의 서비스가 인정을 받기 시작하면서 미국에 진출하는, 이미 미국에 진출한 한국 기업 등의 자문 요청이 늘어났다. 특히 대표변호사가 직접 신속하게 의사결정을 하며 지상사(支商社) 대표 등을 상대하자 미국의 대형 로펌에 일을 맡겼다가 자주 물어보지도 못하고 많은 답답함을 느낀 한국 기업들이 한국계 로펌 리앤홍에 앞다퉈 자문을 의뢰했다. 홍 대표는 변호사를 더 많이 채용하고, 다시 늘어난 변호사 이상으로 일감이 넘쳐나는 선순환이 이어졌다고 설명했다.

리앤홍은 클라이언트 대부분이 한국의 기업과 금융기관 등 한국 클라이언트다. 미 연방예금보험공사(FDIC)나 외국 자동차 회사 등도 리앤홍이 자문하는 고객들이지만, 리앤홍은 한국 고객에 특화해 성장한 미국 로펌이라고 할 수 있어 서울사무소 오픈이 더욱 주목을 받고 있다.

"한국 사건하면 LA에선 당연히 리앤홍이지요. 미국에 진출한 거의 대부분의 한국 기업, 금융기관에 자문했다고 해도 과언이 아니에요."

홍 대표는 "약 50명의 변호사가 거의 대부분 한국 관련 일을 처리하며 바쁘게 움직이고 있다는 점에서 미국 대형 로펌의 어느 한국팀보다도 많은 변호사로 구성된, 규모가 큰 한국팀을 운영하는 곳이 리앤홍"이라고 강조했다.

설립 후 9년이 흐른 2000년 교회 친구이자 UCLA 전자공학과를 졸업하고 로욜라 로스쿨을 나온 지적재산권 전문의 조나단 강 미국변호사가 합류해 팀워크가 보강됐다. 사이먼, 앤드류, 조나단 세 사람이 순서대로 금융, 회사법, IP 세 분야를 나눠 맡는, 일종의 삼각편대가 완성된 것으로, 리앤홍의 전체 지분을 나눠 갖은 세 사람은 지분파트너이자 공동대표를 맡아 리앤홍의 경영을 책임지고 있다.

"우리 세 사람의 우정이 리앤홍의 성공을 이끈 원동력 중 하나에요."

홍 대표는 "오래된 클라이언트 중에 요즈음도 세 사람이 같이 하느냐고 물어오는 경우가 있는데, 다른 로펌의 파트너들이 부러워할 정도로 성공적으로 파트너십을 운영하고 있다"고 말했다.

전체 변호사가 약 50명에 이르는 리앤홍은 사무소도 늘어 현대차, 기아차 공장이 있는 오렌지 카운티와 워싱턴 인근의 버지니아에도 사무소를 두고 있다. 2013년 5월엔 런던중재로 분쟁을 많이 해결하는 한국의 조선소, 해운 회사 등에 대한 서비스 강화를 겨냥해 런던에도 사무소를 열었다. 서울사무소는 리앤홍의 다섯 번째 사무소. 런던사무소에선 STX

조선 등의 중재사건을 수행하고 있다.

서울사무소 대표를 겸하고 있는 홍 대표는 미국의 대형 로펌 뺨치는, 높은 수준의 서비스와 합리적인 변호사 보수를 리앤홍의 가장 큰 강점으로 들었다. 미국의 대형 로펌들도 한국 관련 일을 많이 수행하지만, 이들이 맡기엔 일의 규모가 작고, 가격 측면에서 리앤홍에 경쟁이 될 수 없다고 말했다. 또 교포변호사들이 운영하는 LA에 있는 소규모의 로컬 로펌은 리앤홍이 수행하는 수준의 일을 감당하기 쉽지 않아 한국 클라이언트들이 리앤홍을 선호한다고 했다.

"리앤홍의 변호사들은 영미의 유명 로펌에서 경험을 쌓은 최고의 변호사들이에요. 어디 내놓아도 손색없는 일류 서비스를 적정한 가격으로 제공하는 데 고객들이 좋아하지 않을 수 없죠."

여기에 하나 더 리앤홍의 성공요인을 든다면 미국 진출 한국 기업의 미국 내 분쟁해결 등 일종의 틈새시장을 찾아 집중적으로 공략한 '선택과 집중', 전문화 전략을 꼽을 수 있다

홍 대표는 리앤홍이 수행하는 업무에 대해, '퍼스트 티어(first tier) 고객의 세컨 티어(second tier) 업무'라는 표현을 썼다. 물론 서비스는 최고(top tier) 수준이다. 무슨 얘기냐 하면 한국의 대기업, 금융기관 등 최고의 고객을 상대로 이들이 미국 등에서 부닥치는 다양한 사안에 대한 자문이나 소송·국제중재 등 분쟁 관련 사건을 수행한다는 것이다.

그는 한국 기업이 해외에 핵발전소를 짓는 것과 같은 대규모 프로젝트는 몰라도 자동차 회사의 리콜이나 제조물책임에 관련된 집단소송, 노동법 관련 이슈, 주재원과 현지 채용인 사이의 법률문제, 특허출원 등의 분야에서 한국 기업을 가장 많이 대리하는 곳이 리앤홍이라고 설명했다. 실

제로 리앤홍은 기아차의 미국 내 제조물책임 집단소송을 전담하다시피 하고, 워싱턴사무소를 중심으로 한국의 유명 전자회사 등의 특허출원 업무를 수행하며 2016년 특허출원 및 관리 분야에서 미국 로펌 중 1위를 차지하기도 했다. 또 설립 초기 LA 등에 진출한 한국 기업의 지상사 일과 은행 지점을 대리한 감독 및 규제 관련 자문, 채권추심, 서류작성 등의 일을 많이 수행했다.

15년의 역사 중 어려운 시기도 없지 않았다. 1997년 한국에서 IMF 위기가 터져 LA 등에 나와 있던 지점, 지사 등이 사업을 접고 본국으로 철수해 버렸다. 한국에선 기업들이 경쟁적으로 외자를 유치하고, 사업을 내다 팔며 로펌들이 특수를 누렸지만, 리앤홍은 당시 15명이었던 변호사를 절반으로 줄이는 구조조정을 겪어야 했다. 그러나 한국 기업의 해외진출이 다시 활기를 띠면서 24년 전 30대의 두 명의 교포변호사가 주춧돌을 놓은 리앤홍의 발전에 다시 가속도가 붙었다.

리앤홍이 빠른 속도로 발전하면서 창립 파트너들은 유혹도 여러 차례 받았다고 한다. 홍 대표는 "노골적으로 몇 백만 달러를 주겠다고 하는 등 M&A를 제의해 온 곳이 한 두 곳이 아니었다"고 말했다. 그는 그러나 후배들을 생각하고, 미국 이민사에 '성공한 코리안 아메리칸 로펌'의 유산을 남기기 위해 오직 리앤홍의 발전이란 한길을 걸어왔다고 얼른 말을 이었다.

"미국의 대형 로펌에서 파트너로 활약하는 선배들 중에도 빌링(billing) 시간을 못 채우면 로펌을 떠나야 한다며 저희를 부러워하는 사람이 많아요. 리앤홍은 한국 파트너 세 사람이 지분 전체를 나눠 갖고 있는 토종 한국계 로펌입니다."

이민 가정에서 성장해 미국변호사가 된 사이먼 홍, 앤드류 리, 조나단 강 세 남자의 우정이 미국 내 아시아계 최대 로펌이라는 대단한 성공으로 나타나고 있다. 한국계는 물론 중국, 일본계 변호사가 주도하는 미국 로펌 중에도 리앤홍 만한 규모의 로펌은 아직 없다. 특히 아직 50대인 세 사람의 상대적으로 젊은 나이가 앞으로 더 큰 발전을 예고하고 있다.

2016년 6월 예금보험공사의 글로벌 법률자문단의 한 사람으로 선임된 홍 대표는 "그동안 LA를 중심으로 미국에 파견된 한국 기업의 지점장, 지사장님들을 상대하며 미국에서 일어나는 갖가지 법률문제의 해결을 도와드렸다면 이제는 서울 본사에서 직접 의사결정에 참여하는 핵심 임직원을 상대로 한국 기업의 해외진출, 해외에서의 분쟁해결 등을 지원하고 있다"고 서울사무소 개설에 의미를 부여했다. 또 2년 전 개설한 런던사무소와 연계해 조선, 해양 분야의 한국 회사를 상대로 영국과 싱가포르 등에서 진행되는 국제중재 등을 적극 지원하겠다는 게 리앤홍의 계획. 설립 25년만에 고국에 닻을 내린 코리안 아메리칸 로펌 리앤홍은 이런 기대를 안고 한국에서의 서비스를 강화하고 있다.

코리안 아메리칸 로펌 '리앤홍'

'리, 홍, 데거만, 강앤웨이미'는 사이먼 홍, 앤드류 리, 조나단 강 세 사람의 대표가 관장하는 금융, 기업, IP 분야 외에도 제조물책임, 집단소송, 부동산, 해상, 보험, 노동 등 다양한 분야에 걸쳐 자문한다. 기아차, 대우차 등 자동차 산업 분야에서 독보적인 경험을 축적해 왔으며, 최근엔 미국 내 소송과 국제중재, 런던 해사중재 등 분쟁해결과 관련된 사건을 많이 수행한다.

업무파일을 들춰 보면 K-sure를 대리해 미국의 교포은행을 상대로 5년간 환어음 지급보증과 관련된 소송을 수행, 수천만 달러를 받아내며 합의로 종결한 사건과 삼보컴퓨터 부도와 관련, 한국산업은행을 대리해 마찬가지로 수천만 달러를 받아낸 여러 승소 사례가 이어지고 있다. 설립 초기 한국의 H상사를 대리해 800만 달러의 철강 납품대금 청구소송을 제기해 2년여만에 승소한 사건이 리앤홍이 발전하는 데 큰 계기가 되었다고 한다.

사이먼 홍 대표는 무엇보다도 실력으로 맞서 싸워 이긴 결과라며 실력제일주의를 리앤홍의 모토 중 하나로 강조했다. 미국의 법정이나 영국, 싱가포르의 중재법정 등에서 활약하는 리앤홍 변호사들의 면면을 보면 리앤홍이 얼마나 실력을 중시하는지 잘 알 수 있다. 기아차 법무총괄 임원(General Counsel)을 역임한 자동차 산업, 제조물책임 소송 전문의 Stephen Waimey나 Steptoe & Johnson에 있다가 합류한 Larry Schmadeka, Morrison & Foerster에서 오랫동안 활약한 Eric Olson 등이 소송과 중재 분야에서 활약하는 리앤홍의 간판스타들이다.

또 런던사무소의 Kenna Clarke 영국변호사는 리앤홍에 합류하기 전 해상 전문 로펌으로 유명한 영국의 Clyde & Co 싱가포르 및 런던사무소에서 활약했으며, Drewry Cooper 영국변호사도 런던의 유명 해상로펌인 Hill Dickinson에서 조선소, 선주, 용선계약자, P&I 클럽 등을 대리하며 런던 해사중재 등에서 다년간 경험을 쌓은 해상 전문변호사로 유명하다.

소탈한 성격에 유능한 변호사를 끌어오는 비상한 능력이 있다는 홍 대표는 "미 대형 로펌보다 한 단계 더 높은 대우는 물론 간섭하지 않고 리앤홍에서 마음껏 일할 수 있도록 환경을 조성해 준 것이 인재 유치의 비결이라면 비결"이라고 소개했다.

Olson 변호사의 경우 리앤홍의 상대방 대리인으로 5년간 치열하게 맞붙었던 Morrison & Foerster에서 해당 소송을 책임지고 수행한 최고 시니어 변호사로, 한때는 적장(敵將)의 입장에서 리앤홍의 변호사들과 기량을 겨뤘지만 사건이 끝난 후 다른 로펌으로 옮겼다가 얼마 안 지나 리앤홍에 합류했다. 또 유명 미국 로펌의 송무 그룹에서 Waimey와 함께 근무했던 Schmadeka는 기아차 법무총괄로 옮긴 Waimey의 권유로 리앤홍으로 옮기고, 이어 Waimey도 리앤홍에 합류하면서 다시 한솥밥을 먹는 사이가 되었다.

홍 대표에 따르면, 리앤홍의 약 50명의 변호사 중 3분의 1 가량이 코리안 아메리칸 변호사라고 한다. 리앤홍은 한인사회의 교회를 통한 무료법률상담이나 사회봉사에 활발하게 참여하고 있으며, 한국의 로스쿨생, 젊은 변호사들이 연수를 다녀가는 단골 미국 로펌 중 한 곳이다.

"유능한 교포 2세들이 변호사가 되어 코리안 아메리칸 로펌, 리앤홍의 문을 두드릴 때 무한한 자부심을 느끼지요."

홍 대표는 "한국인, 한국 기업 덕분에 여기까지 오게 되었다"며 "우리의 뿌리는 결국 한국인만큼 한국 기업을 돕는데 앞장서겠다"고 재차 다짐했다.

링크레이터스(Linklaters)

Linklaters

서울사무소 대표 / 스티븐 비스콘테
www.linklaters.com

체임버스아시아 2014년 '올해의 한국 최고 외국 로펌상(South Korea International Law Firm of the Year)', ALB코리아 2013년 '올해의 외국 로펌상(Foreign Law Firm of the Year)' 수상…

30년 넘게 한국 관련 업무를 해 왔다는 영국 로펌 링크레이터스(Linklaters)에 대한 주요 법률매체의 평가다. 리걸타임즈가 한국에서 활동하는 사내변호사들을 상대로 실시한 설문조사에서도 링크레이터스는 2014년 '외국 로펌 톱 10'에 드는 인기를 과시했다.

링크레이터스의 업무파일을 들춰보면, 2013년 ALB로부터 한국에서의 '증권시장 분야 올해의 딜(Debt Market Deal of the Year)'로 선정된 두산인프라코어의 영구채 발행과 2010년 파이낸스아시아(FinanceAsia)로부터 '아시아 최고 M&A 딜(Best M&A Deal in Asia)'로 선정된 한국석유공사의 다나 페트롤리엄(Dana Petroleum) 인수 등 한국 시장에서 수행한 여러 기념비적인 거래를 확인할 수 있다. 한국 기업이 공개매입을 통해 미

상장기업을 인수한 첫 사례인 이랜드의 K-Swiss 인수, 교보생명과 ING 생명코리아 지분 인수, 한국 건설회사 등이 참여한 가운데 수출입은행이 금융과 보증을 제공한 모로코의 Jorf Lasfer 석탄화력발전소 확장과 관련한 금융 자문 등이 링크레이터스 변호사들의 손을 거쳐 마무리된 성공 사례들이다. Jorf Lasfer 발전소 금융은 당시 아프리카에서 가장 복잡한 프로젝트 파이낸스 거래 중 하나로 평가받았으며, 여러 법률매체에서 '올해의 한국딜', '올해의 아프리카 PF딜'로 선정되기도 했다.

또 아시아머니(AsiaMoney)에서 '아시아 최고의 Equity 딜'로 선정된 Macquarie Korea Infrastructure Fund의 IPO, 론스타에 의한 외환은행 매각, 어피니티(Affinity) 사모펀드를 대리한 두 차례의 오비맥주 지분 거래 등 M&A와 PEF 자문, 자본시장, 프로젝트, 에너지와 인프라 등 다양한 분야에서 링크레이터스의 변호사들이 활약하고 있다.

2013년 7월 문을 연 서울사무소엔 매니징 파트너를 맡고 있는 안형중 미국변호사와 서울사무소 대표인 스티븐(Stephen Le Vesconte) 영국변호사 부부, 이주희 변호사 등이 포진하고 있다. 가장 많았을 때는 일곱 명까지 변호사가 서울에 상주했으나 강효영 영국변호사와 김경석 미국변호사가 각각 롭스앤그레이와 화이트앤케이스 서울사무소로 옮기면서 인원이 조금 줄었다.

뉴욕과 캘리포니아주 변호사인 안 변호사는 M&A와 자본시장 분야에서 많은 경험을 축적하고 있다. 국민은행을 대리해 한국에서 이루어진 첫 커버드 본드(covered bond) 발행에 자문하고, 공개매수로 진행된 이랜드의 K-Swiss 인수도 그가 관여한 주요 거래 중 하나. 또 프랑스 법대에서도 공부한 스티븐 변호사는 뱅킹과 프로젝트팀을 관장하며, 한국 기업의 에너지, 인프라, 프로젝트 투자 등에서 역량을 발휘하고 있다. 스티븐의 부인도 같은 링크레이터스 변호사로 함께 서울에 거주하고 있으나 한국 업무보다는 홍콩팀과 함께 아시아 쪽의 금융 관련 일을 많이 한다.

2008년 링크레이터스에 합류한 이주희 변호사는 "링크레이터스가 광업 등의 분야에 방대한 업무지식을 보유하고 있다"며 "서울사무소 팀에서 산업 관련 노하우와 기술적 전문성을 국내 시장에 적용하고, 중동, 아프리카, 동남아시아 등 실질적으로 프로젝트가 진행되는 국가에 상주하는 링크레이터스의 전문가들과 협력해 업무완성도를 높이고 있다"고 강조했다. 이 변호사는 연세대 법대를 나와 사법시험에 합격한 한국변호사로, 2008년 사법연수원을 마치자마자 곧바로 링크레이터스의 홍콩사무소에서 변호사 생활을 시작, 화제가 됐었다.

링크레이터스는 20개 나라, 29개 사무소에 2,200명의 변호사가 상주하는 글로벌 네트워크가 강점이다. 또 호주의 Allens나 남아프리카의 Webber Wentzel 등의 로펌과 제휴(alliance)해 네트워크를 확장하고 있다. 링크레이터스 관계자는 "아프리카처럼 링크레이터스의 사무소가 없는 나라와 지역에서도 오랫동안 업무 경험을 축적해 왔으며, 현지법, 관습에 대해서도 잘 알고 있다"며 "Jorf Lasfer 발전소 금융 자문에서 알 수 있듯이 아프리카 지역에서 높은 전문성을 발휘하고 있다"고 소개했다.

최근 발표에 따르면, 링크레이터스는 2016년 4월 말 결산 결과 전년 대비 3.5% 증가한 20억 250만 달러의 매출을 올렸다. PEP는 2.5% 늘어난 214만 5,000달러. M&A와 프로젝트, 분쟁해결, IP, IT, 금융규제팀에서 높은 실적을 올렸으며, 지역적으로는 런던과 동남아가 좋았다고 한다. 러시아 지역도 전년도와 비교해 잘 했다는 평가를 받았다.

밀뱅크(Milbank, Tweed, Hadley & McCloy)

Milbank

서울사무소 대표 / 김영준
www.milbank.com

2015년 1월 서울에 진출한 미국 로펌 밀뱅크(Milbank, Tweed, Hadley & McCloy)는 금융, 그중에서도 대형 프로젝트에 소요되는 자금을 지원하는 프로젝트 파이낸스(project finance)가 한국에서 수행하는 주된 업무다. 이 분야의 전문가인 김영준 미국변호사가 서울에 상주하며 수출금융 지원기관(export-credit agency)인 한국수출입은행과 K-sure를 대리하며 다양한 업종의 사업을 지원하고 있다. 서울사무소도 수출입은행에서 가까운 여의도의 IFC 3에 위치하고 있다.

물론 금융이 들어가는 대상 업종은 전력과 에너지(Power and Energy), 석유화학(Petrochemical), 기술(Technology), 항공(Aviation), 정보통신(Telecommunications), 인프라 등 다양한 분야에 걸쳐 있다.

실제로 밀뱅크는 포스코와 동국제강이 브라질 회사와 함께 브라질 동북부지방에 짓고 있는 일관제철소 프로젝트와 관련, 21억 달러의 금융을 제공하는 한국수출입은행, K-sure에 자문하고, 인도의 인터넷 회사인 Reliance Jio가 인도에 4G LTE 통신망을 구축하는 사업과 관련, 7억 5,000만 달러의 금융을 제공하는 K-sure와 HSBC 등에 자문했다. 이와 함께 소송과 중재, 미 정부의 조사에 대한 대응 등의 분야에서도 미 본토의 변호사들과 연계해 한국 고객들에 자문하겠다는 계획이지만, 주력은 역시 김영준 변호사의 전문분야이기도 한 프로젝트 파이낸스에 집중되어 있다.

김 변호사는 이와 관련, "우리 모델이 이것저것 하는 스타일이 아니다"고 선을 긋고, "물론 PF 비즈니스를 통해 이미 우리가 잘 아는 산업, 예를 들면 에너지산업 그런 거는 우리가 어차피 그 인더스트리를 잘 아니까 그런 산업과 관련된 M&A를 한다면 전혀 새로운 일이 아니라고 할 수 있으나, 갑자기 사람을 영입해서 새로운 일을 하겠다, 예컨대 국세중새 등을 하겠다 그런 계획은 없다"고 말했다.

그는 또 상대적으로 서울 상주 변호사가 많지 않은 데 대해서도, "자본시장(capital market) 일은 현지에 인원이 많이 필요하고, 채권이나 주식을 발행하는 회사에 가서 실사도 해야 해 현장에 사무실이 있는 게 굉장히 중요할 수 있지만, 밀뱅크는 주로 아웃바운드, 해외 프로젝트 중심이기 때문에 현지에 큰 사무실을 두고 인원이 항상 많이 있어야 하는 절실한 필요는 없다"고 설명했다.

2016년 현재 밀뱅크 서울사무소는 김영준 대표와 함께 윤광수 뉴욕주 변호사가 외국법자문사(FLC) 자격승인을 받아 상주하고 있다. 윤 변호사도 글로벌 프로젝트 파이낸스가 주된 업무분야다.

김 대표는 그 대신 밀뱅크의 다른 사무소 변호사들과 연계해 효과적으로 업무를 처리하는 방식을 강조했다. 예컨대 아부다비 등 중동에서 하는 일은 런던사무소 변호사들과 같이 하고, 싱가포르 일은 싱가포르사무소의 변호사들과, 또 남미 프로젝트는 뉴욕에 있는 변호사들 하고 함께 처리하며, 미 서부에 M&A 관련 일이 생기면 LA사무소 변호사들과 함께 나선다고 소개했다.

1866년 뉴욕에서 문을 열어 150년의 역사가 쌓인 밀뱅크는 보수적인 로펌으로 알려져 있다. 서울사무소 개설도 다른 미국 로펌들에 비해 상대적으로 늦었다. 그러나 밀뱅크는 2015년 총 매출이 7억 7,100만 달러, 지분파트너 1명당 수익(PEP)이 276만 5,000달러로, PEP 기준으로 미 로펌 중 15위를 차지한 미국의 일류 로펌 중 한 곳이다.

또 1977년 미국 로펌 중 가장 먼저 홍콩과 도쿄에 동시에 사무소를 열어 아시아에 진출한 것을 보면 밀뱅크를 꼭 보수적이라고만 할 것은 아닌 것 같다. 밀뱅크 홍콩사무소는 미국 로펌의 사무소로는 홍콩에 가장 먼저 개설된 사무소로 유명하며, 도쿄사무소 개설도 일본이 공식적으로 영미 로펌에 시장을 개방한 1987년보다 10년 앞서 개설, 당시 일본변호사연합회가 일본 법무성에 항의하는 등 한바탕 소동이 일기도 했다. 물론 지금처럼 정식으로 외국법자문사 자격승인을 받아 사무소를 연 것이 아니라 외무성에서 비자를 받아 일반 회사의 도쿄지사 형태로 사무소를 낸 것인데, 어찌되었든 도쿄에 사무소를 열어 진출한 첫 미국 로펌은 밀뱅크다.

밀뱅크는 서울과 홍콩, 도쿄 외에 베이징, 홍콩, 싱가포르에 사무소를 두고 있다. 가장 나중에 문을 연 사무소인 서울사무소를 포함 전 세계 12개의 사무소 중 5곳이 아시아에 있을 만큼 아시아를 중시한다는 평을 듣고 있다.

사무소도 12개에 불과해 그렇게 많지 않은 편. 전체 변호사는 지분파트너 146명을 포함해 649명이다.

경기고 2학년때 도미, 40년만에 금의환향

밀뱅크 서울사무소의 김영준 대표는 경기고 2학년에 재학 중이던 1974년 10월 가족과 함께 미국으로 이민, 예일대를 거쳐 하버드 로스쿨(JD)을 나왔다. 김용덕 대법관과 법무법인 광장에서 공익활동위원장으로 활약하는 최금락 전 청와대 홍보수석, 하나로텔레콤 사장과 SK 임원을 역임한 광장의 권순엽 미국변호사 등이 고교시절 친구이며, 2015년 1월 밀뱅크가 서울에 사무소를 열며 고국의 현지사무소 대표로 부임했다. 뉴욕과 홍콩에서 오랫동안 근무하고 일본에선 도쿄사무소 대표로 활약하기도 했으나 서울 근무엔 40년이 걸린 셈. 그는 "외국의 금융기관을 대리해 한국의 원전 건설 등을 돕다가 이제는 한국 금융기관을 대리해 한국 회사의 해외진출을 지원하는 고무적인 일을 하고 있다"며 밀뱅크의 서울사무소 오픈에 각별한 의미를 부여했다. 다음은 2015년 6월 2일 여의도의 콘래드 호텔에서 진행된 밀뱅크의 서울사무소 오픈 기념행사에서 이루어진 김영준 변호사와의 인터뷰 내용이다.

"그땐 우리나라가 외국에 원전을 수출하며 관련 금융까지 제공하고 이에 대해 법률자문을 할 날이 오리라곤 전혀 상상을 못했죠. 그런데 그런 날이 왔어요. 상상도 할 수 없었던 날이, 굉장히 감회가 깊죠."

김영준 변호사가 하버드 로스쿨 2학년 때인 1982년 여름 방학기간을 이용해 밀뱅크 뉴욕사무소에서 서머인턴을 할 때의 얘기를 꺼냈다.

"밀뱅크 뉴욕사무소에서 서머인턴으로 일을 배우고 있을 때인데, 파트너 한 분이 서류가 산더미만한 과제를 하나 주었어요. 뭔가 보았더니 미국의 체이스맨해튼 은행이 한국전력 앞으로 신용장을 내줘서 한국에 원자력발전소를 짓는 대형 프로젝트인데, 문제는 금융이었어요. 원전 5기나 6기쯤으로 기억나요. 그런데 당시만 해도 외채가 엄청나게 많았던 한국은 금융이 되는 나라가 아니었거든요. 어떻게 구조를 짰는가 하면 미 수출입은행이 체이스맨해튼에 보증을 해주고 미 수출입은행은 한국 정부에서 변제를 받는 식으로 구성했어요. 또 산업은행이 체이스맨해튼에 보증을 섰죠. 그리고 그걸로도 모자라 당시 한국의 재무장관이 친필서명을 해서 개런티를 써주고 이렇게 해서 4각으로 금융이 일어나 웨스팅하우스와 벡텔사가 기자재와 건설 서비스를 들여다가 한국에 원전을 지었어요."

그가 다시 30년 후로 돌아와 얘기를 계속했다. "하지만 지금은 우리가 제3국에 원전기술을 수출하고 있죠. 30년 전 우리 정부를 못 믿어서 미 수출입은행이 보증해서 금융이 나간 웨스팅하우스를 우리 하청업체로 데려와서 외국에 원전을 지어주고 있어요. 더구나 금융도 한국이 주도를 해서 한국의 수출입은행, K-sure가 보증을 서고, 보험을 제공해 거대한 프로젝트를 성공시키고 있어요. 제가 정확히 2011~2012년에 한국의 금융기관을 상대로 이런 프로젝트에 대한 자문을 시작했는데 정말 보람을 느낍니다."

전력과 에너지 등 국제적으로 진행되는 대형 프로젝트에 제공되는 금융 즉, 프로젝트 파이낸스 분야가 전문인 김영준 변호사는 실제로 한전이 아랍에미리트연합 아부다비에 건설 중인 원자력발전소 1,400MW 4기에 대한 파이낸싱에서 한국수출입은행과 미국수출입은행이 주간사로 참여한 대주단에 자문하고 있다. 한국이 외국의 도움을 받아 원전 등을 건설할 때 변호사 업무를 시작한 김 변호사가 이제는 한국의 금융기관, 한국 기업이 주도해서 제3국에 원전 등을 수출하는 일에 자문하고 있는 것이다.

1983년 밀뱅크 뉴욕 본사에 입사한 그는 영미 로펌에서 활동하는 한국계 변호사 중 가장 경력이 오래된 시니어 중 한 사람이며, 34년째 밀뱅크 한 곳에서만 근무하고 있는, 밀뱅크의 터줏대감과 같은 존재. 밀뱅크의 에델만(Scott Edelman) 회장보다도 밀뱅크 입사가 5년 빠른 그는 "밀뱅크가 나와 문화적으로 맞는 것 같다"고 말했다. 그는 하버드 1학년 여름방학 때인 1981년 김앤장에서 서머인턴을 하기도 했다.

"개인적으로 변호사 업무를 시작할 때와 지금을 연결시켜 보면 32, 33년 간 한국의 경제 발전사와 거의 함께 한 것 같은데, 그 마지막 장을 고국에 돌아와서 보내게 되어 기뻐요. 특히 한국 회사, 한국이 발전하는 것을 현장에서 죽 지켜본 사람으로서 한국의 국책 금융기관에 자문하고 후학들도 도와줄 수 있게 되어 굉장한 보람을 느낍니다."

오멜버니앤마이어스(O'Melveny & Myers)

O'MELVENY & MYERS LLP

서울사무소 대표 / 강성룡, 박진원, 김용상
www.omm.com

    1885년 LA에서 출발한 오멜버니앤마이어스(O'Melveny & Myers, OMM)는 특히 IP 소송, 반독점, 기업 인수·합병(M&A) 등의 분야에서 높은 경쟁력을 자랑한다. 아시아나항공을 대리해 대한항공과 가격담합을 했다는 이유로 피소된 집단손배소에서 3배의 배상책임을 면할 수 있는 판결을 받아내고, 일본의 경쟁사인 무라타(Murata Manufacturing)가 삼성전기를 상대로 미국의 국제무역위원회(ITC)에 제기한 특허침해 사건에서 삼성전기를 대리해 2011년 4월 승소했다. 또 램버스(Rambus)가 SK하이닉스를 상대로 제기한 39.5억 달러의 독점금지소송에서도 하이닉스를 대리해 2011년 전부 승소 판결을 받았다.

    OMM은 2015년에도 삼성전자를 상대로 제기된 CRT 소송을 성공적으로 마무리했다. 원고 측은 삼성과 다수의 회사들이 TV와 컴퓨터 모니터에 사용되는 브라운관 튜브의 가격을 담합하였다고 주장하며 손해배상을 요구하는 집단소송을 냈으나, 삼성을 대리한 오멜버니가 5년이 넘는 기간 동안 강력히 대응하여 금전적 배상 없이 원고가 자발적으로 소를 취하하도록 했다고 설명했다.

강성룡, 박진원, 김용상 세 명의 미국변호사가 상주하는 서울사무소에서도 OMM의 이러한 강점을 살려 IP와 반독점 등에 관련된 소송과 자문, M&A 등의 업무를 주로 수행한다. 강 변호사와 박 변호사는 한국 로펌에서도 오랫동안 근무한 한국통으로 유명하며, 강 변호사는 M&A, 국제투자, 금융 등의 분야에 많은 자문경험을 가지고 있다. 그는 얼마 전 작고한 강영훈 전 국무총리의 장남으로 롭스앤그레이(Ropes & Gray) 서울사무소의 강효영 영국변호사가 그의 동생이다.

박진원 변호사도 금융감독위원회 비상임위원, 한국국제교류재단, 동아시아연구원 이사 등으로 폭넓게 활동한 경력의 소유자로, 국제투자, M&A, 국제거래, 국제소송 및 중재 등의 분야에 다양한 자문 경험이 있다. 특히 스포츠 중재에 밝은 박 변호사는 2007년 한국인 최초로 스포츠 중재법정의 중재인으로 선임되었으며, 2016년 리우올림픽을 위한 국제스포츠중재재판소(CAS) 특별판정부의 중재위원으로도 활동했다.

서울사무소의 또 한 명의 주인공인 김용상 미국변호사는 반독점법 등 공정거래 분야가 전문이다. 가격담합과 독점적 지위 남용에 대한 미 법무성의 형사조사와 집단소송 사건에서 여러 나라의 기업을 대리했다. 또 부패방지법, 국제무역, 국제중재 및 기업 형사사건에 걸쳐 폭넓은 경험을 축적하고 있으며, 한국 방위사업청에도 오래전부터 자문했다. 2015년 8월 OMM에 합류하기 전엔 론스타가 한국 정부를 상대로 제기한 투자자국가중재(ISD)에서 한국 정부를 대리하고 있는 아놀드앤포터(Arnold & Porter)에서 근무하며 ISD에도 관여했다.

이와 함께 OMM은 LA사무소에 상주하는 조셉 김 미국변호사와 한국 사법시험에도 합격한 신영욱 미국변호사로 한국팀을 꾸려 높은 시너지를 추구하고 있다. OMM의 한국팀장인 조셉 김은 OMM에서만 30년간 활동한 베테랑으로, OMM 합류 전 매킨지에서 근무한 경력도 있다. 또 사법연수원을 29기로 수료하고 조지타운 로센터(LLM)를 거쳐 뉴욕주와 캘리포니아주에서 변호사 자격을 취득한 신 변호사는 가전제품, 자동차, 금융 분야의 한국 기업들을 상대로 복합적인 비즈니스 소송, 반독점법, 미 해외부패방지법(FCPA) 그리고 규제와 기업거래에 대한 자문을 주로 담당한다. 한국에서 서울대 법대를 졸업한 그는 2016년 8월 FLC 승인을 받았다.

OMM은 전 세계 16개 사무실에 약 800명의 변호사가 활동하고 있다. 서울사무소는 상하이, 홍콩, 베이징, 싱가포르, 도쿄, 자카르타에 이은 아시아의 일곱 번째 사무소다.

폴 헤이스팅스(Paul Hastings)

PAUL HASTINGS

서울사무소 대표 / 김종한
www.paulhastings.com

　많은 영미 로펌이 한국 법률시장에 진출하고 있지만, 미국 로펌인 폴 헤이스팅스(Paul Hastings)만큼 서울사무소 개설을 기다려 온 로펌도 드물 것이다.

　한국 시장이 열리기 전 폴 헤이스팅스의 900명이 넘는 변호사를 지휘하는 자카리(Seth M. Zachary) 회장과 매니징 파트너인 니츠코우스키(Greg Nitzkowski) 변호사는 "시장이 열리면 가장 먼저 서울에 사무소를 열겠다"고 틈만 나면 서울사무소 개설에 의욕을 나타냈었다. 그만큼 한국 시장을 중시하는 곳이 폴 헤이스팅스로, 폴 헤이스팅스는 2012년 3월 법무부가 서울사무소 개설 신청을 받겠다고 하자 미국 로펌 중 가장 먼저 서울사무소 개설 신청서를 접수해 화제가 되기도 됐다. 서울사무소 설립인가를 받은 것은 영미 로펌 중 일곱 번째인 2012년 9월. 이어 두 달쯤 지난 11월부터 서울에서 본격적으로 업무를 시작한 폴 헤이스팅스는 소송, M&A와 회사법, 자본시장 분야 등에 걸쳐 활발하게 자문에 나서고 있다.

서울사무소엔 대표를 맡은 김종한 미국변호사 등 4명의 파트너를 포함해 모두 6명의 변호사가 상주하고 있다.

1989년 변호사 업무를 시작한 김 변호사는 오랫동안 M&A 분야에서 활동했으나 한국 기업이 관련된 미국 내 소송 등이 늘어나며 지금은 소송 쪽으로 분야를 옮긴 경우. 2015년 5월 합의로 종결된 코오롱 인더스트리 대 듀폰과의 영업비밀 분쟁도 그가 서울과 미국을 오가며 적극 관여한 사건 중 하나로, 민사소송으로 시작해 형사사건으로 확대된 이 분쟁은 무려 6년을 끌며 여러 화제를 낳은 사건으로 유명하다. 코오롱 측이 지급한 민사합의금만 2억 7,500만 달러. 코오롱은 또 미 검찰과 법무성 형사과가 제기한 영업비밀침해 모의 혐의에 대해 벌금 8,500만 달러를 지급했다. 6년간 소요된 변호사비용도 엄청날 것으로 얘기되고 있다. 이 때문에 어차피 합의할 것이었으면 진작 합의했어야 하는 것 아니냐는 비판이 제기돼 왔으나, 김종한 변호사는 "듀폰이 처음에 코오롱을 완전히 죽이려고 했다. 합의 가능성을 열어놓았지만, 듀폰이 그런 분위기가 아니었다"고 말한 적이 있다.

김종한 변호사에 이어 폴 헤이스팅스 한국팀에서 두 번째로 파트너가 된 김새진 미국변호사는 M&A 분야가 텃밭이다. 서울사무소 개설 후에도 삼성전자가 15억 달러 상당의 씨게이트 주식을 씨게이트에 매각하는 거래에 자문하고, 삼성디스플레이와 코닝 간의 삼성코닝정밀소재 지분거래 때도 삼성 측에 자문을 제공하는 등 주요 M&A 거래에서 활약했다. 또 서울대 법대와 콜럼비아 로스쿨을 졸업한 김우재 미국변호사 등과 함께 홈플러스 인수에 참여한 테마섹(Temasek)에 자문하고, 롯데호텔을 대리해 뉴욕 팰리스호텔 인수 거래에 참여했다.

소프트뱅크가 쿠팡에 10억 달러를 투자하는 거래에서 소프트뱅크에 자문을 제공한 곳도 폴 헤이스팅스. 폴 헤이스팅스는 삼성전자가 미국과 영국에서 삼성페이 서비스를 시작하는 것과 관련, 현지 주요 은행과 신용카드사와의 계약협상 및 법률자문을 담당했으며, 2016년 9월엔 삼성전자를 대리해 미국의 대표적 럭셔리 가전업체인 데이코(Dacor)를 인수하는 거래를 마무리했다.

폴 헤이스팅스 서울사무소에서 활동하는 한국계 변호사 중엔 서울에서 대학을 마치고 미국에서 변호사가 된 유학파들이 특히 많다. 김우재, 김동철 변호사는 서울대 법대를 졸업하고 같은 시기에 콜럼비아 로스쿨에서 JD 과정을 마치고 뉴욕주 변호사가 된 경우이며, 장경선 변호사는 한국에서 중학교를 다니다가 일종의 조기유학을 떠나 미국변호사가 되었다.

김동철 변호사는 특히 사법시험에 합격해 사법연수원을 수석으로 마쳤는데도 미 로스쿨로 유학해 뉴욕주 변호사 자격을 취득한 후 미국변호사로 활동하는 경우여서 안팎의 주목을 받고 있다. 사법연수원을 28기로 수석 수료한 그가 콜럼비아 로스쿨로 유학을 떠난 것은 육군법무관 근무를 마친 2002년. 한국 로펌에 입사하거나 판, 검사가 되어 재조로 진출하는 것도 가능했지만 그는 더 넓은 세계를 경험하겠다며 태평양을 건넜다.

김동철 변호사는 "앞으로 국제적인 업무가 더욱 늘어날 텐데 젊었을 때 미리 준비하자는 생각으로 미 로스쿨에 도전했다"고 14년 전을 회상하며 이야기했다. 미국변호사 12년째인 김 변호사의 주된 활동분야는 자본시장 업무와 M&A 자문. 클리어리 가틀립에서 한국 기업 등을 대리해 수많은 채권발행과 IPO 등에 자문하다가 2012년 11월 폴 헤이스팅스에 합류해 폴 헤이스팅스가 서울사무소를 열면서 함께 서울로 옮겼다. 폴 헤이스팅스에서 외국법자문사로 활동하는 그는 물론 한국법에 대해선 자문하지 않으며, 미국 증권법 등 미국법과 국제법 등에 대해서만 자문한다.

"한국법에 관한 지식이 한국 기업 등 한국의 고객들과 법적 이슈 등에 대해 커뮤니케이션할 때 많은 도움이 되고 있지만, 한국법에 관한 자문은 해서도 안 되고, 하지 않고 있어요. 저는 미국변호사로서 한국에 온 것이니까요."

김 변호사는 클리어리에선 주로 자본시장 분야에서 활약했으나 폴 헤이스팅스로 옮겨선 자본시장 업무와 함께 M&A 등 회사법 분야로 영역을 넓혀 자문하고 있다.

장경선 변호사는 미시건대 공대를 졸업한 공학도 출신의 IP 전문 변호사로, 특허소송, 영업비밀 침해 사건 등에서 활약한다. 또 폴 헤이스팅스 서울사무소엔 다양한 소송과 미 정부조사 등의 사건에 자주 투입되는 프랭크 리 등이 함께 포진하고 있다.

파트너 시켜주겠다며 매니징 파트너가 직접 스카우트

부모님을 따라 어려서 미국으로 건너간 김종한 변호사는 조지타운 로센터(JD)를 나와 캘리포니아주에서 변호사 자격을 취득했다. 그는 특히 IMF 위기 이후 외교통상부 통상교섭본부장의 외자유치 고문으로 활약하며 이름을 날린 것으로 유명하다. 1998년 6월 당시 김대중 대통령이 미국을 방문, 인텔의 바레트(Barrett) 사장으로부터 한국투자 약속을 받아낸 것과 관련, 인텔 측을 대리해 삼성전자에 2억 달러를 투자하는 딜을 수행했으며, 삼성전자가 투자했던 AST 컴퓨터의 구조조정 및 매각 거래에선 삼성 측에 자문을 제공했다. 또 1999~2000년 호주 기업인 Lend Lease가 LG증권과 함께 한국에 자산운용사를 설립할 때 Lend Lease를 대리하는 등 수많은 거래에 관여했다.

1989년 Pillsbery LA사무소에서 변호사 업무를 시작한 김 변호사는 물론 IMF 이전부터 한국에 관련된 상당한 업무 경험을 축적하고 있었다. 상업은행의 미국 진출, 아시아나 항공의 LA 첫 취항, 기아자동차의 미 서부 진출 등이 그가 오래전에 관여해 마무리한 대표적인 거래들이며, 일본 기업의 M&A 거래도 많이 대리했다.

깔끔한 외모에 우리말을 유창하게 구사하는 그는 91년 폴 헤이스팅스로 옮겼다. 이어 97년엔 깁슨 던(Gibson, Dunn & Crutcher)의 한국팀장으로 스카우트되어 삼성전자, LG전자 관련 일을 많이 수행했다. 인텔의 삼성전자 투자와 삼성전자의 AST 구조조정 등이 모두 깁슨 시절 수행한 거래로, 김 변호사는 2001년 폴 헤이스팅스 LA사무소로 옮길 때까지 약 4년간 깁슨에서 활약했다.

폴 헤이스팅스로 다시 옮길 때의 일화도 재미있다. 전에 근무하던 폴 헤이스팅스에서 파트너를 시켜주겠다며 매니징 파트너가 직접 전화를 걸어 협상에 나선 것. 김 변호사는 특히 42세에 파트너가 된 그레그 니츠코우스키(Greg Nitzkowski)가 한국 시장을 중시하는 것을 보고 폴 헤이스팅스로 되돌아가게 되었다며, 당시 니츠코우스키가 한 말을 소개했다. 니츠코우스키는 지금도 LA사무소에 상주하며 폴 헤이스팅스의 매니징 파트너로 활약하고 있다.

"폴 헤이스팅스의 미래는 아시아에 있어요. 한국이 가장 중요합니다. 한국의 법률시장이 개방되면, 폴 헤이스팅스는 한국에 들어갑니다. 김 변호사가 없어도 한국에 사무소를 내겠지만, 김 변호사가 가장 적합한 후보입니다."(Nitzkowski)

김 변호사는 폴 헤이스팅스로 옮겨 2001년 11월 파트너가 되었다. 홍콩으로 옮긴 것은 2002년 6월. 이어 14년간 홍콩에 상주하며 한국 업무를 관장해 온 그는 2012년 한국 법률시장이 개방되자 홍콩의 한국팀을 모두 이끌고 서울로 옮겼다. 김종한 1명의 파트너로 시작한 폴 헤이스팅스 한국팀은 서울 사무소에만 4명의 파트너가 상주할 만큼 변호사도 늘고 업무도 비약적으로 증가했다.

롭스앤그레이(Ropes & Gray)

ROPES
&GRAY

서울사무소 대표 / 김용균
www.ropesgray.com

롭스앤그레이(Ropes & Gray)는 지적재산권(IP) 분야가 강한 로펌으로 유명하다. 약 150년 전인 1865년에 설립돼 토머스 에디슨, 알렉산더 그레이엄 벨, 라이트 형제, 헨리 포드 등 세계적인 발명가들을 대리하고, 미 특허소송 역사상 가장 큰 손해배상 사건이었던 레멀슨(Lemelson) 소송에서 피고 측을 대리해 승소한 곳이 롭스앤그레이다. 이 승소를 통해 한국을 포함한 전 세계의 기업들이 바코드 스캐닝 기술 사용을 위해 레멀슨 재단에게 매년 지불해야 했던 15억 달러에 달하는 로열티 지불 의무를 면하게 되었다. 또 폴라로이드를 대리해 코닥으로부터 9억 2,500만 달러의 천문학적인 손해배상금을 받아내는 등 롭스앤그레이의 업무파일엔 IP 분야의 이정표가 된 사건들이 적지 않다.

한국 기업과 관련해서도 LG, 현대자동차, 엔씨소프트, 한진 등의 업무를 많이 수행해 온 롭스앤그레이는 2012년 여름 서울에 진출했다. 그해 7월 19일 법무부로부터 가장 먼저 서울사무소 설립인가를 받은 '얼리버드

(early bird)' 로펌 중 한 곳이며, 서울사무소 대표를 맡고 있는 김용균 변호사는 대한변협에 가장 먼저 등록한 '외국법자문사(FLC) 1호 변호사'이기도 하다.

김 대표는 이와 관련, "이왕 서울에 사무소를 열어 고객들에게 서비스할 것이라면, '남보다 먼저 가서 열심히 하자' 이런 생각으로 부지런히 절차를 밟았다"고 당시를 회고했다. 롭스앤그레이는 이런 열정으로 한국에서의 업무를 발전시키고 있으며, 2014년 6월엔 브래드포드 몰트(R. Bradford Malt) 회장이 직접 서울을 방문, 대한변협에 세월호 성금 5,000만원을 기탁하기도 했다.

롭스앤그레이는 미국 본사의 높은 경쟁력을 바탕으로 서울사무소 설립 초기 IP와 회사법 자문을 주된 자문 분야로 표방했다. 상주하는 변호사도 회사법 분야에 폭넓은 경험을 보유한 김 대표와 IP 전문의 천상락 변호사 단 2명으로 시작했다. 그러나 4년이 더 지난 지금 롭스앤그레이는 서울사무소를 중심으로 IP 소송 외에도 M&A와 부동산 투자, 상사분쟁과 소송 해결, 공정거래, 화이트칼라 범죄 대응 등 다양한 영역에서 활약하며 업무범위를 넓혀가고 있다.

특히 단순한 업무분야 확대가 아니라 시장의 수요를 쫓아 잘하는 것 위주로 분야를 추가하며 한국 시장에서의 업무가 발전하는 고무적인 모습이 나타나고 있다는 게 김용균 대표의 설명. 서울사무소 상주 변호사도 설립 초기의 3배에 해당하는 6명으로 늘었다. 2013년 클리어리 가틀립에서 활동하던 M&A 전문의 이재우 미국변호사가 합류한 데 이어 1년 뒤인 2014년 11월엔 알렌앤오베리, 링크레이터스 등에서 경험을 쌓은 강효영 영국변호사가 한식구가 되어 M&A와 금융 등 기업법무 분야가 대폭 강화되었다. 또 한국변리사 자격도 갖추고 있는 이한용 뉴욕주 변호사와 가장 최근에 FLC 자격승인을 받은 사모펀드(PE) 전문의 스티브 변까지 막강한 진용을 과시하고 있다.

각기 전문분야와 경력이 다른 변호사들의 면면에서 알 수 있듯이, 다양한 포트폴리오를 기반으로 한 여러 분야에 걸친 자문이 롭스앤그레이 서울사무소의 강점으로 꼽힌다. 롭스앤그레이는 2015년에 이루어진 홈플러스 매각 거래에서 캐나다 연기금을 대리해 홈플러스 지분 약 20%를 인수하는 거래를 수행했으며, 비록 한국 기업이 관련된 것은 아니지만 한국에 있는 자회사가 문제된 다국적기업 여러 곳을 상대로 미 해외부패방지법(FCPA)에 대한 자문을 수행했다. 또 한국 굴지의 기업을 대리해 유럽 등의 해외부동산 투자를 수행했는가 하면, 미 캘리포니아의 북부지방법원에서 진행 중인 공정거래 위반 집단소송에서 한국의 광학디스크 관련 기업을 대리하고, 영업비밀 침해 여부가 문제된 듀폰과의 분쟁에서 웅진케미칼을 대리해 250만 달러를 지급하는 조건으로 미 법무성 조사를 포함한 민, 형사상 일체의 분쟁을 성공적으로 마무리했다.

이 외에도 롭스앤그레이는 세계 최고라는 생명과학 분야의 전문성을 내세워 삼성과 Biogen-Idec과의 3억 달러 규모의 합작투자를 성사시켰으며, 미국에서 진행 중인 여러 건의 경쟁법 위반 집단소송에서 LG전자와 히타치의 합작사인 HLDS를 방어하고 있다. 삼성과 Biogen-Idec과의 합작 거래에서 롭스앤그레이가 대리한 당사자는 오래된 클라이언트인 Biogen-Idec. 김 대표는 "한국 기업이 생명과학 분야에서 상당한 규모의 M&A를 하려고 하면 상대방 회사는 대개 롭스앤그레이의 클라이언트일 확률이 높다"고 생명과학 분야에서의 탄탄한 클라이언트 기반과 높은 경쟁력을 강조했다.

롭스앤그레이는 홈페이지에서 20여년 간 한국 클라이언트들에게 지식재산권, 복잡한 기업간 소송, 미국법 준수, 공정거래, 기업 인수·합병, 금융, 생명과학, 보건의료 그리고 국제거래 분야를 포함한 광범위한 분야에서 서비스를 제공해 왔으며, 파트너 변호사 7명을 포함하여 30명이 넘는 한국계 변호사가 한국 클라이언트들을 위해 활동하고 있다고 소개했다. 롭스앤그레이가 대외적으로 공개하는 클라이언트 명단을 보면 한국 최대의 전자회사와 디스플레이 회사, 화학회사는 물론 현대자동차, 포스코, LG전자, HLDS, 대우인터내셔널, 현대중공업, 웅진, NC소프트, E1, 효성, LS니꼬동제련, 한라만도 등 한국의 주요 기업 여러 곳의 이름이 나온다.

"나를 한국팀장으로 뽑으면
한국 관련 업무 크게 발전시킬 수 있다"

'외국법자문사 1호'인 김용균 변호사는 어려서 가족을 따라 미국으로 이민, 미국변호사로 성공한 교포 1세 변호사다. 5·16 당시 6군단장을 맡았던 김웅수 예비역 소장이 그의 부친으로, 5·16에 반대했다는 이유로 감옥살이를 한 후 가족 전체가 미국으로 이민을 떠났다. 11살 때 미국으로 건너간 그는 미국에서 초등학교 5학년부터 시작해 초, 중, 고, 대학을 마치고 변호사가 되었다.

또 5·16 당시 육사교장을 지낸 강영훈 전 총리가 김 변호사의 고모부로, 오멜버니앤마이어스(O'Melveny & Myers) 서울대표인 강성룡 미국변호사와 롭스앤그레이 서울사무소에서 김 변호사와 한솥밥을 먹고 있는 강효영 변호사와는 내외종간이다. 강성룡, 강효영 형제와 김 변호사 모두 조지타운 로센터에서 JD를 했다.

김 변호사가 미국의 초등학교 5학년에 편입해 첫 등교한 날 겪은 일을 소개했다. 학교수업을 마치고 하교하는 그의 얼굴에 백인 학생이 침을 뱉었다. 이에 분개한 김 변호사가 그 백인 학생을 때렸고, 이후에도 비슷한 일이 일어나며 그는 고등학교를 마칠 때까지 세 차례나 경찰조사를 받아야 했다. 그는 "1960년대 후반만 해도 미국 사회는 인종차별도 심하고, 이를 개선하려는 인권운동도 활발할 때였다"며 "나도 한국인으로서 적지 않은 차별을 받았는데 변호사가 되어 그런 차별을 시정하고, 사회변화, 정의 실현에 기여하겠다고 마음먹었다"고 회고했다.

4남매의 막내로 태어난 김 변호사는 아버지가 경제학 교수로 있던 미 카톨릭대에서 생물학을 전공했다. 그러나 대학 졸업 후 워싱턴에서 청소년 전화상담 프로그램인 'Teen Line'을 직접 만들어 운영할 정도로 사회활동에 관심이 많았던 그는 다시 조지타운 로센터에 입학해 1983년 JD를 마치고 미네소타주 변호사가 되었다. 당초 시카고대에 입학했으나 아버지가 교수로 재직하고 있어 학비를 면제받을 수 있는 카톨릭대로 옮겼다고 한다.
그가 변호사가 되어 처음 한 일도 연방정부의 노동변호사 업무. 노조나 회사의 노동법 위반 여부를 조사하고, 정부 측 변호사로서 소송을 진행하는, 공공성이 강한 일이었다.
2년간 연방정부의 노동변호사로 활동한 그는 그러나 경제에 관한 공부를 더 하기 위해 잠시 변호사 일을 중단하고 미시간 경영대학원에 입학, 1987년 MBA 과정을 마쳤다. 또 뉴욕주와 워싱턴 DC에서도 변호사 자격을 취득하였다. 이후 본격적으로 회사법 분야의 자문에 나선 그는 여러 로펌에서 경력을 쌓은 후 약 10년 전 롭스앤그레이로 옮겨 한국팀을 이끌고 있다.

그가 한국팀장을 맡게 된 사연도 한국의 후배 변호사들이 참고할 대목이 없지 않다. 이미 여러 로펌에서 경험을 쌓고, 1993년부터 3년 반 동안 서울에서 생활하며 대우그룹의 국제법무팀장으로 활약하기도 했던 그는 직접 롭스앤그레이를 찾아가 "귀 로펌엔 나와 같은 변호사가 필요하다. 나를 한국팀장으로 뽑으면 내가 귀 로펌의 한국 관련 업무를 크게 발전시킬 수 있다"고 적극적으로 자신을 소개했다. 김 변호사는 "나의 프레젠테이션이 관심을 불러일으켰는지 보통 롭스앤그레이의 파트너가 되려면 3~4개월 심사를 받아야 하지만 나는 한 달 반 만에 파트너로 채용될 수 있었다"며 "젊은 변호사들은 실력을 갈고 닦은 후 당당하게 자신을 소개하고 자신이 기여할 분야를 알리는 적극적인 자세가 있어야 한다"고 조언했다.
그는 회사법 분야의 전문가로, M&A 자문 등과 함께 기술이전, 라이선싱, IP 소송 등 폭넓게 업무를 수행한다. 최근 그가 수행한 업무 중엔 22억 달러 규모의 한국 전자회사 매각, 미 하이테크 기업의 매수 및 전략적 제휴, 16억 2,000만 달러 규모의 멕시코 정유 프로젝트 개발 및 프로젝트 파이낸싱 자문이 있다.

쉐퍼드멀린(Sheppard, Mullin, Richter & Hampton)

SheppardMullin

서울사무소 대표 / 김병수
www.sheppardmullin.com

"미국까지 찾아와 법률자문을 받아야 했던 클라이언트의 부담을 최소화하고, 고객 가까이에서 더욱 양질의 서비스를 제공하기 위해 한국에 사무소를 개설하게 되었습니다."

2012년 9월 25일 저녁. 서울 장충동의 신라호텔에서 열린 서울사무소 오픈 기념 리셉션에서 필자는 가이 홀그린(Guy Halgren) 쉐퍼드멀린(Sheppard, Mullin, Richter & Hampton) 회장을 인터뷰한 적이 있다. 만찬 전 공식행사에서, 마치 TV쇼의 전문 사회자를 초청하지 않았나 하는 착각이 들 정도로 전 세계에서 날아온 쉐퍼드멀린의 파트너들을 능숙하게 소개한 그는 인터뷰에서도 전혀 막힘이 없었다. 쉐퍼드멀린이 서울에 진출하는 이유를 아주 매끄럽게 설명했다는 좋은 기억이 남아 있다.

쉐퍼드멀린은 미국의 다른 로펌들과 마찬가지로 한국 기업의 미국 등 해외진출, 미국 내 분쟁 해결과 관련된 이른바 아웃바운드 관련 자문에 많이 나서고 있다. 또 2015년 공정거래팀을 대폭 강화한 브뤼셀사무소를 중심으로 한국 기업의 유럽 진출에 관련된 무역, 반독점 이슈 등에 관한 자문도 겨냥하고 있으며, 2015년 여름엔 삼성엔지니어링을 대리해 오만 정부를 상대로 오만 정류 플랜트 프로젝트와 관련하여 투자자국가중재(ISD)를 제기하는 등 다양한 분야에 걸쳐 업무를 수행한다.

쉐퍼드멀린은 롭스앤그레이, 클리포드 챈스와 함께 2012년 7월 19일 가장 먼저 설립인가를 받아 서울에 사무소를 연 '얼리버드' 로펌 세 곳 중 한 곳으로, 한국 시장에 대한 이런 열의가 이후의 서울사무소 운영에서도 계속해서 이어지고 있다. 쉐퍼드멀린 관계자는 매년 실적이 늘어나는 등 서울사무소가 성장을 거듭하고 있다고 소개했다.

무엇보다도 한국 시장에서의 업무실적이 쉐퍼드멀린 서울사무소의 성공적인 운영을 잘 말해준다.

쉐퍼드멀린은 2015년 초 하나은행을 대리한 상표다툼에서 미 연방대법원 승소 판결을 받았다. 이 판결은 지난 10년 사이에 미 연방대법원에서 선고된 첫 상표권 관련 판결이자 한국 기업의 미 연방대법원 두 번째 승소라는 의미가 큰 판결이다. 또 대한무역투자진흥공사(KOTRA)를 상대로 뉴욕지방법원에 제기된 부당해고 소송에서 코트라를 대리해 외국주권면책특권법을 원용, 본격적인 재판이 시작되기 전 motion 단계에서 청구를 각하하는 결정을 받아내고, 비활동단체(NPE)인 NovelPoint Tracking이 GPS 기술 관련 특허 위반 혐의로 제기한 소송에선 현대자동차를 대리해 현대차에 매우 유리한 조건으로 합의 종결했다. 쉐퍼드멀린의 변호사들은 만도기업과 미국 경쟁사 간 자동차 부품 관련 특허분쟁에서도 만도 측을 대리해 합의로 원만하게 마무리했다.

의약과 엔터테인먼트 분야는 특히 쉐퍼드멀린이 높은 경쟁력을 발휘하는 분야로, 쉐퍼드멀린은 한국의 생명공학 기업인 신라젠을 대리해 미국의 생명공학 기업인 Jennerex를 인수하고 Jennerex의 지적재산권을 취득하는 거래를 수행했으며, 한국의 애니메이션 기업인 High 1 Entertainment를 대리하여, Nick Jr에서 전 세계를 상대로 상영하고 있는 'Zach and Quack'이라는 어린이용 텔레비전 프로그램의 국제 공동 제작 및 유통 관련 법무를 담당하기도 했다.

이 외에도 삼성전자의 스마트 폰 특허 라이선스와 관련 보이콧 및 독점권 손해배상청구소송에서 삼성전자에 자문한 데 이어 한 NPE가 삼성전자를 상대로 제기한 독점금지 및 지적재산권 관련 소송에서도 삼성전자를 대리했다. 또 현대캐피탈을 대리해 자동차 할부금 채권을 기반으로 한 4억 달러 규모의 자산담보부증권 판매 거래에 자문했는가 하면, 의료기기를 생산하는 HDX가 미국의 제조업체를 상대로 미국중재협회(AAA)에 제기한 수억 달러의 중재사건에서 HDX를 대리해 상당한 금액의 합의금을 받고 마무리하는 등 다양한 사건에서 한국의 여러 기업에 자문하고 있다.

앞의 사례에서 알 수 있듯이 쉐퍼드멀린은 상대적으로 많은 분야에 걸쳐 업무를 수행하는, 이른바 포트폴리오가 다양한 게 특징이다. 소송과 중재, 미 정부의 화이트칼라 범죄 조사, 공정거래, 금융과 자본시장 업무, M&A, IP, 노동, 보험 등 여러 업무분야에서 한국 기업을 대리하고 있으며, 클라이언트도 삼성전자, 현대자동차 등 전자와 자동차는 물론 금융, 중공업, 생명공학, 식품, 제약, 엔터테인먼트 기업 등 이른바 한국의 잘 나가는 기업들이 업종별로 망라되어 있다.

이런 활약에 힘입어 쉐퍼드멀린은 리걸타임즈가 기업체 변호사들을 대상으로 매년 실시하는 '로펌 선호도 평가'에서 2015년에 이어 2016년 연속 '외국 로펌 인기 톱 10'에 들었다. 로펌의 주요 고객이라고 할 수 있는 인하우스 로이어들에게 인기가 높다는 얘기인데, 쉐퍼드멀린에선 김병수 대표가 지휘하는 서울사무소와 뉴욕과 LA사무소 등과의 밀도 높은 협업을 서울사무소 성공의 가장 큰 배경으로 꼽았다. 김병수 대표는 "미 정부의 조사 등과 관련된 사건은 쉐퍼드멀린 뉴욕사무소, 워싱턴사무소, 브뤼셀사무소와 서울사무소 변호사들이 협업에 나서고 있으며, 엔터테인먼트에 관련된 업무는 할리우드 스튜디오들과 많은 업무를 수행하는 Century City 사무소 변호사들과 함께 진행하는 경우가 많다"고 소개했다. 또 "한국 기업의 미국 내 소송 등을 수행하며 미 본토에 상주하는 변호사들이 수시로 서울로 날아와 한국의 고객 기업 관계자와 머리를 맞대고 대응전략을 모색하고, 이 과정에서 서울사무소의 변호사들이 해외 상주 변호사와 고객사를 연결해 시너지를 높이고 있다"고 덧붙였다.

2016년 현재 쉐퍼드멀린 서울사무소의 상주변호사는 모두 6명. 쉐퍼드멀린의 전체 변호사는 700명이 넘는 규모로, 쉐퍼드멀린이 처음 출발한 LA와 뉴욕, 워싱턴, 실리콘밸리 등 모두 15개 사무소에 포진해 시너지를 도모하고 있다.

이와 함께 본사 경영진의 각별한 관심과 지원도 쉐퍼드멀린의 한국 업무를 얘기하면서 빼놓을 수 없는 대목으로, 쉐퍼드멀린에선 서울사무소를 매우 중시하는 것으로 알려져 있다. 쉐퍼드멀린은 아시아 지역에선 서울과 베이징, 상하이 3곳에 사무소를 두고 있다. 그만큼 서울사무소가 차지하는 비중이 크다고 할 수 있는데, 여러 영미 로펌이 사무소를 두고 있는 홍콩과 싱가포르, 도쿄에는 아직 사무소가 없다. 2016년 봄 서울을 찾은 홀그린 회장은 베이징과 상하이의 시니어 변호사들을 서울로 불러 2016년 사업계획을 모색하는 아시아지역 회의를 서울에서 주재하기도 했다.

한국 시장에서 가장 활발하게 업무를 수행하는 외국 로펌 중 한 곳인 쉐퍼드멀린은 시장개방의 단계 진전에 따른 서울사무소 구조의 선택과 관련해서도 주목을 받고 있다. 그러나 서울사무소 개설을 직접 결정하고 지휘한 홀그린 회장은 2017년 3월 미국 로펌을 상대로 3단계 시장개방이 시작되더라도 한국 로펌과 합작법무법인(JV)을 만들 생각은 없다고 분명하게 이야기했다. 특히 그는 "JV를 만들어 한국법에 관해 자문한다는 것은 한국 로펌들과 경쟁하겠다는 큰 결단에 해당하는 일"이라며 "지금처럼 한국 로펌과 협조적인 관계를 유지하며 한국 업무를 발전시키겠다"고 거듭 강조했다. JV나 특정 한국 로펌과의 제휴가 아닌 현재의 구조로 서울사무소를 계속 운영해 나가겠다는 얘기로, 현재의 시스템으로도 한국 시장에서 더 성장할 수 있다는 자신감이 반영된 전략적 선택임은 물론이다.

"김병수 대표 같은 사람 있어야 해외사무소 개설"

1927년 설립된 쉐퍼드멀린은 대서양을 처음 횡단한 린드버그가 샌디아고에서 뉴욕까지 비행에 성공한 그해 LA에서 처음 사무소를 열었다고 홈페이지에서 소개하고 있다. 쉐퍼드멀린의 개척정신을 강조한 표현이다. 실제로 쉐퍼드멀린은 2008년 리먼 사태 이후 여러 미국 로펌이 문을 닫았으나, 오히려 파트너를 늘려 주목을 받았는가하면 1946년 미 로펌 최초로 여성변호사를 어소시엣으로 채용하는 등 다른 로펌과 차별화되는 요소가 적지 않다.

약 90년이 흐른 지금 전체 변호사는 750명. 미국의 다른 대형 로펌들에 비해 규모가 밀린다고 생각할 수 있지만, 쉐퍼드멀린은 탄탄한 경영을 강조한다. 2015년 매출은 5억 5,950만 달러로 미 로펌 중 60위를 차지했다.

서울사무소 대표를 맡은 김병수 미국변호사는 서울대 국제경제학과를 나와 조지워싱턴 로스쿨(JD)에서 법학을 공부한 유학파로 분류된다. 그는 로스쿨에 들어가기 전 텍사스의 오스틴대에서 회계학 석사(MPA)를 취득했으며, 뉴욕, 캘리포니아, 일리노이주의 변호사 자격과 함께 일리노이주 CPA 자격도 갖추고 있다.

금융 분야가 전문분야로, 미국에 있을 때 한국 은행들의 미국 진출, 현지의 은행 인수, 파산, 구조조정 등과 관련된 자문을 많이 수행했다. IMF 외환위기 직후인 1998년 미국에서 변호사 생활을 시작하며 대우와 조양상선의 해외자산 매각에 자문한 경력도 있다. 또 엔테테인먼트, 기업 M&A, 지적재산권 소송 등의 영역에서도 많은 경험을 가지고 있으며, 무엇보다도 서울사무소 개설과 성공적인 운영의 주역으로 높은 평가를 받고 있다.

홀그린 회장은 쉐퍼드멀린이 일본에 사무소를 열지 못하는 이유와 관련해, "해외사무소를 시작하려면 김병수 서울사무소 대표와 같은 사람이 있어야 하는데, 일본 쪽엔 그런 변호사를 갖고 있지 못하다"고 김병수 변호사의 역량을 공개적으로 칭찬한 적도 있다. 김 대표는 뛰어난 친화력과 함께 핵심을 꿰뚫어보는 능력을 갖췄다는 평을 듣고 있다.
 김 대표에 이어 쉐퍼드멀린 서울사무소에서 활약하는 주요 파트너로는 공정거래 전문의 문유경 변호사, 2015년 가을 합류한 M&A와 사모펀드, 자본시장 전문의 박종서 변호사, 기업자문 및 증권팀 파트너로 서울과 두바이를 오가며 자문하는 김환 변호사를 꼽을 수 있다. 또 엔터테인먼트와 미디어, 기술 쪽에 밝은 제니퍼 리, 김보찬 호주 및 뉴질랜드 변호사 등이 포진해 높은 시너지를 추구하고 있다.

심슨 대처(Simpson Thacher & Bartlett)

SIMPSON THACHER

서울사무소 대표 / 손영진
www.stblaw.com

2012년 가을 문을 연 심슨 대처(Simpson Thacher & Bartlett) 서울사무소는 손영진 뉴욕주 변호사가 대표를 맡아 이끌고 있다. 주된 업무분야는 IPO 등 자본시장 업무와 크로스보더 M&A, 합작투자, PE 투자 등.

2015년만 해도 신한은행, 농협은행, 한국가스공사, 현대중공업, 한국수력원자력, 두산중공업, 현대캐피탈, 한국도로공사, 한국수출입은행 등을 대리해 다양한 형태의 채권 발행, 자금조달에 나섰으며, 때로는 발행사, 때로는 주관사 또는 딜 전체의 자문사(deal counsel)로 활약하고 있다.

한국 기업이 관련된 IPO도 심슨이 단골로 나서는 대표적인 거래로, 2015년 성사된 이노션 IPO, 2014년 말에 상장된 제일모직 IPO 때도 활약했다. 대한생명을 대리한 대한생명 IPO, 골드만삭스 등 주관사 쪽을 맡아 외국 투자자의 투자를 주선한 삼성생명 IPO도 심슨이 관여한 주요 IPO 거래로 소개되며, 심슨은 2016년 추진하다가 중단된 호텔롯데 상장 때도 관여했다.

또 대형 사모펀드인 KKR(Kohlberg Kravis Roberts)을 대리해 18억 달러 규모의 오비맥주 인수 때 활약하고, 2014년 초 KKR이 지분을 되팔 때도 자문했다. 동원이 델몬트로부터 참치사업부문인 스타키스트(Starkist) 브랜드를 인수하는 거래도 심슨이 동원 측에 자문하며 활약한 거래. 동원의 스타키스트 인수는 자산인수 방식으로 이루어져 더욱 주목을 끌었다. 심슨은 또 두산인프라코어가 잉거솔랜드의 밥캣을 인수한 거래에선 매도인인 잉거솔랜드 측에 자문했다. 두산인프라코어는 김앤장 법률사무소가 대리했다.

이 외에 심슨의 업무파일을 들춰보면, IMF 외환위기 때 한국 정부의 외평채 발행에 자문하고, LG디스플레이 IPO, 최초의 런던 및 한국 동시상장으로 유명한 금호타이어 IPO, 최초의 국내 상장 및 Rule 144A/Regulation S 발행인 삼성카드 IPO, 현대로템 IPO, 한화생명 IPO, 하나투어 GDR IPO, SK C&C IPO, 현대자동차, 기아자동차, 현대제철 등의 증권발행 등 자본시장 분야에서 다양한 자문경험을 가지고 있다.

이와 함께 심슨이 서울사무소 외 다른 사무소의 소송 전문가 등과 협력하여 수행하려는 업무는 미국 정부의 조사에 대한 대응, 지적재산권 문제와 국제중재, 미국 소송 등 분쟁해결 업무. 2008년 여름 김앤장 법률사무소와 함께 한화 측을 대리해 대한생명 인수를 둘러싼 예금보험공사와의 ICC 뉴욕중재에서 승소한 케이스가 심슨이 수행한 한국 기업이 관련된 대표적인 국제중재 사례로 소개된다.

1884년 설립되어 130년 이상의 역사가 쌓인 심슨은 초창기부터 탄탄한 고객들을 대리하며 꾸준히 성장해 온 로펌으로 유명하다. 1976년부터 KKR을 대리하며 수많은 딜을 진행하였으며, 심슨은 1989년에 있었던 KKR의 RJR Nabisco딜 하나로 약 3,000만 달러의 법률자문료를 받기도 했다. 월가 최대의 사모펀드인 블랙스톤(Blackstone)도 심슨이 자문하는 단골 고객 중 한 곳이다. 또 합병을 거쳐 지금의 JP모건 체이스가 된 Manufacturers Hanover Trust도 심슨의 오래된 고객으로, 1980년대에는 Manufacturers Hanover가 Simpson 수익의 30% 이상을 차지하였고, 이 당시 심슨의 변호사 중 110명 정도가 Manufacturers Hanover의 빌딩에서 대부분 이 클라이언트만을 위해 일했다는 얘기도 전해지고 있다.

모두 11개의 사무소에서 900명 이상의 변호사가 활동하고 있는 심슨은 한국 시장에서도 서울사무소를 중심으로 홍콩, 뉴욕사무소 등과 연계해 활발하게 자문하고 있다. 손 변호사의 지휘 아래 서울대 경제학부를 나와 런던정경대(London School of Economics)에서 경제학(석사)을 더 공부하고 2008년 콜럼비아 로스쿨(JD)을 졸업한 김익수 뉴욕주 변호사와 고려대를 졸업하고 노스웨스턴 로스쿨(JD) 진학 전 보스턴컨설팅그룹에서 컨설턴트로 근무한 경력의 한준 뉴욕주 변호사 등이 포진하고 있다.

홍콩사무소에서 활동하는 박진혁 뉴욕주 변호사는 1995년부터 한국업무를 전담하며 서울사무소가 열리기 전까지 한국팀장으로 활약한 주인공으로, 손영진 변호사보다도 심슨 입사가 빠르다. 지금도 홍콩사무소에서 서울사무소 팀과 협력해 증권발행, IPO, M&A 등의 업무에서 시너지를 내고 있다.

삼성전자 근무하다가 미 로스쿨 진학한
손영진 서울사무소 대표

"그동안 홍콩을 중심으로 전개해 온 한국 관련 서비스가 구리선을 이용한 속도가 느린 인터넷 서비스였다면, 서울사무소에서의 서비스는 컴퓨터 단말기 마지막까지 광케이블로 연결된 초고속 인터넷망을 깐 것에 비유할 수 있습니다. 다른 클라이언트들도 그렇지만, 한국의 클라이언트들은 특히 신속한 자문과 함께 직접 얼굴을 맞대고 얘기하는 것을 좋아하는데 서울사무소 개설이 한국 업무 수행에 큰 진전을 가져올 것으로 기대합니다."

심슨 대처의 손영진 변호사는 서울사무소 개설의 의미를 이렇게 표현했다.

1986년 서울대 경영학과를 졸업한 그는 전공을 살려 은행 등 금융 분야로 진출할 생각으로 UCLA 경영대학원으로 유학을 떠났다. 89년 MBA를 취득한 그는 제조업체라고 할 수 있는 삼성전자 반도체부문에 입사해 삼성전자 본사의 국제팀에서 유럽, 러시아 진출 관련 여러 프로젝트를 수행했다. 아직 로스쿨 입학 전으로, 그는 "3년간 삼성전자에서 근무한 경험이 변호사로 활동하는 데 많은 도움을 주었다"고 삼성전자 근무 시절을 회상했다. 물론 로스쿨에 들어갈 경력을 쌓기 위해 삼성전자에 입사한 것은 아니었다.

그러나 삼성전자에 근무하면서 로스쿨을 거쳐 미국변호사가 되기로 장래 설계를 또 한 번 변경, 결혼한 지 1년 더 지난 93년 가을 뉴욕에 있는 콜럼비아 로스쿨에 입학했다. 그리고 3년 후 그는 로스쿨을 마치고 뉴욕주 변호사가 되어 셔먼앤스털링(Shearman & Sterling) 뉴욕사무소에서 미국변호사 생활을 시작했다.

심슨 대처로 옮긴 것은 1998년. 이어 99년 12월부터 심슨 대처 홍콩사무소에서 한국 기업 등을 상대로 해외증권, 채권 발행, M&A 등의 업무를 수행해 온 손 변호사는 한국의 법률시장이 열리자 2012년 가을 서울사무소 대표로 부임했다. 그는 "법률자문은 물론 그 이상의 해결책과 아이디어를 제안하는 사업파트너와 같은 아주 특별한 역할을 한다"는 평을 듣고 있다.

스캐든(Skadden, Arps, Slate, Meagher & Flom)

서울사무소 대표 / 신현영
www.skadden.com

1970~80년대 미국을 휩쓴 적대적 M&A 사건을 도맡아 대리하며 돌풍을 일으킨 것으로 유명한 스캐든(Skadden, Arps, Slate, Meagher & Flom)은 2014년 3월 서울사무소를 열고 한국에 진출했다. 물론 서울사무소 개설 이전에도 약 30년간 한국 기업과 해외 기업, 금융기관 등에 자문해왔으며, 스캐든의 자문범위는 M&A와 자본시장, 사모펀드 거래, 소송과 국제중재 등 다양한 분야에 걸쳐 있다.

특히 M&A 분야가 스캐든이 높은 경쟁력을 발휘하는 전통적인 분야로, 2011년 작고한 조셉 플롬(Joseph Flom) 변호사가 '위임장 경쟁(proxy fights)' 기술을 개발, 공개매수(tender offers)와 적대적 인수 제의로 M&A 시장에 돌풍을 일으킨 이야기가 미 로펌 업계에 신화처럼 전해지고 있다.

스캐든은 2015년엔 1년간 통산 1조 달러 이상의 M&A 거래를 수행하며 거래규모 기준 세계 1위를 차지했다. 1조 달러 자문은 세계 M&A 시장의 약 4분의 1에 해당하는 규모로, 당시 스캐든은 1년에 M&A 자문 1

조 달러를 돌파한 최초의 로펌이라는 찬사를 들었다.

2014년 사무소를 열 때부터 서울사무소를 이끌고 있는 신현영 뉴욕주 변호사도 M&A 거래에 다양한 경험을 축적한 코퍼릿(corporate) 변호사로 유명하다. 스캐든은 신 변호사 등의 주도 아래 2015년 삼성전자를 대리해 삼성페이의 핵심적인 부분으로 자리 잡은, 모바일 MST(Magnetic Secure Transmission) 관련 특허기술을 보유한 루프페이(LoopPay) 인수에 자문하고, 한라비스테온공조(현 한온시스템)의 대주주인 비스테온을 대리해 한앤컴퍼니와 한국타이어에 4조원 규모의 대주주 지분을 매각하는 거래를 성공적으로 수행했다.

또 이전에도 삼성전자와 제일모직이 세계적인 OLED 기업인 독일의 Novaled를 인수하는 거래에 성공적으로 자문한 것을 비롯해 한국 기업 등을 대리해 수많은 아웃바운드 M&A와 투자에 자문했다. 신현영 변호사는 스캐든 한국팀이 에너지나 고도의 기술을 축적한 IP 기업, 제조업, 부동산 투자에 대한 자문은 물론 자산운용사 등이 외국에 있는 사모펀드에 투자하는 거래도 활발하게 수행한다고 소개했다.

하버드대에서 경제학을 공부하고 예일대 MBA를 거쳐 콜럼비아 로스쿨(JD)을 졸업한 신 변호사는 서울로 옮기기 전 스캐든의 뉴욕사무소에서 15년간 근무하며 한국팀장으로 활약했다. M&A는 물론 에너지 관련 투자, 합작투자, 프로젝트 파이낸스, 부동산 개발 및 투자, 기업금융 거래 등 다방면에 걸쳐 풍부한 자문경험을 축적하고 있으며, GS에너지와 GS글로벌이 롱펠로우 에너지로부터 오클라호마에 있는 오일과 가스 자산을 인수한 거래, 한화그룹의 Azdel 인수, 롯데케미칼로 바뀐 호남석유화학이 다우케미칼의 스타이론(Styron) 플라스틱 사업부를 인수하는 15억 달러 규모의 거래 등 스캐든이 한국 기업을 대리한 수많은 거래에 참여했다.

신 변호사는, 1970년대 후반 중동 건설 붐이 일었을 때 사우디아라비아 현지에 법률사무소를 차리고 상주하며 한국 건설회사의 중동 진출을 뒷바라지한 것으로 유명한 법무법인 세종의 신웅식 변호사의 차남으로 형도 뉴욕주 변호사로 활동하고 있는 법조 가족이다. 또 신언한 전 법무부차관이 신현영 변호사의 조부다.

M&A에 이어 스캐든이 한국 기업 등에게 적극적으로 자문하려고 하는 또 다른 분야는 국제소송과 중재. 이미 한국 기업을 대리해 미국 내 소송 등을 여러 건 수행하고 있다는 설명이며, 스캐든은 이쪽 업무를 강화하기 위해 2015년 5월 소송 분야가 전문인 태준호 미국변호사를 서울 사무소에 추가로 투입했다.

스티븐슨 하우드(Stephenson Harwood)

서울사무소 대표 / 김경화
www.shlegal.com

김경화 영국변호사가 이끌고 있는 스티븐슨 하우드(Stephenson Harwood) 서울사무소는 해상 분야에 특화한 일종의 부티크형 외국법자문법률사무소라는 점이 특징이다. 18년의 경력이 쌓인 김 변호사도 오랫동안 선사와 조선사 등에 자문해 온 이름 난 해상변호사 중 한 사람으로, 그는 한국해양대를 나와 영국변호사가 된 첫 주인공으로도 유명하다.

스티븐슨 하우드 서울사무소가 문을 연 것은 2014년 10월. 아직 만 2년이 지나지 않았지만, 다른 어느 외국 로펌 못지않게 한국에서의 업무가 빠르게 발전하고 있다.

"유가가 떨어지고, 선사, 조선사들이 어려움을 겪으면서 여러 복잡한 문제, 분쟁이 발생하고 있어요. 일종의 불황 특수라고 할까요."

김경화 변호사는 납기일이 지났다고 계약을 파기하는 것은 보통이고, 배를 인도받은 후에도 디자인이나 사양이 당초 계약과 다르다는 등 온갖 트집을 잡아 배 값을 깎거나 보상을 받으려고 해 관련 분쟁이 하나

둘이 아니라며, "배가 건조되는 공정에 맞춰 분할해서 내야 하는 분납금(installment)을 안 내려고 일종의 전략적 계약 파기, 묻지마식 계약 파기도 횡행하고 있다"고 법률사무소 창구에 비친 이쪽 시장의 분위기를 전했다.

스티븐슨 하우드 서울사무소도 밀려드는 자문 요청에 매우 바쁘게 돌아가고 있다. 김 대표를 포함 변호사 원자격국이 모두 영국인 4명의 외국법자문사(FLC) 외에 견습변호사(trainee) 1명과 변호사인 패러리걸 2명 등 모두 7명의 전문인력이 상주하고 있는데도 업무가 넘쳐 주말에도 근무해야 하는 실정이라고 한 변호사가 귀띔했다. 물론 FLC 4명은 모두 해상과 국제무역(Marine and International Trade) 전문이다. Kane Limbrick은 2015년 한국의 조선소에 파견되어 그 회사의 인하우스팀과 함께 매일매일 일어나는 법률문제에 자문하기도 했으며, Jade Park은 영국의 P&I 클럽에서 근무한 경험도 있다. Kane Limbrick과 Stuart Burrell은 규모가 큰 해상 분쟁이나 런던해사중재인협회(LMAA), 런던국제중재법원(LCIA) 등에서 진행되는 국제중재 사건에서 김 변호사와 함께 활약한다.

해상과 함께 스티븐슨 하우드 서울사무소가 자문하는 또 하나의 분야는 런던중재 등으로 많이 해결되는 한국 건설사들의 건설 분쟁. 김경화 대표에 따르면, 서울사무소 업무의 30% 정도가 선박금융, 건설 분쟁에 관련된 일이라고 한다. 나머지 70%는 해상 분쟁 사건이다.

해상 전문 스티븐슨 하우드가 한국의 선사, 조선사들에게 인기를 끄는 이유는 무엇일까. 김경화 변호사는 "해상 사건을 다뤄본 경험이 풍부한 영국변호사들이 직접 서울에 상주하며 한국의 선사, 조선사 등에게 자문하고, 직접 문제를 풀어내기 때문에 법률비용도 적게 나오고 고객들이 좋아한다"며 "런던사무소 등에 연락해 함께 자문하고 서울사무소와 런던사무소에서 각각 비용을 청구하면 그만큼 법률자문료가 늘어날 텐데 서울에서 거의 모든 것을 해결하고, 리걸피(legal fee)도 서울에서 직접 컨트롤해서 고객에게 제시하기 때문에 매우 경쟁력이 있다"고 강조했다.

스티븐슨 하우드는 싱가포르사무소에서 활약 중인 선박금융 전문의 김근영 영국변호사를 2017년 서울사무소에 추가 투입할 예정이다. 김근영 변호사는 선박금융과 함께 계약 체결, 거래 분야에 경험이 많은 계약 전문 변호사로, 분쟁해결 전문의 김경화 변호사와 업무분장의 균형을 맞춰 한층 시너지를 도모하겠다는 것이 스티븐슨 하우드의 전략이다.

한국해양대 출신 첫 영국변호사

스티븐슨 하우드의 김경화 변호사는 한국해양대 졸업 후 외항선을 타다가 영국 유학길에 올라 변호사가 된 입지전적인 인물이다.

1989년 한국해양대 항해학과를 졸업한 그는 한진해운에서 삼등항해사로 외항선을 탔다. 군복무 대신 상선을 탄 것이지만, 3년간 컨테이너선은 물론 벌크선, 일반 화물선 등 거의 모든 종류의 배를 타 보았다는 게 그의 전언.

한진해운에서 1년 반은 삼등항해사로, 나머지 1년 반은 이등항해사로 근무한 그는 92년 6월 군복무에 해당하는 의무승선을 마쳤다. 그러나 그는 해운에 대해 더 공부할 생각으로 영국으로 건너가 그 해 9월 웨일즈대의 해운경영 석사과정에 입학했다.

유학 직전 읽은 김우중 회장의 자서전 《세상은 넓고 할 일은 많다》가 큰 영향을 미쳤다는 게 그의 솔직한 회고다. 그는 이어 "한국의 젊은이들도 너무 한국에만 국한하지 말고, 현실에 안주하지 말고, 하고 싶은 일, 잘 할 수 있는 분야를 찾아 도전하길 바란다"고 후배들에게 과감한 도전을 주문했다.

물론 웨일즈대 대학원에 입학할 때까지만 해도 변호사가 될 생각은 아직 없었다고 한다. 원래 비즈니스 자체가 남성적이고, 국제적인데다 부침이 적지 않은 해운에 대한 전문성을 쌓고, 영어도 더 공부해 해운 비즈니스맨으로 성공하자는 게 처음 영국으로 떠날 때 품었던 계획이었다. 실제로 영국은 해운경영은 물론 선박중개, 회계, 금융, 보험, 법 등 해운에 관련된 다양한 서비스가 발달해, 성공을 꿈꾸는 수많은 해운인이 전 세계에서 몰려드는 해운의 본고장이다.

그러나 선택과목으로 들은 법과목에 흥미를 느낀 그는 석사학위를 받은 후 다시 카디프대 법대에 편입해 본격적으로 법학을 공부했다. 영국에서 변호사가 되려면 3년제인 법대를 나와 1년의 실무수습과 2년의 견습변호사 과정을 거쳐야 한다. 그는 이 모든 과정을 마치고 98년 9월 정식으로 영국의 변호사(solicitor)가 되었다.

  카디프대에서 법학을 공부할 때 김 변호사와 마찬가지로 한국에서 유학 온 지금의 부인을 만나 영국 유학은 여러 면에서 그의 인생을 바꾸어 놓은 전기가 되었다. 런던에 있는 University of East London에서 저널리즘을 가르치는 윤현선 교수가 김 변호사의 부인이다.

  해상법의 본고장인 런던에서 14년 넘게 활약한 그는 한국의 법률시장이 열리면서 2013년 1월 디엘에이 파이퍼 서울사무소 대표로 부임했다가 스티븐슨 하우드로 옮겨 2014년 10월부터 서울사무소를 이끌고 있다.

화이트앤케이스(White & Case)

WHITE & CASE

서울사무소 대표 / 제임스 리
www.whitecase.com

    2015년 8월 서울사무소 인가를 받은 화이트앤케이스(White & Case)는 상대적으로 뒤늦게 한국에 진출한 로펌으로 분류된다. 2012년 여름 가장 먼저 서울에 사무소를 연 '얼리버드' 로펌들에 비해 3년 정도 서울사무소 개설이 늦었다. 그러나 서울사무소를 열기 약 20년 전부터 한국 업무를 수행해 온 전통의 로펌이 화이트앤케이스로, 개설 초기부터 3명의 파트너가 서울에 상주하는 등 한국 시장 개척에 의욕적으로 임하고 있다.

    1901년 설립되어 115년의 역사를 자랑하는 화이트앤케이스는 전 세계 26개 나라에 위치한 39개 사무소에서 알 수 있듯이 국제화(globalization)를 특히 강조하는 로펌으로 유명하다. 화이트앤케이스는 홈페이지에서도 'a truly global law firm(진정 국제화된 로펌)'이라는 표현을 맨 앞에 내걸고 국제화를 표방하고 있다. 서울사무소는 아시아의 일곱 번째 사무소이자 화이트앤케이스의 39번째 사무소. 제임스 리(한국명 이기성) 대표는 "약 1,900명에 이르는 화이트앤케이스의 변호사 중 미 본토보다 해외에 상주하는 변호사가 더 많다"고 소개하고, "서울사무소를 중심으로 한 한국 관련 업무도 화이트앤케이스 전 세계 사무소에 포진하고 있는 글로벌 네트워크, 글로벌 팀의 지원 아래 가장 효율적인 방법으로 수행될 것"이라고 말했다.

화이트앤케이스가 첫 해외사무소인 파리사무소를 연 것은 1926년. 미국 로펌이 미국 이외의 지역에 사무소를 낸 첫 사례로, 당시 화이트앤케이스의 고객인 적십자사(Red Cross)의 요청에 따른 것으로 알려졌다. 그만큼 일찌감치 국제화를 추진한 로펌이 화이트앤케이스인 셈이다.

"빨리 문을 여는 것보다도 사무소를 개설한 후 얼마나 한국 기업 또는 한국에서 사업을 하는 글로벌 기업 등 클라이언트를 돕고 서울사무소를 발전시키느냐가 더 중요하다고 생각합니다."

제임스는 서울사무소 개설이 늦어진 것과 관련, "클라이언트 의견 등을 조사하며 신중하게 접근한 것"이라며 "화이트앤케이스는 신중한 결정을 통해 해외사무소를 열고, 한 번 사무소를 열면 매우 오래 그곳에 상주하며 발전시킨다"고 강조했다.

소송 전문으로 유명한 이 대표가 지휘봉을 맡은 화이트앤케이스 서울사무소는 한국 기업이 미국 등에서 부닥치는 소송 등의 지원을 주된 업무분야 중 하나로 표방하고 있다. 또 도쿄사무소에도 근무한 적이 있는 마크 굿리치(Mark Goodrich) 영국변호사와 PE와 크로스보더 M&A 자문에 경험이 많은 김경석 미국변호사, 앨버트 서 미국변호사 등이 이 대표와 함께 서울사무소에 포진, 건설분쟁 및 국제중재, 크로스보더 M&A, 사모펀드, 프로젝트 파이낸스 등의 분야를 함께 내걸고 있다. 굿리치 변호사는 건설과 국제중재 전문가로 유명하며, 김경석 변호사는 화이트앤케이스에 합류하기 전 영국 로펌 링크레이터스의 서울사무소에서 근무한 경험도 있다.

　서울사무소 개설 이전부터 한국 기업 등에게 활발하게 자문해 온 화이트앤케이스는 2015년만 해도 오만의 대규모 석유화학 프로젝트를 위한 수십억 달러 규모의 프로젝트 파이낸스 거래에서 한국수출입은행과 무역보험공사 등에 자문하고, 한국의 건설사를 대리해 시공상 하자와 공기지연 등의 주장이 제기된 중동의 발전 및 담수플랜트 분쟁과 관련하여 2억 5,000만 달러 규모의 ICC 중재를 수행했다. 또 서울사무소 개설 이후 한국 기업이 미국에서 연루된 소송 사건도 맡아 수행하고 있다고 서울사무소 관계자가 소개했다.

소송 전문 제임스 리, "사건 빨리 해결하는 변호사가 최고"

"한국 기업이 관련된 미국 내 소송이 늘고 있어요. 그러한 소송에서 한국 기업을 변호해 법적인 위험으로부터 한국 기업을 보호하려는 것이 화이트앤케이스가 서울사무소를 연 이유 중 하나입니다."

화이트앤케이스의 서울사무소 대표로 부임한 제임스 리 미국변호사는 로스쿨 시절부터 소송변호사를 지향, 24년째 소송분야에서만 활동하고 있는 소송 전문 변호사로 유명하다. 소송 분야를 전문한 변호사가 서울사무소 대표를 맡기는 드문 경우로, 그의 표현대로 한국 기업 등이 관련된 해외 소송과 중재 등 분쟁이 늘어나고 있다는 것을 짐작할 수 있다.

아홉 살 때 가족과 함께 미국으로 건너간 이 대표는 "로스쿨에 다닐 때부터 변호사, 그것도 소송변호사, 재판변호사를 꿈꿨다"며 "로스쿨 강의도 M&A, 조세 등의 과목은 듣지 않고 나중에 소송변호사로 활동하는 데 필요한 과목에 집중해서 공부했다"고 말했다. 그는 미네소타 로스쿨 국제법 저널의 편집위원으로 활동했으며, 전미 모의재판대회(National Moot Court)에 미네소타 로스쿨팀의 팀원으로 함께 참가하기도 했다. 또 미시간대 정치학과 4학년 때인 1985년엔 당시 디트로이트의 자동차 회사에서 해고된 미국인 근로자들이 중국계의 Vincent Chen을 야구방망이로 때려 숨지게 한 사건과 관련, 미시간주 주지사가 발족한 아시아계 미국인 문제를 위한 자문위원회에서 유일한 대학생 위원으로 활약하기도 했다.

로스쿨 졸업 후 변호사가 되어 처음부터 소송 쪽에서만 일했다는 이 대표는 "영업비밀과 특허 등 한국 기업이 관련된 IP 분야와 반독점법 분야의 소송이 늘어나고 있다"고 최근 분위기를 전하고, "한국 기업들이 해외시장에서 성공적으로 사업을 발전시키면서, 미국 등의 경쟁회사들이 한국 기업을 견제하기 위해 소송을 제기하는 측면도 있는 게 사실"이라고 말했다. 그러나 허위·과장광고 등 소비자와 관련된 집단소송은 집단소송법이 개정되어 요건이 강화되면서 상대적으로 줄어들었다고 덧붙였다.

그는 실제로 집단소송 요건이 충족되지 않았다는 점을 집중 부각시켜 더 이상 절차가 진행되지 않게 원고들의 청구를 물리친 사건도 적지 않다고 덧붙였다.

휴대폰 충전 후 사용시간이 광고에 나온 내용과 다르다며 휴대폰 구입자들이 몇 년 전 한국의 휴대폰 제조사와 미 통신사를 상대로 낸 집단소송이 대표적인 사건. 원고들은 "배터리 충전시간에 대해 거짓말했다"고 주장하며 해당 모델의 구매자 모두에게 손해를 배상하라고 요구했다. 원고들 주장대로 집단소송이 인정되어 구매자 모두에게 배상책임이 인정될 경우 배상액이 수천억원에 이를 수 있는 중요한 소송이었다. 휴대폰 제조사를 대리한 이 변호사는 그러나 "이용자 한 사람 한 사람마다 휴대폰을 어떻게 쓰는가를 알아야만 제조사가 잘못했는지 여부를 따져볼 수 있는데, 이용자마다 휴대폰을 사용하는 조건이 다 다르지 않느냐"며 원고들을 하나의 집단으로 묶을 수 없다고 반박, 집단소송 자체를 무산시켰다. 구매자 중엔 충전시간이 광고 내용보다 짧은 휴대폰을 산 사람도 있겠지만, 구매자별로 휴대폰 사용습관이나 사용환경 등이 다른데 이들 모두를 공통된 하나의 집단으로 볼 수 없다는 '집단 와해 전략'으로 접근해 휴대폰 제조사의 책임 여부를 가리는 본안소송에 들어가기 전에 소송을 이겨버린 것이다.

"엔지니어, 리서처, 컨설턴트들 하고 함께 검토해서 대응논리를 짰어요. 어떤 사람은 100% 충전해 사용하기도 하고, 어떤 사람은 조금 쓰다가 다시 충전해 쓰는 등 구매자마다 휴대폰을 충전하는 방식, 사용습관이 다르잖아요. 또 어떤 사람은 송신탑 근처에서 사용하고, 어떤 사람은 송신탑에서 멀리 떨어진 장소에서 휴대폰을 사용하는가 하면 어떤 사람은 추운 곳에서, 또 다른 사람은 더운 곳에서 휴대폰을 사용하는 등 사용환경도 서로 다를 수 있는데 이들 모두를 하나의 카테고리로 유형화할 수 없다는 점을 집중적으로 파고들었지요."

그는 이어 "오랫동안 소송변호사로 활동하다 보니 어떤 변호사가 일 잘하는 변호사일까 하고 생각해 보았는데, 그것은 사건을 빨리 해결하는 변호사를 으뜸으로 쳐야 할 것"이라며 "휴대폰 충전시간 집단소송은 이 점에서도 성공적으로 클라이언트의 이익을 도모한 사건"이라고 힘주어 말했다. 소송이 장기화되었을 경우 승패에 관계없이 거액의 변호사비용과 함께 피고 회사의 경영에 미치는 영향 등 파장이 적지 않았을 텐데 이런 위험을 원천적으로 차단시켰기 때문이다.

이번엔 '불편한 법정의 원칙(forum non conveniens)'을 주장해 마찬가지로 재판이 더 이상 진행되지 않고 원고들의 공격을 막아낸 경우. 서울 강남에 대단위 아파트 단지의 개발이 추진되어 시행사가 미국에 가서 광고도 하고 투자설명회를 열어 분양권을 판매했다. 그런데 이 사업을 벌인 시행사가 부도나는 바람에 미국의 아파트 분양권 구매자들이 배상능력이 있는 시공사를 상대로 미국 법원에 손해배상을 청구한 사건이다. 시행사가 미국에서 투자설명회 등을 열 때 시공을 맡은 한국 건설회사의 직원도 함께 따라가고, 시공사의 이름이 광고 등에 포함되어 있어 시공사에 대한 관할, 책임도 문제될 수 있는 사안이었다.

시공사를 대리한 이 변호사는 그러나 forum non conveniens 이론을 내세워 본격적인 재판이 시작되기 전에 소송을 각하시켰다. 그는 시공 중인 아파트가 모두 한국에 있고, 증인, 서류들이 모두 한국에 있는데 이런 소송을 미국에 와서 하는 것은 정말 편리하지 않다고 재판부를 설득해 1심에 이어 항소심에서도 이겼다고 설명했다.

사건의 신속한 해결은 특히 피의자가 구금되어 있는 형사사건에서 더욱 의미가 있을 수 있다. 그가 이번엔 2주만에 LA 구치소에 구금된 한국 회사 직원을 풀어낸 사건을 소개했다. 전자제품에 들어가는 회로판(circuit board)을 만드는 한국의 한 중소기업체 직원이 F-14 등 전투기에 들어가는 부품을 만드는 미국 회사에 파견되어 접히는 회로판을 만드는 기술에 대해 교육을 받은 후 귀국길에 올랐다가 비행기 탑승 전 미 FBI에 체포되어 연행된 사건이다.

이 직원에게 적용된 혐의는 보아서는 안 될, 비밀로 분류된 도면을 보았다는 것. 토요일 저녁 이 직원 회사의 사장으로부터 전화를 받은 이 변호사는 주말을 보낸 후 월요일 아침 마약범죄자 등 흉악범 등이 함께 수용되어 있는 LA 시내의 악명 높은 구치소를 방문, 구금된 직원을 면담한 후 곧바로 한국행 비행기에 올랐다. 한국에서 사장과 회사 직원들을 만나 그 직원이 정말 도면을 몰래 보지 않았는지, 몰래 보았다는 해당 도면이 이 회사의 사업과 혹시 관련은 없는지 그 직원을 변호할 자료와 반박할 증거수집에 나선 것. 한국에서 회사 현황에 대해 자세한 설명을 듣고, 공장시설과 관련 서류도 상세히 살펴보고 미국으로 돌아간 이 변호사는 담당 연방검사를 설득, 2주만에 이 직원을 풀어냈다.

이 변호사는 "변호사로서 상당한 성취감을 느꼈던 사건 중 하나"라며 "사건의 신속한 해결엔 무엇보다도 그 사건에 맞는 대응전략의 선택이 중요한 경우가 많다"고 말했다.

그러나 희망대로 빨리 끝낼 수 없는, 빨리 끝내서는 안 될 사건도 있을 것이다. 이 경우는 어떻게 해야 할까.

"빨리 해결하는 게 잘 안되면, 그때는 재판에 가서 이겨야지요. 그런데 이에 대해서는 약간의 이해가 더 필요해요. 미국 법원의 재판은 한국 법원과는 다릅니다. 한국에선 몇 주에 한 번씩 재판을 열어가며 상당기간 심리를 진행한 후 결론을 내는데, 미국 재판은 보통 1년씩 걸리는 디스커버리(discovery) 절차가 모두 끝나는 시점에 열려 보통 며칠에서 몇 주간 쉬지 않고 매일 재판을 열어 결론을 내립니다. 변호사의 역할과 실력이 정말 중요하죠."

물론 이 변호사의 소송파일을 들춰 보면 재판까지 가서 이긴 여러 사건을 발견할 수 있다. 몇 해 전 이긴 한국의 유명 웰빙업체인 A사 사건이 대표적인 경우. 그에 따르면, A사가 지금은 미국에서 아주 잘 하고 있지만, 진출 초기엔 미국 내 유통업자(distributor)로부터 소송을 당하는 등 곡절이 없지 않았다. 제품을 받아 재고는 많이 쌓아놓고 대금을 지급하지 않던 한 유통업자가 A사가 대금 지급을 요구하자 "물건에 문제가 있다. 그래서 내가 기대한 만큼 세일즈가 안 된다"고 오히려 계약 위반이라고 주장하며 대금을 지급하는 대신 손해를 배상하라고 소송을 제기한 것.

A사를 대리한 이 변호사는 주법원에 제기된 이 소송을 연방법원으로 옮긴 후 그 유통업자를 상대로 손해배상을 요구하는 반소를 제기했다. 연방법원으로 옮긴 것은 모든 것을 규칙대로 진행하고 판단하는 연방법원이 보다

유리하다고 판단했기 때문. 상대방 회사는 합의할 생각이 없는지 주장을 굽히지 않았고, 재판이 본격 진행되었다. 결과는 A사의 완벽한 승소. 이 변호사는 유통업자의 청구를 막아냈음은 물론 유통업자로 하여금 재고를 다 돌려주고 손해배상도 하라는 판결을 받아냈다고 설명했다.

아홉 살에 한국을 떠나 유명 미국 로펌의 서울사무소 대표가 되어 돌아온 그가 한국 기업들에게 조언할 대목은 없을까. 그가 미국에서 소송을 당했을 때의 효과적인 대처방안이라며 중요 순서대로 노하우를 풀어냈다.

첫째, 소송이 제기되면 가능한 한 빨리 전문가 즉, 변호사를 만나 상의하라는 것. 그는 실무자 중엔 '내가 해결해야지'라고 생각한 나머지 위에 보고도 하지 않은 채 직접 사태수습에 나선다든가 심지어 CEO 중에도 '내가 가서 만나보면 해결할 수 있어'라고 하며 전문변호사를 찾지 않고 시간을 끌 수 있는데, 두 경우 모두 문제만 악화시킬 수 있다는 것이다.

이 대표는 이어 "사람들이 자기에게 유리한 것만 얘기하고 불리한 것은 생각하지 않는 경향이 있는 데 유불리(有不利)를 따지지 말고 모든 자료를 한꺼번에 변호사에게 제공해야 한다"고 조언했다. 그에 따르면, 그것이 시간당 요율로 청구되는 변호사비용을 줄이는 방법 중 하나이기도 하다.

또 하나 그가 강조하는 소송 전략 중 하나는 위험(risk)과 가치(value)를 빨리 정확하게 산정해 합의(settle)해서 종결할 것인지 아니면 재판에 나가 본격적으로 다툴 것인지 분명한 입장을 정하라는 것. 그는 이어 "이러한 판단을 거쳐 재판이 시작된 후 처음엔 기세등등하게 나가다가 재판이 한참 진행된 후 겁을 집어먹고 끝까지 가지 않고 중도에 합의하는 경우가 있는데, 이런 경우는 결코 바람직하지 않다. 갈 때는 가야 한다"고 조언했다.

미국법에서 중요한 디스커버리 절차와 관련해서도 그는 조언을 빼놓지 않았다. 하나는 이른바 디스커버리 홀드(discovery hold). 소송이 제기된 시점 또는 소송이 생길 것을 알게 된 시점부터 이메일 등 모든 서류를 있는 그대로 보관하고 삭제해선 안 되는데 이를 지키지 않으면 나중에 엄청난 불이익을 당할 수 있다.

다른 하나는 일종의 증인신문 절차인 데포지션(deposition) 과정에서의 주의사항. 그는 "데포지션을 시작하기 전에 증인에게 '제발 상대방 변호사가 물어보는 것만 대답해주세요'라고 당부하지만 막상 데포지션이 시작되면 증인들이 물어보는 것 이상으로 쓸데없는 말을 하기 시작해 이를 컨트롤하는 게 매우 중요하다"고 당부하고, 한국 기업이 관련된 소송은 특히 통역을 쓰는 경우가 대부분인데, 통역이 실수하는 경우가 많아 낭패를 보는 경우도 적지 않다고 이 부분에 대해서도 주의를 기울여달라고 덧붙였다. 예컨대 'yes'라는 대답이 yes가 될 수도 있고, no가 될 수도 있는데, 이를 캐치하지 못하면, 그래서 기록이 생성된 후엔 바꿀 수가 없고, 나중에 지우고 고치면 재판에 가서 매우 불리할 수 있다는 것이다.

영미 로펌 서울사무소 개설 현황

순번	영미 로펌	설립인가일	본점 소재국
1	Ropes & Gray	2012-07-19	미국
2	Sheppard, Mullin, Richter & Hampton	2012-07-19	미국
3	Clifford Chance	2012-07-19	영국
4	Cohen & Gresser	2012-09-14	미국
5	Simpson Thacher & Bartlett	2012-09-14	미국
6	McDermott Will & Emery	2012-09-26	미국
7	Paul Hastings	2012-09-26	미국
8	Cleary Gottlieb Steen & Hamilton	2012-09-26	미국
9	Squire Patton Boggs	2012-09-26	미국
10	Covington & Burling	2012-10-18	미국
11	O'Melveny & Myers	2012-11-06	미국
12	K&L Gates	2012-11-15	미국
13	Herbert Smith Freehills	2013-02-20	영국
14	Greenberg Traurig	2013-02-20	미국
15	McKenna Long & Aldridge	2013-03-05	미국
16	Linklaters	2013-04-11	영국
17	Baker & McKenzie	2013-04-25	미국
18	Skadden, Arps, Slate, Meagher & Flom	2014-03-17	미국
19	DLA Piper	2014-06-30	미국
20	Stephenson Harwood	2014-08-04	영국
21	Lee, Hong, Degerman, Kang & Waimey	2014-11-10	미국
22	Millbank, Tweed, Hadley & McCloy	2015-01-22	미국
23	Finnegan, Henderson	2015-03-27	미국
24	Kobre & Kim	2015-08-13	미국
25	Allen & Overy	2015-08-13	영국
26	White & Case	2015-08-13	미국

2015년 매출기준 2016 Global 100 (출처 / The American Lawyer)

순위	로펌	총매출	변호사 1명당 매출(RPL)	나라
1	Latham & Watkins	$2,650,000,000	$1,215,000	미국
2	Baker & McKenzie (verein)	$2,620,000,000	$435,000	미국
3	DLA Piper (verein)	$2,543,000,000	$675,000	미국
4	Skadden Arps Slate Meagher & Flom	$2,410,000,000	$1,435,000	미국
5	Kirkland & Ellis	$2,305,000,000	$1,425,000	미국
6	Dentons (verein)	$2,120,000,000	$325,000	중국
7	Clifford Chance	$2,118,500,000	$845,000	영국
8	Freshfields Bruckhaus Deringer	$2,028,000,000	$985,000	영국
9	Allen & Overy	$2,002,500,000	$970,000	영국
9	Linklaters	$2,002,500,000	$910,000	영국
11	Jones Day	$1,941,000,000	$755,000	미국
12	Sidley Austin	$1,867,000,000	$1,050,000	미국
13	Morgan Lewis & Bockius	$1,844,000,000	$980,000	미국
14	Hogan Lovells (verein)	$1,819,000,000	$725,000	미국
15	Norton Rose Fulbright (verein)	$1,767,000,000	$525,000	미국
16	Gibson Dunn & Crutcher	$1,535,500,000	$1,265,000	미국
17	White & Case	$1,523,500,000	$795,000	미국
18	Ropes & Gray	$1,390,000,000	$1,255,000	미국
19	Herbert Smith Freehills	$1,329,500,000	$680,000	영국
20	Greenberg Traurig	$1,321,500,000	$730,000	미국
21	Sullivan & Cromwell	$1,314,000,000	$1,660,000	미국
22	Simpson Thacher & Bartlett	$1,278,000,000	$1,330,000	미국
23	Mayer Brown	$1,257,000,000	$835,000	미국
24	Cleary Gottlieb Steen & Hamilton	$1,212,500,000	$1,010,000	미국
25	Weil Gotshal & Manges	$1,164,000,000	$1,095,000	미국

*나라는 그 로펌에서 변호사가 가장 많이 상주하고 있는 나라를 말함.

순위	로펌	총매출	변호사 1명당 매출(RPL)	나라
26	Wilmer Cutler Pickering Hale and Dorr	$1,140,000,000	$1,255,000	미국
27	CMS Legal Services (EEIG)	$1,124,000,000	$430,000	영국
28	Reed Smith	$1,123,000,000	$695,000	미국
29	Paul Weiss Rifkind Wharton & Garrison	$1,109,500,000	$1,170,000	미국
30	Davis Polk & Wardwell	$1,100,000,000	$1,230,000	미국
31	K&L Gates	$1,065,000,000	$575,000	미국
32	Paul Hastings	$1,056,500,000	$1,160,000	미국
33	Quinn Emanuel Urquhart & Sullivan	$1,042,500,000	$1,545,000	미국
34	King & Wood Mallesons (verein)	$1,020,000,000	$455,000	중국
35	King & Spalding	$1,018,500,000	$1,090,000	미국
36	Morrison & Foerster	$979,500,000	$1,040,000	미국
37	Akin Gump Strauss Hauer & Feld	$930,000,000	$1,090,000	미국
38	Squire Patton Boggs (verein)	$929,000,000	$650,000	미국
39	Orrick Herrington & Sutcliffe	$913,000,000	$995,000	미국
40	Cooley	$912,000,000	$1,140,000	미국
41	McDermott Will & Emery	$891,500,000	$910,000	미국
42	Dechert	$890,000,000	$1,005,000	미국
43	Goodwin Procter	$865,500,000	$1,095,000	미국
44	Shearman & Sterling	$860,500,000	$1,025,000	미국
45	Wachtell Lipton Rosen & Katz	$831,500,000	$3,185,000	미국
46	Proskauer Rose	$822,500,000	$1,175,000	미국
47	Winston & Strawn	$818,500,000	$1,015,000	미국
48	Ashurst	$772,000,000	$545,000	호주
49	Milbank Tweed Hadley & McCloy	$771,000,000	$1,190,000	미국
50	Debevoise & Plimpton	$757,000,000	$1,230,000	미국

순위	로펌	총매출	변호사 1명당 매출(RPL)	나라
51	Slaughter and May	$756,500,000	$1,470,000	영국
52	Perkins Coie	$748,500,000	$800,000	미국
53	Holland & Knight	$744,000,000	$715,000	미국
54	Covington & Burling	$742,500,000	$935,000	미국
55	Wilson Sonsini Goodrich & Rosati	$735,000,000	$1,055,000	미국
56	Baker Botts	$704,500,000	$1,010,000	미국
57	O'Melveny & Myers	$689,500,000	$1,090,000	미국
58	Alston & Bird	$688,000,000	$915,000	미국
59	김앤장	$686,800,000	$840,000	한국
60	Clyde & Co	$683,500,000	$365,000	영국
61	Foley & Lardner	$682,000,000	$805,000	미국
62	Cravath Swaine & Moore	$666,500,000	$1,410,000	미국
63	Willkie Farr & Gallagher	$658,000,000	$1,155,000	미국
64	McGuireWoods	$653,500,000	$675,000	미국
65	Arnold & Porter	$650,000,000	$975,000	미국
66	Baker & Hostetler	$633,500,000	$700,000	미국
67	Vinson & Elkins	$627,500,000	$1,030,000	미국
68	Eversheds	$620,000,000	$500,000	영국
69	Bryan Cave	$617,000,000	$680,000	미국
70	Locke Lord	$597,000,000	$705,000	미국
71	Seyfarth Shaw	$590,000,000	$740,000	미국
72	Pinsent Masons	$584,500,000	$420,000	영국
73	Katten Muchin Rosenman	$561,500,000	$900,000	미국
74	Sheppard Mullin Richter & Hampton	$559,500,000	$925,000	미국
75	Pillsbury Winthrop Shaw Pittman	$557,000,000	$930,000	미국

순위	로펌	총매출	변호사 1명당 매출(RPL)	나라
76	Hunton & Williams	$528,000,000	$760,000	미국
77	Osler Hoskin & Harcourt	$522,500,000	$950,000	캐나다
78	Littler Mendelson	$506,500,000	$520,000	미국
79	Fried Frank Harris Shriver & Jacobson	$504,500,000	$1,225,000	미국
80	Fragomen Del Rey Bernsen & Loewy	$494,000,000	$950,000	미국
81	Venable	$477,000,000	$800,000	미국
82	Troutman Sanders	$468,500,000	$750,000	미국
83	Faegre Baker Daniels	$466,000,000	$695,000	미국
84	Jenner & Block	$465,000,000	$1,065,000	미국
85	Cadwalader Wickersham & Taft	$463,500,000	$1,035,000	미국
86	Nixon Peabody	$461,000,000	$725,000	미국
87	Simmons & Simmons	$451,000,000	$635,000	영국
88	Duane Morris	$434,500,000	$695,000	미국
89	Blake Cassels & Graydon	$424,800,000	$775,000	캐나다
90	Kilpatrick Townsend & Stockton	$411,500,000	$715,000	미국
91	Polsinelli	$410,000,000	$570,000	미국
92	Drinker Biddle & Reath	$409,500,000	$755,000	미국
93	Jackson Lewis	$407,000,000	$540,000	미국
94	Lewis Brisbois Bisgaard & Smith	$406,000,000	$400,000	미국
95	Schulte Roth & Zabel	$405,500,000	$1,140,000	미국
96	Williams & Connolly	$403,000,000	$1,325,000	미국
97	Ogletree Deakins Nash Smoak & Stewart	$399,000,000	$555,000	미국
98	Fish & Richardson	$395,000,000	$1,170,000	미국
99	Berwin Leighton Paisner	$389,000,000	$595,000	영국
100	Taylor Wessing	$389,000,000	$435,000	독일

저자 후기

원고를 탈고하고 보니 상당한 분량이 되었다. 국내외 로펌의 활약상을 조명하는 작업이 말처럼 간단한 일은 아니었다. 당초의 생각은 주요 업무 분야를 중심으로 일종의 '로펌 열국지'를 그려보자는 것이었으나, 개괄적이나마 국내외 로펌 53곳을 한 권에 담아 소개했다는 데 만족하려고 한다. 사실 이 책에 소개된 로펌의 상당수는 별도의 단행본으로 엮어야 할 정도로 스토리가 풍부한 전통의 로펌들로, 결과적으로 주마간산(走馬看山) 식의 단편적인 설명에 그친 대목이 많다는 점 또한 이 자리를 빌어 밝혀두고자 한다.

이 책은 필자가 8년 전에 탈고한 《한국의 로펌》의 속편의 성격도 띠고 있다. 그때는 아직 법률시장이 개방되기 전이었다. 그 후 시장이 개방되고, 여러 영미 로펌이 한국에 진출하면서 개정판이 언제 나오냐는 질문을 많이 받았는데, 개정판 대신 또 하나의 새 책을 내놓게 되었다. 《한국의 로펌》이 한국 로펌 업계의 50년 역사와 로펌의 이해를 돕기 위한 총론에 비중을 두고 한국의 주요 로펌을 각론에서 소개하였다면, 《로펌 인 코리아》는 국내외 로펌의 활약상과 경쟁력을 추적하는 본격적인 로펌 소개서라고 하겠다.

무엇보다도 한국에 진출한 외국 로펌들에 대한 첫 소개서라는 데 의미를 두고 싶다. 또 8년간 몰라보게 성장하고 달라진 주요 한국 로펌들을 새롭게 조명하는 일도 《한국의 로펌》 개정의 범위를 훨씬 넘어서는 전혀 새로운 작업이었다. 아울러 로펌 변호사들의 숨겨진 이야기를 담아 흥미를 더하고, 한국 로펌 업계에 대한 이해를 높이려 했다는 점을 덧붙인다.

잘 알려져 있다시피 한국 법률시장은 법률서비스 공급 측면의 정보가 절대적으로 부족한 정보비대칭의 왜곡된 시장이다. 전관예우 논란이 여전하고, 갈수록 브로커가 기승을 부리고 있다. 로펌의 전문성과 경쟁력에 초점을 맞춰 글을 풀어간 것은 이러한 정보가 법률서비스의 수요자들에게 도움이 된다고 보았기 때문이다.

이 책에는 또 한국 로펌, 외국 로펌을 떠나 신선한 아이디어와 도전정신으로 로펌을 열어 성공시킨 부티크, 벤처 로펌의 성공스토리가 다수 등장한다. 로펌 취업에 참고가 될 정보는 물론 로펌 창업의 모티브도 함께 제공하자는 것이다. 로펌도 하나의 회사라는 점에서 법률실무 못지않게 로펌 경영의 중요성이 강조되고 있다. 법률서비스 시장에서도 새로운 서비스, 새로운 비즈니스를 창출하려는 노력과 도전이 쉼 없이 이어지길 기대한다.

전문가가 되는 길은 훌륭한 선배들을 흉내 내는 데서 시작된다는 말이 있다. 국내외 주요 로펌의 설립자, 파트너 등 성공한 변호사들의 이야기가 법조에서의 성공을 꿈꾸는 젊은 변호사, 로스쿨 학생, 법학도들에게 동기 부여가 되길 바란다. 성공한 변호사를 소개하는 작업은 앞으로도 계속될 것이다.

이 책이 로펌 선택의 길잡이로, 또 이런 뜻으로도 읽히길 바라면서 원고를 넘긴다.

김진원

경기도 파주에서 태어나 서울대 법대와 동 대학원 법학과(법학석사)를 졸업했다. 중앙경제신문 사회부, 중앙일보 정치부, 사회부, 산업부 기자를 거쳐 법률잡지 《리걸타임즈》의 창간을 주도하고, 현재 편집국장을 맡고 있다. 법학 전공을 살려 신문기자 시절부터 오랫동안 법조를 출입하며 법원과 검찰, 변호사 업계 등에 관한 기사를 써 왔으며, 한국의 로펌 업계를 처음 소개한 《로펌》(1999), 《한국의 로펌》(2008), 《김앤장 이야기》(2010) 등의 저서가 있다.